LA BIBLIA DE LA PSICOLOGÍA

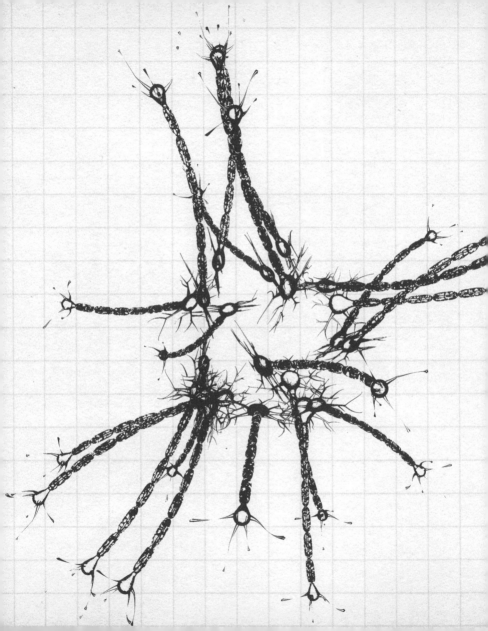

LA BIBLIA DE LA PSICOLOGÍA

TÚ, ESTE LIBRO Y LA CIENCIA DE LA MENTE

DRA. SANDI MANN

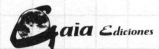

**DEDICADO A DANIA Y ELISHA, QUE PODRÍAN
SER EXCELENTES PSICÓLOGAS**

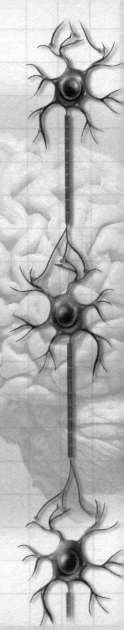

Título original: *Cracking Psychology*

Publicado por primera vez en Gran Bretaña en 2016 por Cassell Illustrated,
una división de Octopus Publishing Group Ltd.
Carmelite House 50 Victoria Embankment
London EC4Y 0DZ
www.octopusbooks.co.uk

Traducción: Laura Rodríguez Manso

© 2016, Dra. Sandi Mann por el texto
© 2016, Octopus Publishing Group por el diseño y la maquetación

La doctora Mann ostenta el derecho a ser identificada como la autora de esta obra.

Publicado por acuerdo con Octopus Publishing Group Ltd,
Carmelite House, 50 Victoria Embankment,
London EC4Y 0DZ, Inglaterra

Equipo editorial: Leanne Bryan, Pauline Bache, Alison Wormleighton
Dirección de arte: Yasia Williams-Leedham
Diseño: Geoff Fennell
Búsqueda de fotografías: Giulia Hetherington
Supervisión de producción: Allison Gonsalves

De la presente edición en castellano:
© Gaia Ediciones, 2016
  Alquimia, 6 - 28933 Móstoles (Madrid) - España
  Tels.: 91 614 53 46 - 91 614 58 49
  www.alfaomega.es - E-mail: alfaomega@alfaomega.es

Primera edición: febrero de 2017

Depósito legal: M. 36.776-2016
I.S.B.N.: 978-84-8445-634-6

Si tienes alguna duda sobre tu salud mental, consulta
a tu médico. Muchas de las terapias descritas en este libro deberían ser
puestas en práctica bajo la supervisión de un profesional cualificado.
Pide asesoramiento profesional siempre que lo necesites, y recuerda
que la aplicación de las ideas y la información contenidas en estas páginas
queda bajo la exclusiva responsabilidad del lector.

Impreso en China

ÍNDICE

INTRODUCCIÓN

LA PSICOLOGÍA ES UNA CIENCIA QUE FASCINA Y CAUTIVA A LA MAYORÍA PORQUE, DESPUÉS DE TODO, SE OCUPA DE ESTUDIAR A LAS PERSONAS. ES NATURAL QUE SINTAMOS CURIOSIDAD POR SABER MÁS SOBRE NOSOTROS MISMOS, Y DE ESO TRATA LA PSICOLOGÍA, DE AVERIGUAR CÓMO PENSAMOS, SENTIMOS Y ACTUAMOS. ES EL ESTUDIO DEL COMPORTAMIENTO HUMANO, DE LOS PROCESOS QUE INFLUYEN EN NUESTRA CONDUCTA Y DEL IMPACTO QUE EN ELLA PRODUCEN OTRAS PERSONAS, EL AMBIENTE Y MULTITUD DE OTROS FACTORES.

LA PSICOLOGÍA SURGIÓ HACE CIENTOS DE AÑOS (COMO APRENDERÁS EN LA PÁGINA 10), PERO NO POR ELLO ES MENOS IMPORTANTE HOY EN DÍA. EN EL SIGLO XXI, EN EL QUE LA HUMANIDAD SE ENFRENTA A NUEVOS RETOS (GUERRAS GLOBALES, TERRORISMO, TECNOLOGÍAS INFORMATIZADAS, AUTOMATIZACIÓN, AUMENTO DEL TIEMPO DE OCIO, AUGE DE LAS REDES SOCIALES...), SEGUIMOS TENIENDO QUE LIDIAR CON MUCHAS DE LAS CUESTIONES QUE LLEVAN AFECTANDO A LOS SERES HUMANOS DESDE EL INICIO DE LOS TIEMPOS: EL DOLOR, LA PÉRDIDA, LOS NACIMIENTOS, EL CUIDADO DE LOS MÁS PEQUEÑOS, LA NUTRICIÓN, LA EDUCACIÓN Y EL DESARROLLO. TODO INFLUYE EN LA MANERA EN QUE PENSAMOS, SENTIMOS Y NOS COMPORTAMOS. LA PSICOLOGÍA NOS AYUDAR A ENTENDER CÓMO INTERACTUAMOS CON NUESTRO MUNDO Y CÓMO AFRONTAR MEJOR ESOS RETOS.

ESTE LIBRO TE GUIARÁ A TRAVÉS DE ALGUNOS DE LOS DESCUBRIMIENTOS MÁS IMPORTANTES DE LAS INVESTIGACIONES PSICOLÓGICAS, EXPLICÁNDOTE CÓMO INFLUYEN EN NUESTRAS VIDAS HOY EN DÍA. CADA UNA DE SUS CINCO PARTES DIFERENCIADAS PUEDEN LEERSE POR SEPARADO O CRONOLÓGICAMENTE. EMPEZAREMOS POR DESCRIBIR LA HISTORIA DE LA PSICOLOGÍA Y LAS DIFERENTES DISCIPLINAS Y PROFESIONES QUE CONSTITUYEN ESTE AMPLIO CAMPO, ALGO MUY ÚTIL PARA AQUELLOS QUE ESTÉN PENSANDO EN ESTUDIAR

PSICOLOGÍA A FONDO Y, QUIZÁS, DEDICARSE A ELLA PROFESIONALMENTE. LA PARTE 1 TAMBIÉN EXAMINA A LAS PERSONAS QUE MÁS HAN CONTRIBUIDO AL DESARROLLO DEL ENTENDIMIENTO PSICOLÓGICO, ENTRE LAS QUE NO SOLO FIGURAN EMINENTES PSICÓLOGOS SINO TAMBIÉN, A VECES, PERSONAS CORRIENTES QUE, POR UNO U OTRO MOTIVO, HAN ACABADO FORMANDO PARTE DE UNA CASUÍSTICA VALIOSA PARA EL ANÁLISIS PSICOLÓGICO. ASIMISMO SE INCLUYEN CIERTOS APUNTES BÁSICOS SOBRE EL CEREBRO Y EL SISTEMA NERVIOSO QUE NOS SERÁN ÚTILES PARA ENTENDER LA PSICOLOGÍA.

LA PARTE 2 CONTIENE LAS TEORÍAS MÁS IMPORTANTES QUE HAN IDO CONDENSANDO NUESTROS CONOCIMIENTOS PSICOLÓGICOS, ASÍ COMO AQUELLOS ELEMENTOS QUE CONSTITUYEN LOS PILARES DE ESTA DISCIPLINA. EN LA PARTE 3 SE ANALIZAN ALGUNOS DE LOS TRASCENDENTALES EXPERIMENTOS QUE HAN CAMBIADO NUESTRA SOCIEDAD, DESDE LOS DE LA CÁRCEL DE STANFORD A LOS DE MILGRAM. EXPLORAREMOS EL IMPACTO QUE HAN TENIDO ESOS EXPERIMENTOS, LA MAYORÍA DE LOS CUALES NO SE HABRÍAN PODIDO REALIZAR HOY EN DÍA POR CUESTIONES ÉTICAS. LA PARTE 4 SE TRASLADA AL CAMPO DE LAS INTERVENCIONES TERAPÉUTICAS Y EXAMINA TODO UN ABANICO DE TERAPIAS, DESDE LA PSICOANALÍTICA A LA HUMANÍSTICA. SEGUIDAMENTE, SE ANALIZAN VARIAS ENFERMEDADES Y TRASTORNOS MENTALES ENTRE LOS QUE SE INCLUYEN TANTO LOS QUE AFECTAN A NIÑOS COMO LAS PSICOSIS. FINALMENTE, LA PARTE 5 CIERRA EL LIBRO CON CONSEJOS PRÁCTICOS SOBRE CÓMO UTILIZAR LA PSICOLOGÍA PARA VARIOS FINES, DESDE DEJAR DE FUMAR HASTA LLEGAR A SER UN GRAN LÍDER.

ESTE LIBRO ES UN VIAJE DE EXPLORACIÓN DE LA MENTE QUE TE ILUMINARÁ, TE ENTRETENDRÁ Y TE INSTRUIRÁ. ¡DISFRUTA DEL TRAYECTO!

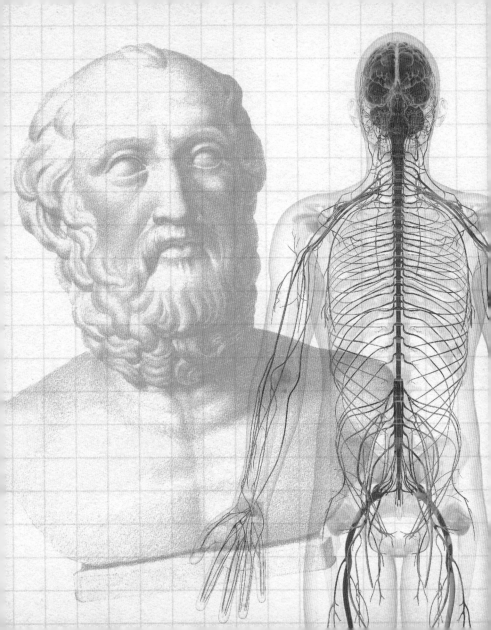

PARTE 1

LA PSICOLOGÍA Y LOS PSICÓLOGOS

LA PSICOLOGÍA ES UNA CIENCIA QUE CUENTA CON UNA HISTORIA LARGA E ILUSTRE. A LO LARGO DE ELLA, ALGUNAS PERSONAS CORRIENTES HAN SIDO TAN IMPORTANTES PARA SU DESARROLLO COMO LOS PROPIOS PSICÓLOGOS. SI QUEREMOS LLEGAR A ENTENDER ESTA DISCIPLINA, DEBEMOS PRIMERO EXAMINAR SUS ORÍGENES Y ANALIZAR CÓMO TRABAJAN HOY EN DÍA LOS PSICÓLOGOS... EN COMPARACIÓN CON CÓMO LO HACÍAN EN EL PASADO.

¿QUÉ ES LA PSICOLOGÍA?
LA HISTORIA DE LA PSICOLOGÍA

Hoy en día la psicología se define como el estudio científico de la mente y de la conducta, pero sus orígenes se remontan aproximadamente al año 550 a.C., cuando los antiguos filósofos griegos desarrollaron sus teorías sobre lo que ellos denominaron *psukhë* (de donde deriva la primera parte de la palabra «psicología»). El primer uso del término «psicología» frecuentemente se le atribuye al filósofo académico alemán Rudolf Göckel (1547-1628), que publicó un trabajo con la palabra «psicología» en el título en 1590.

Hasta mediados del siglo XIX, la disciplina de la psicología se encuadraba dentro de filosofía. El filósofo francés René Descartes (1596-1650) hizo grandes aportaciones a lo que se consideraba el estudio del alma. Sin embargo, no fue hasta 1879 cuando Wilhelm Wundt estableció el primer laboratorio de investigación psicológica en Leipzig (Alemania).

CUANDO SE EMPEZÓ A ESTUDIAR *el comportamiento humano, no estaba claro si el origen de los procesos mentales estaba situado en el cerebro o el corazón.*

Wundt fue la primera persona documentada que se refirió a sí mismo como psicólogo, aunque entre los primeros en contribuir a la ciencia podemos incluir a Hermann Ebbinghaus, pionero en el estudio de la memoria (véase página 12) y a Ivan Pavlov, que desarrolló procedimientos asociados con el condicionamiento clásico (véase página 97).

Alemania también asumió el liderazgo en otras ramas de la psicología (especialmente en el uso de la casuística), capitaneada por el trabajo de Sigmund Freud (véase página 31), que fue el precursor del desarrollo del psicoanálisis. El estudio de la psicología empezó a ganar terreno en los Estados Unidos, asimismo, cuando William James, en aquel entonces profesor de fisiología de Har-

EN EL 387 a.C. PLATÓN DIJO QUE EL CEREBRO ERA EL MECANISMO DONDE SE REALIZABAN LOS PROCESOS MENTALES (AUNQUE MÁS TARDE, EN EL 335 a.C., ARISTÓTELES OPINÓ QUE ERA EL CORAZÓN).

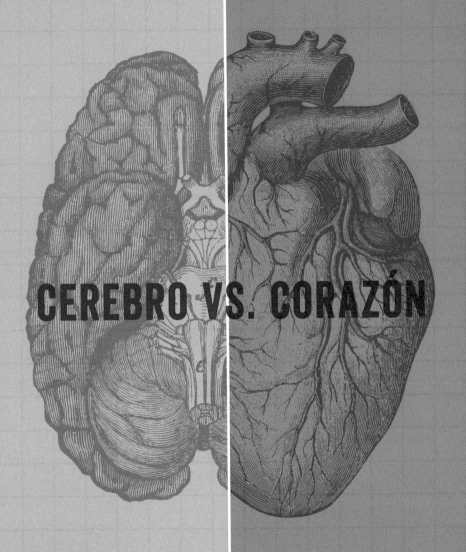

CEREBRO VS. CORAZÓN

LA CURVA DEL OLVIDO

Hermann Ebbinghaus (1850-1909), psicólogo alemán, fue uno de los primeros investigadores en estudiar el olvido. Se le conoce por descubrir «la curva del olvido», expresión que describe la pérdida exponencial de la información que aprendemos. El mayor declive ocurre en los primeros 20 minutos y el deterioro es grande a lo largo de la primera hora. La curva se estabiliza tras aproximadamente un día. También es famoso por crear el concepto de las «sílabas sin sentido», secuencias de tres letras sin ningún significado (como DAX, BOK y YAT), que utilizaba para que las palabras reales no interfirieran en sus estudios de memoria. A diferencia de muchos investigadores, Ebbinghaus trabajó principalmente con un sujeto: él mismo. Durante sus experimentos, memorizó más de dos mil sílabas sin sentido. Ebbinghaus fue el primero en acuñar la expresión «curva de aprendizaje» para describir la rapidez con que asimilamos la información.

vard, montó un pequeño laboratorio de psicología experimental. En 1890 publicó *Principios de psicología*, uno de los primeros y más influyentes libros de texto en EE.UU. Sin embargo, fue Gran Bretaña el primer país en contar con una revista académica dedicada a la psicología, *Mind*, fundada en 1876. En 1892, treinta psicólogos y filósofos, liderados por G.

Stanley Hall (a quien se le concedió el primer doctorado estadounidense en psicología), crearon la Asociación Estadounidense de Psicología (APA, por sus siglas en inglés). En 1896, la universidad de Pensilvania se convirtió en la sede de la primera clínica psicológica, un acontecimiento que marcó el nacimiento de la psicología clínica.

EN 1808, EL FISIÓLOGO ALEMÁN FRANZ GALL ASEGURÓ QUE LA FRENOLOGÍA (EL ESTUDIO DE LA FORMA Y EL TAMAÑO DE ZONAS DEL CRÁNEO QUE RECUBREN PARTES IMPORTANTES DEL CEREBRO) PODÍA REVELAR CIERTOS RASGOS DE PERSONALIDAD.

En el siglo xx, John B. Watson formuló la teoría del conductismo (véase recuadro), posteriormente desarrollada por B. F. Skinner (véase página 29). El conductismo era la ciencia del comportamiento observable. Según Watson, solo la conducta que podía ser observada, registrada y medida tenía algún valor en el estudio tanto de seres humanos como de animales. Así, llevó a cabo el controvertido experimento del «pequeño Albert» (véase página 148) para demostrar que se podía modificar el comportamiento a través del condicionamiento. Del mismo modo, estuvo a la vanguardia de la técnica de modificación de conducta, mediante la que se adiestraba a niños (y adultos) aplicando regímenes de castigo y recompensa.

En 1901 se constituyó en Gran Bretaña la Sociedad Psicológica (rebautizada como Sociedad de Psicología Británica en 1906). Entretanto, en Francia se desarrollaba el primer test de inteligencia, el de Binet-Simon (que, tras ser revisado por psicólogos estadounidenses en 1916, dio origen a un test de CI más conocido: el Stanford-Binet). La primera empresa de desarrollo de pruebas psicológicas, la Psychological Corporation, se puso en marcha en Nueva York en 1921; no solo comercializaba pruebas psicológicas, sino que también permitía realizar esas pruebas en empresas y en clínicas, en lugar de adscribirlas únicamente a universidades y centros de investigación.

En 1952, la Asociación Estadounidense de Psiquiatría publicó el primer *Manual diagnóstico y estadístico de los trastornos mentales,* que marcó el inicio de la clasificación moderna de las enfermedades mentales. La Asociación Estadounidense de Psicología redactó el primer código ético para psicólogos al año siguiente.

En las últimas décadas del siglo xx surgió la ciencia cognitiva, una aproximación interdisciplinar al estudio de la mente humana.

EL REBELDE J. B. WATSON

J. B. Watson llevó una vida bastante ajetreada: lo arrestaron dos veces mientras estaba en el instituto (primero por pelearse con afroamericanos y, después, por disparar armas de fuego dentro de los límites de la ciudad). En 1920, la universidad Johns Hopkins le pidió a Watson que abandonase su puesto en la facultad cuando se hizo pública la aventura que mantenía con una alumna suya (con la que posteriormente se casó y con la que permaneció hasta su muerte).

LAS DIFERENTES DISCIPLINAS PSICOLÓGICAS

A lo largo de los años, el estudio de la psicología se ha abordado desde diferentes perspectivas.

PERSPECTIVA BIOLÓGICA: Esta perspectiva surgió a raíz de Charles Darwin (1809-1882) y de su teoría de la selección natural, que allanó el camino para aquellos que defendían que en nuestra mente y en nuestra conducta influyen más la biología (los genes, la estructura fisiológica…) que otros elementos. Los defensores de este enfoque afirmaban que en el debate entre naturaleza y crianza (véase página 20), ganaba la naturaleza: principalmente, nuestra forma de ser viene determinada por componentes hereditarios y tiene una función adaptativa (o evolutiva). Según este planteamiento, todos nuestros actos se pueden justificar recurriendo a procesos biológicos y no a influencias ambientales: por ejemplo, los investigadores consideraban que cualquier funcionamiento anómalo era consecuencia de desequilibrios químicos en el cerebro, en lugar de buscar otras posibles causas. Todo pensamiento, sentimiento y conducta tenía, en definitiva, un origen biológico. Principalmente, la metodología de esta perspectiva se basaba en realizar estudios con gemelos y en la observación naturalista, aunque también se realizaron experimentos en laboratorio.

LA TEORÍA DE LA SELECCIÓN NATURAL DE CHARLES DARWIN *afirmaba que la mayoría de los procesos mentales constituían un beneficio evolutivo que nos ayudaba a sobrevivir y a evolucionar.*

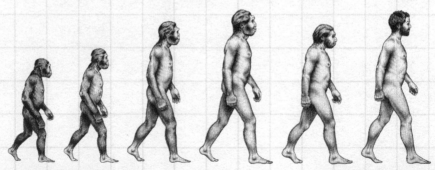

LAPSUS FREUDIANOS

Los lapsus freudianos son equivocaciones en el habla, fallos de memoria o despistes en actos físicos que supuestamente son causados por la interferencia de nuestros deseos o conflictos inconscientes. Por eso se dice que los lapsus desvelan los verdaderos pensamientos de una persona. Se llaman así por Sigmund Freud, que en su libro de 1901, *Psicopatología de la vida cotidiana*, describía y analizaba un gran número de errores, aparentemente triviales, extraños o sin sentido que, según él, eran muy reveladores de las verdaderas motivaciones de la persona que los cometía (aunque, en realidad, él nunca los denominó lapsus freudianos). Por ejemplo, si llamas a tu marido por el nombre de tu padre, puedes estar sugiriendo, subconscientemente, que ves a tu marido como una figura paterna, un detalle que los seguidores de los enfoques psicodinámicos podrían utilizar para explicar problemas conyugales.

Un ejemplo famoso de un lapsus freudiano tuvo como protagonista al Papa Francisco en 2014: utilizó la palabra italiana *cazzo* (que se traduce como «polla»), en lugar de *caso* (que significa «ejemplo») en un sermón en el Vaticano. Aunque se autocorrigió rápidamente, el lapsus salió publicado en decenas de sitios web. Si buscas «lapsus freudianos» en internet, encontrarás muchos ejemplos de lapsus de famosos y políticos que han sido inmortalizados a través de las redes sociales.

PERSPECTIVA PSICOANALÍTICA/PSICODINÁMICA:
Esta perspectiva vio la luz con Sigmund Freud (véase página 31), cuyo psicoanálisis era tanto una teoría como una terapia. El enfoque psicodinámico de la psicología considera que los episodios vividos en la infancia tienen una influencia considerable en nuestro comportamiento como adultos.

Toda conducta, por lo tanto, está determinada por nuestra mente inconsciente y las experiencias que hayamos vivido en la infancia: por ejemplo, si un perro impetuoso asustase a un niño, este podría crecer con miedo a los sucesos imprevisibles. Gran parte de las razones de nuestra conducta están ocultas en nuestra mente inconsciente y, por lo tanto, son de difícil acceso. Para llegar a ellas, Freud desarrolló técnicas psicoanalíticas como la asociación libre (en la que se le pide al paciente que diga lo primero que le venga a la mente), el análisis de los sueños y los *lapsus linguae* (también conocidos como lapsus freudianos; véase recuadro). Para más información sobre este tema, véase página 15.

PERSPECTIVA CONDUCTISTA: Este abordaje del estudio de la psicología tiene sus raíces en el conductismo desarrollado por J. B. Watson y B. F. Skinner (véase página 29). En sus primeros experimentos, los investigadores observaban a ratas, palomas y gatos intentando escapar de cajas, o conseguir comida, de diferentes maneras hasta que ha-

IRM VS. IRMF

Uno de los procedimientos más utilizados para observar la estructura interna de un órgano sin necesidad de realizar incisiones consiste en un examen de imágenes por resonancia magnética o de imágenes por resonancia magnética funcional. En ambos casos se utilizan un potente campo magnético y un ordenador para conseguir imágenes detalladas de órganos, tejidos blandos, huesos y de prácticamente cualquier estructura interna del cuerpo. Las dos técnicas, aunque similares, difieren en que una IRM refleja mayormente la estructura anatómica, mientras que la IRMf, más actual, se centra en la función metabólica.

llaban la que funcionaba: al principio, era pura cuestión de azar, pero pronto aprendían a producir el resultado requerido deliberadamente. Este tipo de comportamiento, «moldeable» mediante regímenes de castigo-recompensa, también se da en el mundo humano. El enfoque conductista considera que toda conducta humana es aprendida, ya sea a través del condicionamiento clásico u operante (véanse páginas 97 y 98), que utiliza únicamente estudios controlados y que solo tiene en cuenta el comportamiento observable (que puede ser medido).

PERSPECTIVA COGNITIVA: La perspectiva cognitiva surgió a mediados de los años cincuenta a raíz del desencanto generado por las limitaciones de la conductista, que se ocupaba únicamente del comportamiento observable. Los enfoques cognitivos sostienen que para comprender a la gente y su comportamiento debemos entender lo que pasa en su mente, en lugar de fijarnos solo en sus acciones; por lo tanto, se centran en funciones «mentales» como la memoria, la percepción, el lenguaje, el pensamiento, la resolución de problemas y la atención. La neurociencia es un área dentro de la psicología cognitiva que profundiza en lo que un daño o enfermedad cerebral puede revelarnos sobre el funcionamiento del cerebro; a menudo se analizan casos prácticos (véanse ejemplos en la página 42), pero también se realizan estudios de laboratorio en los que a veces se utilizan técnicas de proyección de imágenes cerebrales como resonancias magnéticas (IRM).

PERSPECTIVA HUMANISTA: Aproximadamente al mismo tiempo que se desarrollaba el enfoque cognitivo, emergía la perspectiva humanista como respuesta a las conductistas y psicoanalíticas, que eran las imperantes en esa época. Este planteamiento hace hincapié en la búsqueda de la autorrealización personal, inherente a todo individuo (es decir, en la expresión de nuestras cualidades personales y en el desarrollo de nuestro potencial). El foco de atención se dirige hacia la persona en su conjunto, hacia sus pensamientos, sus sentimientos y la libre voluntad que rige su conducta (y que nos empuja a

LOS PRIMEROS ESTUDIOS CONDUCTISTAS *se realizaron observando cómo ratas, palomas y gatos desarrollaban nuevos comportamientos.*

FREUD Y EL ANÁLISIS DE LOS SUEÑOS

En su libro *La interpretación de los sueños*, publicado por primera vez en 1899 (pero fechado en 1900), Freud sostenía que los sueños podían revelar muchas cosas sobre nuestras preocupaciones, deseos y apetitos reprimidos. Los sueños de los niños, afirmaba, son manifestaciones sencillas de sus deseos, basados en los sucesos del día anterior (al que denomina «día soñado»); sin embargo, los sueños de los adultos son un poquito más complicados. Freud argumentaba que nuestros sueños surgen cuando tenemos las defensas bajas y que se ven distorsionados por nuestros pensamientos «latentes» o por los intentos de censura de nuestro inconsciente. Esa distorsión disfraza su significado real (que normalmente es cumplir un deseo). Para descubrir los mensajes reales que se ocultan tras los sueños hay que utilizar su técnica de análisis psicoanalítico.

Un análisis psicoanalítico de los sueños consiste en identificar las distorsiones (mediante lo que Freud llamaba «exploración del sueño») que han surgido para reprimir los deseos del paciente… y revertirlas para descubrir su «contenido latente». Freud distinguía entre el «contenido manifiesto» de un sueño (lo que el soñador recuerda) y el «contenido latente» (el deseo subyacente o significado del sueño). Entre las distorsiones que identifica se incluyen:

LA CONDENSACIÓN: En un objeto soñado se reúnen varios pensamientos o ideas. Por ejemplo, un animal en un sueño puede representar tanto a un cónyuge como a un amante.

EL DESPLAZAMIENTO: Se disocia la importancia emocional que se le atribuye a un objeto, lugar o persona para atribuírselo a otro totalmente diferente que no levante las sospechas de los soñadores y haga saltar defensas que autocensuren sus propios sueños. De este modo, un sueño sobre una casa en llamas podría simbolizar, en realidad, el miedo a perder a un ser querido.

LA VISUALIZACIÓN: Un pensamiento o idea se transfiere a una imagen visual.

EL SIMBOLISMO: Es similar a la visualización, pero en este caso es un símbolo el que reemplaza a una acción, persona o idea.

Además, es probable que el soñador trate de buscarle sentido a su sueño e imagine algún tipo de «elaboración secundaria» de la historia o sucesos.

Las propuestas de Freud sirvieron de base más adelante para la aparición de «diccionarios de sueños», según los cuales ciertos objetos o sucesos soñados tienen significados concretos. El propio Freud, en realidad, nunca compartió esa idea y, aunque tales análisis de sueños son populares hoy en día, no están respaldados por la teoría psicológica.

EL DEBATE
NATURALEZA-CRIANZA

¿CÓMO NOS DESARROLLAMOS?
(Y LOS PSICÓPATAS... ¿NACEN O SE HACEN?)

Uno de los debates más antiguos en psicología gira en torno a lo que conforma exactamente nuestra personalidad y analiza la influencia relativa que en ella ejercen el ambiente (crianza) y nuestros genes (naturaleza). La expresión «naturaleza y crianza» lleva usándose al menos desde la época isabelina y se cree que se remonta a la Francia medieval. En la parte de la balanza que se inclina a favor de la crianza se encuentra la perspectiva de la «pizarra en blanco», propuesta por primera vez por John Locke en 1960, que asume que la conducta humana se desarrolla principalmente gracias a las influencias del ambiente (por tanto, rechaza la influencia de componentes hereditarios). Esa fue la visión imperante hasta finales del siglo xx gracias a los enfoques puramente conductistas de J. B. Watson y otros, que les otorgaban un protagonismo mínimo a los genes. Cuando se empezó a utilizar gemelos idénticos como objeto de investigación psicológica, la perspectiva empezó a cambiar.

En torno a la Primera Guerra Mundial, se separaba sistemáticamente a los gemelos que iban a ser dados en adopción. Eso proporcionó una excelente oportunidad para estudiar la influencia relativa del ambiente y de los genes, ya que algunos de esos gemelos idénticos, que portaban el mismo material genético, fueron enviados a entornos diferentes (véase página 50). Los estudios con gemelos establecieron que existía, en muchos casos, un importante componente hereditario en la personalidad. En los años noventa, gracias a los avances en los estudios genéticos, el influjo de la heredabilidad empezó a ser más fácil de examinar. En 2002, un libro escrito por Steven Pinker llamado *La tabla rasa. La negación moderna de la naturaleza humana*, fue decisivo para invertir la tendencia del siglo anterior y alejarse del purismo conductista preponderante entre los años cuarenta y setenta.

En la actualidad, se piensa que la personalidad del individuo (e incluso su inteligencia) es producto tanto de factores hereditarios como del ambiente (la crianza, la relación con sus padres, el condicionamiento social, la nutrición y la educación). Los factores de tipo ambiental en la familia, por ejemplo, pueden llegar a ser responsables de hasta un cuarto de las diferencias de CI. En cuanto a la personalidad, está demostrado que los gemelos idénticos criados separadamente son bastante más similares en cuanto a personalidad que pares de personas seleccionadas al azar (y que los mellizos, que comparten menos material genético entre sí que los gemelos idénticos).

¿Qué sucede entonces con las «personas malas»? Los psicólogos llevan tiempo dándole vueltas a esta cuestión, entre otras razones por las implicaciones que tendría en cuanto a tratamientos y castigos. La respuesta es que la psicopatía (que entraña una falta de código moral, de empatía y de remordimientos) es probablemente el resultado de, entre otros factores, una interacción entre naturaleza y crianza. Por ejemplo, un artículo publicado en 2006 en el *Journal of Abnormal Psychology*, titulado «Asociaciones entre el abuso temprano, la disociación y la psicopatía en una muestra de delincuentes», insinúa que al menos parte de las características de las personalidades psicopáticas se dan como resultado de abusos (factores asociados a la «crianza»). Otros estudios apuntan a que existe un componente de tipo «natural» en la enfermedad. Por ejemplo, un experimento de 1991 halló que los cerebros de los psicópatas reaccionan con mayor lentitud a palabras con carga emotiva que los de no psicópatas. Otros estudios descubrieron que las imágenes IRMf (imágenes por resonancia magnética funcional) de los cerebros de los psicópatas revelaban un debilitamiento del tejido paralímbico, que se supone responsable de los sentimientos de empatía.

LOS ESTUDIOS CON GEMELOS *criados en ambientes diferentes (quizás por haber sido adoptados separadamente) han sido inestimables para lograr entender qué parte de nuestra forma de ser se debe a la genética y qué parte a lo que nos rodea.*

ser lo mejor posible). Dos de los psicólogos más influyentes de la perspectiva humanista son Carl Rogers y Abraham Maslow (véanse páginas 33 y 35). Las terapias humanistas se exponen en la página 253.

PERSPECTIVA EVOLUTIVA: La premisa de esta perspectiva es que el cerebro humano es como es gracias a la evolución. Según este enfoque, nuestro comportamiento se explica en base a los procesos evolutivos que lo han ido conformando, y cualquier conducta actual tiene una finalidad adaptativa, es decir, se desarrolló para proporcionarnos una ventaja frente a la selección natural y a la supervivencia del más apto. La mayor parte de nuestros actos son, por tanto, instintivos: se basan en impulsos innatos con los que nacemos. La perspectiva evolutiva, por poner un ejemplo, explica muy bien el origen del estrés: en su día era un sistema de respuesta de emergencia adaptativo que nos proporcionaba un extra de energía con el que «luchar o huir» para sobrevivir a los ataques de los depredadores. Hoy en día, por supuesto, esa reacción no nos es tan útil… Puede que sea un vestigio de nuestro pasado evolutivo. La reacción de estrés se examina con más detalle en la página 136.

PERSPECTIVA COMPARATIVA: Esta perspectiva utiliza el estudio con animales para entender el comportamiento humano.

Charles Darwin fue esencial en el desarrollo de la psicología comparativa. Hacia finales del siglo XIX, Douglas Alexander Spalding, que estudió el instinto y la impronta genética en pájaros (observando cómo las crías de pájaro creaban un vínculo con una figura paterna), también tuvo una influencia fundamental. Las áreas de interés propias de los psicólogos comparativos son la herencia, la adaptación, el aprendizaje y el comportamiento paternal. Se piensa que todas ellas pueden arrojar luz sobre la conducta humana.

¿QUÉ HACEN LOS PSICÓLOGOS?

Si la psicología es el estudio científico de la mente y de la conducta, ¿a qué nos dedicamos exactamente los psicólogos? La opinión generalizada es que nuestro trabajo consiste en «leer la mente» de los pacientes. Aunque puede resultar muy útil que la gente crea que poseemos esa habilidad, en realidad no es así y hacemos mucho más, según el tipo de psicólogo del que hablemos: algunos estudian el cerebro humano para averiguar cómo influye en nuestra conducta; otros tratan a pacientes que sufren trastornos o enfermedades mentales; unos trabajan con niños que tienen dificultades de aprendizaje y otros, por su parte, colaboran en el diseño de campañas para promover hábitos saludables como dejar de fumar; otro grupo de psicólogos trabaja con empresas y organizaciones para mejorar su eficacia, mientras que otros ayudan a los atletas a mejorar su rendimiento.

Todos estos psicólogos utilizan modelos y principios psicológicos de la mente humana (desarrollados y descubiertos a lo largo de años de investigación) para ayudar de algún modo a los individuos y a la sociedad. Algunas de las principales ocupaciones de los psicólogos son las siguientes:

PSICÓLOGOS ACADÉMICOS/INVESTIGADORES: Para desarrollar las teorías, los modelos, los principios y las terapias que utilizan los profesionales de la psicología, necesitamos personas que investiguen.

SUPUESTO PRÁCTICO: LA AUTORA

Yo soy psicóloga académica universitaria acreditada. «Acreditada» significa que estoy registrada en la Sociedad de Psicología Británica y que mis cualificaciones están reconocidas por ellos. Conseguí este puesto de trabajo después de realizar mis estudios universitarios en psicología y mi doctorado, en el que decidí investigar un área muy específica de las emociones, algo denominado «trabajo emocional» (que viene siendo el manejo o control de las emociones de los empleados). Tras acabar el doctorado, conseguí empleo como profesora universitaria en la universidad inglesa de Central Lancashire, donde sigo y donde enseño asignaturas relacionadas con mis áreas de investigación principales (como las emociones, los problemas y el estrés en el lugar de trabajo). Dedico aproximadamente medio día por semana a realizar estudios que aporten información sobre esas áreas (por ejemplo, ahora estoy estudiando el aburrimiento, que es una emoción que se suprime muy habitualmente). Algunas universidades permiten que su personal dedique más tiempo a la investigación. Es esencial tratar de publicar los resultados de esas investigaciones en revistas de renombre para que todo el mundo pueda conocerlos y beneficiarse de lo que uno ha descubierto.

Los psicólogos investigadores están normalmente ligados a instituciones de investigación universitarias y también ejercen como profesores de estudiantes de grado y de posgrado. De hecho, es más habitual que sea al revés: los académicos (que imparten clases) suelen también dedicarse a investigar. Un académico es un especialista en un área particular de la psicología que generalmente posee un doctorado relacionado con su especialidad, da clases sobre ella, investiga y supervisa las investigaciones de otros para actualizar nuestro saber.

PSICÓLOGOS CLÍNICOS: Probablemente este sea el tipo de psicólogo más conocido. Estos profesionales ofrecen terapias a pacientes deprimidos o ansiosos, pero su trabajo no tiene por qué limitarse a eso; por ejemplo, pueden asesorar a gente sobre trastornos psicológicos, enseñar a pacientes con daño cerebral a adaptarse a su nueva situación, diagnosticar a niños con trastornos o ayudar a personas que han sufrido traumas. Los psicólogos clínicos pueden especializarse en campos particulares como las personas mayores, los niños o las personas con dificultades de aprendizaje. Suelen trabajar en el sector de la salud. Para convertirse en psicólogo clínico, normalmente hay que estudiar una carrera, pasar un año o dos adquiriendo experiencia laboral como psicólogo adjunto y, a continuación, realizar un doctorado. Sin embargo, estos requisitos pueden variar según el país del que hablemos.

LOS PSICÓLOGOS DEPORTIVOS *utilizan las investigaciones y las teorías para ayudar a los atletas a mejorar su rendimiento.*

PSICÓLOGOS DEPORTIVOS: Estos profesionales trabajan con los atletas y los equipos deportivos. Aplican modelos psicológicos y utilizan técnicas como fijarse objetivos, la visualización y la relajación para aumentar su rendimiento o para superar los contratiempos o la presión de la competición. Los contratan equipos deportivos, atletas individuales, árbitros o asociaciones deportivas. Otras de sus funciones pueden ser favorecer la formación de equipos cohesionados o mejorar su comunicación (por ejemplo, entre directores técnicos y los miembros del equipo). Para ser psicólogo deportivo, seguramente necesitarás realizar un máster reconocido tras acabar tus estudios de grado.

PSICÓLOGOS OCUPACIONALES: A menudo conocidos como psicólogos laborales, industriales o de empresa, estos profesionales ayudan a los empresarios, a las compañías y a los empleados en diversos temas relacionados con el lugar de trabajo como el estrés laboral, el acoso, el desarrollo de la capacidad de liderazgo, la formación, la selección y la ergonomía (la adaptación de las instalaciones a las necesidades humanas). Para ser psicólogo ocupacional, seguramente necesitarás estudiar un máster reconocido al terminar el grado. Estos psicólogos pueden ser contratados por grandes organizaciones, por consultorías de psicología ocupacional o pueden trabajar por cuenta propia.

LOS PSICÓLOGOS OCUPACIONALES *son expertos en ayudar a las empresas a sacar el máximo provecho de sus trabajadores, colaborando en el diseño organizativo y mejorando el bienestar de los empleados.*

PSICÓLOGOS SANITARIOS: Se trata de un campo relativamente nuevo y emergente. En mi opinión, probablemente haya surgido porque muchos aspirantes a matricularse en cursos de formación clínica, cumpliendo todos los requisitos, son rechazados por falta de plazas. Eso hace que algunos vuelvan su mirada hacia la psicología sanitaria. Existen muchas coincidencias entre la psicología clínica y la sanitaria, aunque el abanico de competencias de los psicólogos sanitarios es más reducido. Su trabajo consiste en aplicar métodos psicológicos al estudio del comportamiento relacionado con las enfermedades y la asistencia sanitaria. Por ejemplo, pueden colaborar en el diseño de campañas para animar a la gente a comer saludablemente, a dejar de fumar o a realizar revisiones médicas. Otra

de sus labores es trabajar con pacientes con enfermedades médicas de larga duración para enseñarles a adaptarse a su nueva situación y a cumplir con los regímenes de tratamientos o medicaciones. Estos psicólogos trabajan a menudo en hospitales, pero también pueden hacerlo en universidades. Para convertirte en psicólogo sanitario, seguramente debas realizar un grado seguido de un máster de un año de duración.

PSICÓLOGOS FORENSES: También conocidos como psicólogos legales, suelen trabajar en entornos criminales como las prisiones. Colaboran en los tratamientos y la rehabilitación de los delincuentes y, a veces, ayudan al personal de la prisión a superar el estrés y en otros aspectos de su trabajo. También se les pide ascsoramiento sobre si un criminal puede ser puesto en libertad, en libertad condicional o si son un peligro para la sociedad (o para sí mismos). Otra de sus posibles labores es el diseño y la puesta en práctica de programas de formación para delincuentes (como de control de la ira) o, en general, de cualquier otra actividad destinada a mejorar los regímenes penitenciarios. Para llegar a ser psicólogo forense necesitarás realizar un máster tras el grado.

PSICÓLOGOS VS. PSIQUIATRAS

Los psiquiatras son médicos que han realizado una formación especializada en enfermedades psiquiátricas. Prescriben medicamentos para tratar problemas mentales, pero rara vez llevan a cabo intervenciones no farmacéuticas, como hacen los psicólogos. Los psicólogos, por su parte, no prescriben medicamentos. Ambos profesionales pueden trabajar juntos: por ejemplo, un paciente puede estar bajo el cuidado de los dos, recibiendo medicación del psiquiatra (que controlará su efecto) e intervenciones psicológicas por parte del psicólogo.

PSICÓLOGOS EDUCATIVOS: Estos psicólogos trabajan con niños en entornos educativos y suelen ser también profesores titulados. Evalúan a los menores en busca de problemas de aprendizaje, sociales o de desarrollo, diseñan intervenciones y asesoran sobre ellas, ayudan a gestionar conductas o problemas como el acoso y ofrecen su consejo tanto sobre políticas como en todo aquello que los niños o la escuela puedan requerir. Para llegar a ser psicólogo educativo, normalmente tendrás que realizar una formación docente tras el grado y después acceder a un programa de doctorado (gran parte del cual consistirá en prácticas).

LOS PSICÓLOGOS EDUCATIVOS *evalúan diversos aspectos del desarrollo de los niños y después trabajan con las escuelas para diseñar programas de intervención que ayuden a los menores a alcanzar los objetivos del currículo y a desarrollar su potencial.*

EL TOP DIEZ
DE LOS PSICÓLOGOS MÁS INFLUYENTES DEL SIGLO XX

EN 2002, LA REVISTA *REVIEW OF GENERAL PSYCHOLOGY* PUBLICÓ LOS RESULTADOS DE UNA ENCUESTA SOBRE QUIÉNES ERAN LOS CIEN PSICÓLOGOS MÁS ILUSTRES DEL SIGLO XX. INCLUIMOS EL «TOP DIEZ» DE LA REVISTA, EN ORDEN DE INFLUENCIA.

Tristemente, no hay mujeres ni en el top diez ni en el top cincuenta (seguramente, debido a la falta de oportunidades de las mujeres en tiempos pasados). Elizabeth Loftus, a la que conoceremos cuando hablemos sobre los falsos recuerdos, en la página 92, es la psicóloga más influyente del siglo xx, en el puesto 58.
(Lista de los psicólogos más eminentes del siglo xx por cortesía de la revista *Review of General Psychology*, 2002, vol. 6, n.º 2).

1. B. F. SKINNER

Burrhus Frederic Skinner (1904-1990) fue un psicólogo estadounidense. Normalmente se le conoce como el padre del conductismo (véase página 16), una teoría psicológica que considera que la conducta es consecuencia del refuerzo, más que del pensamiento o de las emociones. El refuerzo es el proceso primario que conforma y controla el comportamiento. Existen dos tipos: el «positivo» y el «negativo». El refuerzo positivo es similar a la recompensa y el refuerzo negativo, al castigo. Skinner acuñó la expresión «condicionamiento operante» para referirse al proceso de formación y control de la conducta utilizando el refuerzo. Para más información sobre el condicionamiento, véase página 96.

Skinner es famoso por la invención de la cámara de condicionamiento operante, conocida popularmente como «la caja de Skinner», con la que llevó a cabo sus estudios (véase página 99). Combinando refuerzos positivos con castigos como descargas eléctricas, fue capaz de controlar el comportamiento animal. Eso supuso un gran avance en la investigación sobre el aprendizaje animal. Esos avances se extendieron a los seres humanos en todas aquellas conductas que pudieran ser estudiadas midiendo la frecuencia, la probabilidad o la fuerza de una respuesta simple reproducible.

2. JEAN PIAGET

El suizo Jean Piaget (1896-1980), psicólogo del desarrollo, fue el primero en estudiar el desarrollo cognitivo de forma sistemática. La idea preponderante antes de que se publicase su trabajo era que los niños eran, simplemente, miniadultos. Él consiguió demostrar que los pequeños piensan de formas cualitativamente diferentes a los adultos. Según su teoría, el desarrollo de un niño pasa por fases diferenciadas cualitativamente, en lugar de consistir en un aumento gradual de sus habilidades.

Aunque sus teorías se desarrollaron en los años treinta, no se popularizaron hasta los años sesenta. A finales del siglo xx, Piaget era el segundo psicólogo más citado de la época, solo por detrás de B. F. Skinner.

3. SIGMUND FREUD

Sigmund Freud (1856-1939) fue un neurólogo austríaco que se graduó como doctor en medicina en la universidad de Viena en 1881. Se le conoce como el padre del psicoanálisis, un método clínico para tratar problemas mentales utilizando técnicas terapéuticas como la asociación libre (para más información sobre estas terapias, véase página 246). Freud creía que la mente inconsciente constaba de tres componentes: el ello, el yo y el superyó (véase página 247). El ello y el superyó están en constante conflicto entre sí y el yo trata de mediar entre ellos. Cuando no se consigue resolver esas desavenencias, se tiende a utilizar mecanismos de defensa para reducir la ansiedad resultante. El psicoanálisis trata de ayudar a los pacientes a solucionar esos conflictos internos.

Freud también desarrolló teorías sobre la sexualidad, como el complejo de Edipo, y sobre lo que los sueños nos desvelan sobre nuestros deseos inconscientes. Principalmente se basó en el estudio de casos prácticos para desarrollar sus teorías. Uno de ellos fue el del pequeño Hans (véase página 150). Antes de la Segunda Guerra Mundial, Freud, que era judío, huyó de Austria hacia Gran Bretaña y murió de cáncer oral (causado por su adicción al tabaco) en 1939. Su hija Anna Freud se convirtió en una famosa terapeuta psicoanalítica por méritos propios.

4. ALBERT BANDURA

El canadiense Albert Bandura (nacido en 1925) es uno de los pocos miembros de esta lista que sigue con vida en el momento de la elaboración del presente libro y es el psicólogo vivo más citado. Se le conoce como el creador de la teoría del aprendizaje social (véase página 101), que explica cómo aprendemos de otras personas, y del constructo de la autoeficacia, que es el alcance o fuerza de nuestra fe en nuestras propias habilidades para realizar una tarea. También es el responsable del influyente experimento del muñeco Bobo, de 1961 (véase página 158). A pesar de las grandes contribuciones de Bandura a la psicología, realmente llegó a ella por azar: como se aburría en su época de estudiante, se apuntó a unos cursos de psicología para pasar el tiempo.

5. LEON FESTINGER

El psicólogo social estadounidense Leon Festinger (1919-1989) es principalmente conocido por sus teorías sobre la disonancia cognitiva (véase página 133) y la comparación social (véase página 127). Su teoría de la comparación social hizo que la revista *Fortune* lo encumbrara como uno de los diez científicos más prometedores de los Estados Unidos. Curiosamente, al principio de su carrera no mostró ningún interés por la psicología social, sino que se sintió atraído por ella mucho más tarde. En una etapa posterior de su vida, abandonó la carrera de psicología para dedicarse a la arqueología. Sin embargo, Festinger sigue siendo considerado como uno de los mejores psicólogos sociales de todos los tiempos.

6. CARL R. ROGERS

El psicólogo estadounidense Carl Ransom Rogers (1902-1987) fue el fundador de la perspectiva humanista (o perspectiva centrada en el cliente/persona) de la psicología (véase página 256), que subraya la importancia de la relación entre el cliente (al que él no se refiere como paciente) y el terapeuta. Rogers fue otro psicólogo que llegó tarde a la profesión, tras haber probado suerte tanto en la agricultura como en la religión. Sus teorías hacen hincapié en la consideración incondicional y positiva que un terapeuta debería mostrarle a su cliente. Gran número de terapias han adoptado sus ideales, no solo las humanistas.

7. STANLEY SCHACHTER

El psicólogo social estadounidense Stanley Schachter (1922-1997) es conocido sobre todo por haber desarrollado, junto con Jerome E. Singer, la teoría de la emoción de los dos factores (véase página 102) en 1962. Esta teoría fue la primera en afirmar que las emociones se componen de dos ingredientes: la excitación fisiológica y la evaluación cognitiva que debe aplicársele a esa excitación para calificarla como emoción. Antes, la cognición no jugaba ningún papel en la experiencia de las emociones. Gracias a esta teoría también aprendimos que, a veces, calificamos las emociones de modo erróneo, según la información que tengamos a nuestro alcance para intentar entender a qué se debe nuestra excitación. Aunque Schachter es famoso por su labor sobre las emociones, también investigó la obesidad y las adicciones. Descubrió, por ejemplo, que la gente de peso normal para de comer cuando está llena, mientras que las personas con sobrepeso comen por motivos diferentes, no para llenar el estómago.

8. NEAL E. MILLER

Neal Elgar Miller (1909-2002) fue un psicólogo experimental estadounidense que, junto con un colega, desarrolló una teoría de la motivación basada en la satisfacción de los impulsos psicosociales. Dedicó su carrera a tratar de cartografiar las claves de los impulsos humanos (como el miedo, el hambre y la curiosidad). Realizó descubrimientos innovadores como que el miedo es una respuesta aprendida, o el hecho de que las técnicas de biorretroalimentación (conforme a las cuales una persona puede utilizar la información y las mediciones de sus funciones fisiológicas para aprender a mejorarlas) pueden permitirnos controlar nuestra propia presión sanguínea. Realizó la mayor parte de sus investigaciones con ratas de laboratorio, lo que suscitó la polémica con los grupos de defensa de los derechos de los animales.

9. EDWARD THORNDIKE

El psicólogo estadounidense Edward Thorndike (1874-1949) es famoso sobre todo por su «ley del efecto». Según esta ley, aquellas conductas que vayan acompañadas de una recompensa tenderán a reproducirse cuando la situación surja de nuevo, mientras que las que vayan acompañadas de un castigo tenderán a no repetirse. La teoría del condicionamiento operante de B. F. Skinner (véase página 98) se basó en sus ideas. Thorndike las puso a prueba creando una «caja problema» en la que introdujo a un gato que, si conseguía escapar, recibía una recompensa en forma de alimento. El animal, utilizando el ensayo y error, enseguida aprendió qué había que hacer para presionar la palanca que abría la caja. Thorndike enunció la ley del efecto para explicar el comportamiento de los gatos en sus experimentos.

10. ABRAHAM H. MASLOW

Abraham Harold Maslow (1908-1970) fue un psicólogo estadounidense conocido principalmente por crear la «jerarquía de las necesidades», una teoría de la motivación que se analiza en las páginas 108-109. Maslow instaba a la gente a ocuparse primero de sus necesidades básicas, después de otras más elevadas y, por último, de su autoactualización (autorrealización). También estableció la disciplina de la psicología humanista, que se examina en la página 17. En 1963 rechazó la propuesta de convertirse en el presidente de la Asociación de Psicología Humanista porque consideraba que la organización debía funcionar sin líderes.

¿QUÉ SE APRENDE EN LA CARRERA DE PSICOLOGÍA?

Básicamente, lo primero que hay que hacer para seguir cualquiera de las ramas profesionales mencionadas hasta ahora es una carrera. Si te quieres dedicar a la psicología, te vendrá bien un poco más de información sobre en qué consiste esta ciencia y las áreas que se suelen estudiar.

Aunque cada grado en psicología es diferente, la mayoría cubre las siguientes áreas clave:

PSICOLOGÍA DEL DESARROLLO O EVOLUTIVA: Se ocupa de todos los aspectos relacionados con nuestro desarrollo a lo largo de la vida (incluidas la adolescencia y la vejez), pero principalmente reflexiona sobre áreas como la adquisición del lenguaje, el razonamiento moral, el desarrollo intelectual, el apego hacia los cuidadores y la formación de la personalidad y de la identidad.

PSICOLOGÍA SOCIAL: Se dedica a estudiar la manera en que la gente se siente influenciada por la presencia de otros (aunque esa presencia sea imaginaria). Abarca áreas como la formación (y la modificación) de actitudes, la persuasión, la influencia de las minorías, las dinámicas de grupo, la atracción interpersonal, los prejuicios y la psicología de masas.

PSICOLOGÍA COGNITIVA: Se consagra al análisis de los procesos mentales (la atención, la creatividad, el uso del lenguaje, la memoria, la percepción, la resolución y el razonamiento de problemas).

DIFERENCIAS INDIVIDUALES: Tal y como su nombre indica, se refiere a aquellos atributos que difieren de una persona a otra. Normalmente trata aspectos tales como la personalidad, la inteligencia y las diferencias de género y edad.

PSICOLOGÍA FISIOLÓGICA: Versa sobre el estudio de los elementos físicos que contribuyen a la manera en que sentimos, percibimos y nos comportamos. Por lo tanto, investiga el funcionamiento del cerebro, del sistema nervioso y de las glándulas secretoras de hormonas que forman el sistema endocrino (véase página 52).

PSICOLOGÍA ANORMAL: Profundiza en el estudio de conductas y patrones de pensamiento inusuales o atípicos. Tiende a englobar enfermedades y trastornos psicológicos y problemas mentales. Hoy en día se denomina simplemente «psicología clínica» en muchas universidades.

MÉTODOS DE INVESTIGACIÓN: La mayoría de los planes de estudio de psicología incluyen formación sobre métodos de investigación y cómo realizar estudios científicos psicológicos (véase página 38).

LAS HERRAMIENTAS DE LA PSICOLOGÍA: ¿CÓMO REALIZA SUS DESCUBRIMIENTOS?

Como ya se ha explicado anteriormente, la psicología se basa en estudios científicos para realizar avances significativos y aumentar nuestra comprensión de la condición humana.

El proceder básico de cualquier investigación psicológica supone hacerse preguntas, diseñar un estudio, recoger datos, analizar los resultados, alcanzar conclusiones y compartir los hallazgos con el resto de la comunidad psicológica. Un estudio empieza siempre con una hipótesis o una predicción provisional sobre una relación propuesta entre dos «variables». Una variable es algo que podemos introducir o retirar de la ecuación para observar su efecto sobre el resultado. Por ejemplo, pongamos que quisiera analizar qué cantidad de elogios mejora la conducta de mi hijo. La variable sería el elogio y la hipótesis sería, probablemente, «elogiar a mi hijo mejorará su conducta». A continuación, esa predicción, que está basada bien en investigaciones previas o en otro razonamiento lógico, se somete a examen. Existen tres formas principales de hacerlo: a través de experimentos, mediante la investigación correlacional y usando métodos observacionales.

¿POR QUÉ LA PSICOLOGÍA ES UNA CIENCIA?

El objetivo de una ciencia es establecer explicaciones (o teorías) fidedignas sobre algún fenómeno basándose en pruebas. Para llegar a conclusiones sobre la conducta humana, los psicólogos la observan, la miden y la examinan, utilizando para ello una rigurosa metodología científica. Estos métodos deben ser reproducibles y poseer unas características particulares que permitan controlar los contaminantes que podrían justificar, erróneamente, los hallazgos de un estudio. De este modo, el psicólogo podrá estar inequívocamente seguro de que sus conclusiones se deducen del razonamiento propuesto y no de otros factores. Así, las terapias y las intervenciones se podrán basar en esos resultados con garantías razonables.

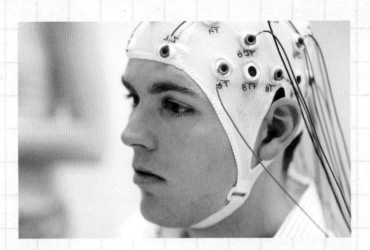

PARA REALIZAR EXPERIMENTOS *psicológicos a veces hay que utilizar material y tecnología que nos permita ver lo que sucede en el cerebro bajo ciertas condiciones.*

EXPERIMENTOS

Una vez que el psicólogo investigador tiene su hipótesis, necesita examinarla realizando algún tipo de experimento para comprobar las hipotéticas relaciones entre las variables. Dichos experimentos pueden ser muy complejos, con muchas variables diferentes, o bastante simples, tipo causa y efecto. Hasta el más sencillo tendrá varios elementos y debería contar con un grupo de control, es decir, con un grupo que no esté sometido al experimento para poder realizar comparaciones con él.

Tras recoger los datos del experimento simple, los investigadores aplican cierto número de pruebas estadísticas para determinar si las diferencias encontradas entre el grupo de control y el experimental son significativas estadísticamente o si podrían haber sucedido por casualidad. Para establecerlo, esas pruebas calculan la probabilidad de que los resultados hayan ocurrido por puro azar: si la probabilidad es lo suficientemente baja, se asumirá que las diferencias encontradas son consecuencia de la intervención, en cuyo caso se considerarán estadísticamente significativas.

INVESTIGACIÓN CORRELACIONAL

No toda la investigación psicológica se lleva a cabo mediante experimentos.

Una alternativa es utilizar métodos correlacionales para buscar la correspondencia entre variables. Por ejemplo, si examináramos la relación entre la edad de un niño y su altura, encontraríamos la correlación de que si una aumenta, la otra también. Sin embargo, no sería adecuado utilizar este método correlacional con adultos.

MÉTODOS OBSERVACIONALES

En este caso, el investigador no trata de entrometerse o de modificar lo que sucede; simplemente, observa, sin intervenir en ningún momento. En los métodos observacionales lo importante es que el investigador no influya en el procedimiento de ningún modo. Este enfoque puede ser útil a veces, cuando no es ético manipular una variable (por ejemplo, si quisiéramos estudiar la agresividad infantil con este método, sencillamente se observaría a los niños, sin hacer nada para que mostrasen una mayor agresividad) o cuando existe la necesidad de minimizar las «características de la demanda» (mediante las cuales los participantes, de forma deliberada o no, proporcionan a los investigadores lo que creen que están buscando con el experimento).

Sin embargo, también puede existir el problema del «sesgo del observador», en el que el investigador, inadvertidamente, ve y registra lo que espera encontrar. Además, está la

ESTUDIO DOBLE CIEGO

Un estudio doble ciego es aquel en que ni los participantes ni los investigadores saben quién recibe un tratamiento específico. Eso ayuda a evitar los sesgos que, de forma inintencionada, podrían causar cualquiera de ellos. Sin las condiciones doble ciego, el investigador, al saber cuál es el tratamiento que está recibiendo cada participante, puede crear accidentalmente «sesgos del observador», atendiendo a un grupo de forma diferente o transmitiéndole, inadvertidamente, señales distintas. Asimismo, los participantes pueden generar, de forma involuntaria, «características de demanda» si adivinan (o se les comunica) el propósito de un experimento, provocando cambios en su conducta de modo inconsciente para cumplir las expectativas del estudio.

cuestión de si las personas reaccionan de diferente manera al saber que están siendo observadas. Este problema a veces puede subsanarse si no se informa a los participantes de que están siendo estudiados, quizás haciendo que el investigador se una a las actividades que están realizando.

Los estudios observacionales pueden ser bastante invasivos en términos de privacidad. También hay que tener en cuenta la ética con respecto a los métodos observacionales encubiertos: si los participantes son observados en circunstancias ordinarias (como esperando el autobús), donde cualquiera puede verlos, normalmente no se necesitan permisos. En otras circunstancias, si conseguir el consentimiento invalida el estudio al producir sesgos, podría ser posible solicitarlo a posteriori.

LOS MÉTODOS OBSERVACIONALES *pueden utilizarse para observar a las personas o a los animales en ambientes naturales o, como en la foto, en un laboratorio, a través de un vidrio de visión unilateral. En la imagen, el Dr. Eckhard Hess, profesor adjunto de psicología de la universidad de Chicago, está frente al panel de control, observando las reacciones de crías de animales a variaciones de luz y sonido.*

PERSONAS NORMALES Y CORRIENTES QUE HAN HECHO GRANDES APORTACIONES A LA PSICOLOGÍA

Este libro contiene numerosa información sobre el trabajo de eminentes e influyentes psicólogos, pero muchas de sus teorías y hallazgos no habrían sido posibles sin la inspiración de personas normales y corrientes. La mayoría fueron personas que tuvieron la desgracia de que sus vidas (o, en algunos casos, muertes) arrojasen luz sobre ciertos fenómenos psicológicos.

«HM»

HM era el pseudónimo de Henry Gustav Molaison (1926-2008), un estadounidense al que se le conocía como «el hombre sin memoria». Llevaba sufriendo epilepsia severa (véase página 62) muchos años y a los 27 se sometió a cirugía para tratar de reducir la gravedad de sus síntomas. La operación fue realizada por el neurocirujano de Hartford William Beecher Scoville. Henry estuvo despierto durante todo el procedimiento. La cirugía incluyó la extirpación de una estructura cerebral llamada hipocampo, que está situada entre los lóbulos temporales (véase página 54). La operación fue un éxito y los ataques de Henry mejoraron mucho, pero, tristemente, la disección de su hipocampo tuvo graves efectos sobre su memoria: no podía recordar nada que hubiese sucedido desde la intervención y tenía pérdidas de memoria sobre lo sucedido en los once años anteriores a ella (por razones que todavía no están claras).

La razón por la que HM contribuyó tanto, y de forma involuntaria, a la psicología es que, hasta su caso, no se sabía que el hipocampo, situado entre los lóbulos temporales del cerebro, tuviese una importancia tan trascendental en la memoria. Tras HM, no se volvieron a realizar este tipo de operaciones para curar la epilepsia, aunque, por supuesto, esa decisión llegó demasiado tarde para el pobre HM.

Las aportaciones de HM a la psicología continuaron en los 55 años posteriores a su cirugía. Durante ese tiempo, participó voluntariamente en toda una serie de experimentos en el Instituto Tecnológico de Massachusetts (MIT). Gracias a ellos, se descubrió mucho de lo que sabemos hoy en día sobre la memoria. Su amnesia global postoperatoria le impedía aprender o recordar nada nuevo a nivel consciente (por ejemplo, nombres, caras y canciones), pero era capaz de adquirir nuevas habilidades motrices a nivel subconsciente (por ejemplo, cuando se hizo daño en

una pierna, aprendió a caminar utilizando un andador, aunque no podía recordar haber usado uno antes... siendo «antes» el día anterior). Su CI siguió siendo normal y se comportó de forma feliz y cooperadora, sin cansarse nunca de unos experimentos que siempre eran nuevos para él.

El nombre de Henry (o sus iniciales, porque su nombre real solo se reveló tras su muerte para mantener la confidencialidad del paciente) ha sido mencionado en casi 12.000 artículos de revistas, lo que lo convierte en el caso más estudiado en la historia médica o psicológica. Henry siguió contribuyendo a la psicología incluso tras su muerte: diseccionaron su cerebro en dos mil partes para continuar investigando con él.

DAVID REIMER

David Peter Reimer (1965-2004) fue un canadiense que nació biológicamente hombre pero que, tras una intervención chapucera en su infancia en la que su pene acabó accidentalmente destruido, fue criado como mujer siguiendo el consejo médico. Bruce, como se llamaba el niño originalmente, tenía un gemelo idéntico, Brian. A los

seis meses, se les citó a ambos para someterlos a una cirugía rutinaria destinada a corregir un problema menor en sus penes que les causaba problemas para orinar. Trágicamente, el miembro de Bruce acabó totalmente destrozado. Visto el resultado, la operación de Brian se canceló (su problema se corrigió solo con el tiempo).

Sus devastados padres llevaron a Bruce a la consulta de John Money, en el hospital Johns Hopkins de Baltimore. Money era un psicólogo que se estaba labrando una reputación como pionero en el campo del desarrollo sexual y la identidad de género, gracias a su trabajo con pacientes intersexuales (personas cuyo género no resultaba evidente a partir de sus órganos genitales). Este psicólogo creía que la identidad de género era, principalmente, el resultado del aprendizaje social. Por lo tanto, podía ser modificada si se alteraba la educación de los niños. Money recomendó que se le construyera una vagina a Bruce y que se le criara como a una niña. A los 22 meses, Bruce se convirtió en Brenda, el experimento definitivo en investigaciones de identidad de género, sobre todo porque su gemelo, Brian, era el perfecto sujeto de control.

EL CASO DE DAVID REIMER demostró que el género no es algo que pueda ser aprendido o condicionado: no basta con educar a un menor como si fuese de otro género para que lo asuma como propio.

Reimer afirmaría más tarde que Money lo había obligado a realizar extrañas prácticas de orientación y aprendizaje sexual para que asumiese su nuevo género. Entre ellas estaba lo que Money llamaba «juegos de infancia sexual», que, según él, eran necesarios para que Reimer se convirtiese en una mujer adulta sana. Money informó del caso durante muchos años (bajo el pseudónimo «John/Joan») en revistas de psicología en las que alardeaba de su éxito. Afirmaba que Bruce se había adaptado bien a ser Brenda y que había adoptado su rol femenino satisfactoriamente. El caso se utilizó para reafirmar la idea de que el género podía aprenderse, incluso si los niños no eran intersexuales.

Tristemente, sin embargo, más tarde se descubrió que sus conclusiones eran falsas. En 1997, el propio Reimer contó su historia a periodistas y otros medios de comunicación para evitar que más niños tuviesen que sufrir lo que él había sufrido. Negó que se hubiese «convertido» en mujer en ningún aspecto. Describió su historia con gran detalle en un libro titulado *As Nature Made Him: The Boy Who Was Raised as a Girl* («Tal y como nació: el niño criado como niña»). De hecho, afirmó que en la pubertad se había sentido tan deprimido que había tenido pensamientos suicidas y se había negado a ver a Money de nuevo. Es importante entender que Reimer, en ese momento, no conocía su propia historia al completo (no sabía que había nacido niño). Cuando por fin le dijeron la verdad, empezó su transición para volver a su género original y se convirtió en David a la edad de catorce años.

David se casó más adelante y fue padrastro de tres niños. Trágicamente, se suicidó a los 38 años. Su gemelo, Brian, al que le habían diagnosticado esquizofrenia, ya lo había hecho con anterioridad.

El legado de David Reimer nos ha permitido entender mejor qué es lo que nos hace ser hombre o mujer (y que los genitales externos son solo un factor más a tener en cuenta).

KITTY GENOVESE

A diferencia de la mayoría de ejemplos incluidos en esta sección, Kitty Genovese llevó una vida anodina que no llamó la atención de los psicólogos. Fue su terrible muerte y las circunstancias que la rodearon las que contribuyeron, mucho e involuntariamente, al pensamiento psicológico.

Catherine Susan Genovese, conocida como «Kitty», nació en 1935 en Nueva York, donde vivió toda su vida hasta su prematura muerte. El 13 de marzo de 1964, volvió a casa conduciendo desde el trabajo por la mañana temprano. Después de aparcar, de camino a su piso, fue atacada a puñaladas por Winston Moseley, un hombre de 29 años casado y padre de dos niños. Sus gritos llamaron la atención de los vecinos y Moseley escapó, dejando a Kitty gravemente herida. Sin embargo, volvió diez minutos más tarde y le clavó el cuchillo una y otra vez hasta causarle la muerte.

Lo que distingue a este asesinato de cualquiera de los muchos que se producen aleatoriamente en Nueva York es que, supuestamente, el ataque a Kitty fue presenciado por docenas de personas (se calculó que entre 12 y 38 personas habían observado algún momento del asesinato). Sin embargo, poco, o nada, se hizo para auxiliarla.

Esta pasividad por parte de tanta gente originó toda una oleada de teorías sobre lo que acabó por conocerse como el «efecto del espectador» (véase recuadro). Los psicólogos sociales John Darley y Bibb Latané abrieron esa línea de investigación y demostraron que, al contrario de lo que cabría esperar, la presencia de un gran número de espectadores disminuye la probabilidad de que alguien dé un paso adelante para ayudar a una víctima. Entre las razones sugeridas para que se produzca este «efecto del espectador», se incluye el hecho de que las personas presentes suelen contar con que intervengan otros y con que, por lo tanto, su aportación no va a ser necesaria («difusión de la responsabilidad»). Y cuando ven que los demás tampoco están haciendo nada, se justifican diciendo que alguna razón habrá y se sienten inseguros para atreverse a socorrer a alguien mientras son observados. El caso de Kitty Genovese, desde

EL EFECTO DEL ESPECTADOR

En 1968, John Darley y Bibb Latané, tras el interés suscitado en 1964 por el asesinato de Kitty Genovese, demostraron la existencia del efecto del espectador en un laboratorio. Realizaron un experimento típico en el que se escenificó una situación de emergencia con participantes que o bien estaban solos, o formaban parte de un grupo con otros participantes o cómplices. Los investigadores tomaron nota de cuánto tardaron en intervenir (si lo hicieron).

Sus experimentos confirmaron que la presencia de otras personas inhibe la prestación de auxilio, a menudo de manera espectacular: el 70 % de los sujetos que estaban solos o bien pidieron ayuda, o bien acudieron a socorrer a una mujer que creían que se había caído; sin embargo, en los casos en los que había más gente en la habitación, solo el 40 % ofrecieron su asistencia.

Darley y Latané dilucidaron que quizás los espectadores se sientan personalmente menos obligados a dar un paso adelante si hay más gente presente (difusión de la responsabilidad). Cuando no hay nadie más que ellos, no pueden contar con que sean otros los que actúen y se sienten más responsables.

entonces, se puede encontrar en todos los libros de texto de psicología social.

PHINEAS GAGE

Phineas P. Gage (1823-1860) fue otra víctima de daño cerebral cuya condición médica contribuyó considerablemente a mejorar nuestra comprensión de la estructura funcional del cerebro. En 1848, Gage, operario de los ferrocarriles estadounidenses, sufrió un horrible accidente que acabó con una barra de hierro metálica incrustada en su cabeza. La barra, similar a una jabalina, penetró por el lado izquierdo de su cara y salió por la parte superior de la cabeza.

Sorprendentemente, Gage no perdió la consciencia. De hecho, se dice que le comentó secamente al doctor que le atendía: «Tienes bastante trabajo». Gage sobrevivió tanto al trauma inicial como a la intervención que le realizaron para retirarle el hierro. Sin embargo, parece ser que su personalidad sufrió cambios graves. Hoy sabemos que esos cambios se corresponden con la funcionalidad de las zonas dañadas del cerebro, en particular del lóbulo frontal (véase página 54). Hasta Gage, no se sabía si algunas partes del cerebro eran responsables de funciones específicas, pero su caso ayudó a ilustrar a la comunidad científica sobre la localización cerebral (las funciones que se desarrollan en cada estructura cerebral).

GENIE, LA NIÑA SALVAJE

Genie (nacida en 1957) fue una niña estadounidense criada en aislamiento social por un padre violento. Creyendo que sufría de una discapacidad psíquica, el padre de Genie (que posteriormente se suicidó antes de ser llevado ante la justicia) decidió apartarla del mundo y encerrarla en una habitación a solas. En 1970, las autoridades de protección de menores de Los Ángeles se enteraron de su caso. Durante trece años había estado atada a una cuna de brazos y piernas o a un orinal de niño pequeño, se le había prohibido interactuar con nadie y apenas se la había alimentado. Una de las consecuencias de su aislamiento fue que no había

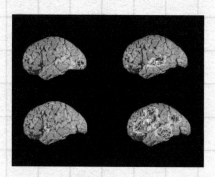

EL CASO DE PHINEAS GAGE *demostró que cada parte del cerebro realiza diferentes funciones. En la imagen, arriba, se ve cómo las secciones se «iluminan» cuando se estimulan.*

aprendido a hablar. Genie resultó especialmente interesante para los psicólogos que pudieron examinarla por ser un caso real de cómo la falta de estimulación ambiental podía afectar al desarrollo.

Los psicólogos que la estudiaron descubrieron que, pocos meses después de ser rescatada, las habilidades de comunicación no verbal de Genie avanzaban a pasos agigantados y que también había empezado a adquirir habilidades sociales. Asimismo, desarrolló algunas habilidades lingüísticas, aunque nunca logró dominar una primera lengua. Noam Chomsky, en 1965, utilizó este caso como una prueba más de su teoría de adquisición de lenguas, que afirma que existe un periodo crítico en el que los niños adquieren un lenguaje y que todas las habilidades lingüísticas que no se aprendan en ese período nunca serán tan buenas. El planteamiento de Chomsky es que nacemos con un dispositivo de adquisición de lenguaje (DAL) preparado para aprender el lenguaje durante ese periodo crítico del desarrollo (para más información, véase página 120).

El estudio del cerebro de Genie también ayudó a comprender la lateralización (algunas funciones neuronales o procesos cognitivos tienden a ser más dominantes en un hemisferio cerebral que en el otro) y, especialmente, su efecto sobre el lenguaje. La diferencia entre las habilidades de Genie con respecto al lenguaje y su competencia en otras áreas corroboró la hipótesis de que existían diferentes regiones responsables de la cognición y de la adquisición del lenguaje. El hecho de que las habilidades de comunicación no verbal de Genie fueran excepcionalmente buenas sugería que esta era cualitativamente distinta del lenguaje hablado. Las mayores dificultades de Genie tenían que ver con aquellas funciones que se creía que estaban controladas, principalmente,

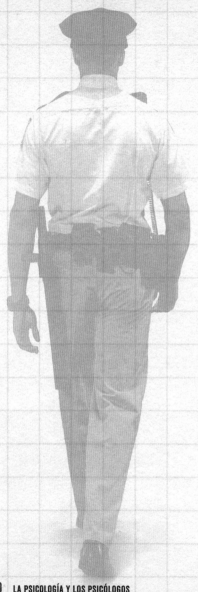

por el hemisferio derecho. Eso aportó nueva información sobre el funcionamiento del cerebro.

Genie pasó varios años rehabilitándose en el hospital y en casas de acogida (en algunas de las cuales vivió episodios de violencia), pero su desarrollo nunca alcanzó la «normalidad» ni en cuanto a habilidades sociales, ni funciones cognitivas, expresión emocional, habilidades motoras o muchas otras áreas. Más adelante se alejó de todos aquellos que la habían estado estudiando. Su paradero actual es desconocido, aunque se dice que vive en un hogar residencial para adultos con problemas de aprendizaje.

LOS DOS «JIM»

Jim Lewis y Jim Springer fueron gemelos idénticos criados en diferentes familias desde que tenían cuatro semanas de vida. Cuando se reencontraron en 1974, a los 39 años de edad, descubrieron tantísimas semejanzas entre ellos que llamaron la atención de los psicólogos. Desde entonces, su historia se ha utilizado como caso práctico en el debate de naturaleza-crianza. Ambos eran similares no solo físicamente (al ser gemelos, eso era de esperar), sino en una gran cantidad de cosas que sugería una fuerte influencia genética, en oposición a la ambiental. Por ejemplo, tenían historias médicas parecidas (ambos padecían una cardiopatía precoz). También existían ciertas similitu-

des en su conducta y su personalidad: hábitos de fumar parecidos (hasta mostraban preferencia por la misma marca), la carpintería como afición, sufrían del mismo tipo de migrañas y sus puntuaciones en los test de personalidad e inteligencia guardaban estrecha relación. Ambos Jim habían, en un momento dado, trabajado a tiempo parcial como sheriff. Ambos se habían casado con mujeres llamadas Linda, se habían divorciado y vuelto a casar… con mujeres llamadas Betty. Ambos tuvieron hijos a los que bautizaron como James Alan Lewis y James Allan Springer.

El caso de los dos Jim nos permitió entender mejor el importante rol que juegan los genes en la formación de la personalidad. Ambos participaron en el estudio de la universidad de Minnesota sobre gemelos criados separadamente. Este estudio, que probablemente sea el más conocido sobre gemelos, pudo sacar provecho de una época en que era habitual que se separase a los hermanos gemelos para entregarlos en adopción. La universidad de Minnesota sigue trabajando con gemelos hoy en día, pero es poco probable que se vuelva a dar un caso tan especial como el de los dos Jim.

EL HARDWARE DE LA PSICOLOGÍA

Todo proceso psicológico se origina en el sistema nervioso (de hecho, todos los procesos se originan ahí), por eso es importante que los psicólogos entiendan cómo actúa este sistema, que está formado por dos subsistemas principales:

EL SISTEMA NERVIOSO CENTRAL (SNC): Integrado por el cerebro y la médula espinal.

EL SISTEMA NERVIOSO PERIFÉRICO (SNP): Abarca a los nervios en conjunto, que transmiten información entre el sistema nervioso central y el resto del cuerpo. Está formado por dos sistemas: el *sistema nervioso somático (SNS),* responsable de las funciones de control voluntario (como movimientos, comer y hablar), y el *sistema nervioso autónomo (SNA),* responsable de aquellas funciones que no podemos controlar conscientemente (como la respiración, la digestión y la producción de hormonas). Una parte de las funciones del sistema nervioso autónomo es responsable de activarnos en momentos de estrés (por ejemplo, acelerando nuestro ritmo cardíaco o inhibiendo las funciones de los músculos de la digestión); es el llamado *sistema nervioso simpático.* Otras funciones están relacionadas con las actividades diarias del cuerpo en reposo, como bajar el ritmo cardíaco o estimular los músculos de la digestión; se le conoce como el *sistema nervioso parasimpático.*

SISTEMA NERVIOSO CENTRAL

SISTEMA NERVIOSO PERIFÉRICO

LOS SISTEMAS NERVIOSOS CENTRAL Y PERIFÉRICO *trabajan juntos para enviar y recibir todos los mensajes y señales que permiten que el cuerpo y el cerebro humano funcionen.*

EL CEREBRO

El cerebro, que procesa e interpreta toda la información enviada desde la médula espinal y el sistema nervioso periférico, consta de tres partes principales: el prosencéfalo, el mesencéfalo y el metencéfalo. El mesencéfalo y el metencéfalo juntos forman el tallo cerebral.

EL PROSENCÉFALO

Esta zona es responsable de múltiples funciones entre las que se incluyen el lenguaje, el razonamiento, el procesamiento de la información y la función motora. El prosencéfalo contiene estructuras como el *tálamo* (que modera el sueño y la consciencia, entre otras cosas), el *hipotálamo* (que controla la alimentación, la ingesta de líquidos y el comportamiento sexual), la *amígdala* (que procesa las emociones) y el *hipocampo* (que juega un papel importante en relación con la memoria). En conjunto, estas estructuras forman el sistema límbico, al que a veces se le llama «cerebro emocional».

El prosencéfalo también contiene la parte más grande del encéfalo, llamada *cerebro* (también conocida como *hemisferios cerebrales* o *corteza cerebral*), que está plegada para poder tener una superficie mayor y que se divide en cuatro lóbulos, cada uno con diferentes funciones, como se muestra en la tabla:

LÓBULO DE LA CORTEZA CEREBRAL	FUNCIÓN
Lóbulo frontal (que contiene la corteza prefrontal)	Razonamiento, planificación, partes del discurso, movimiento, emociones y resolución de problemas
Lóbulo parietal	Movimiento, orientación, reconocimiento y percepción
Lóbulo occipital	Procesamiento de la información visual
Lóbulo temporal	Procesamiento de la información auditiva, memoria y discurso

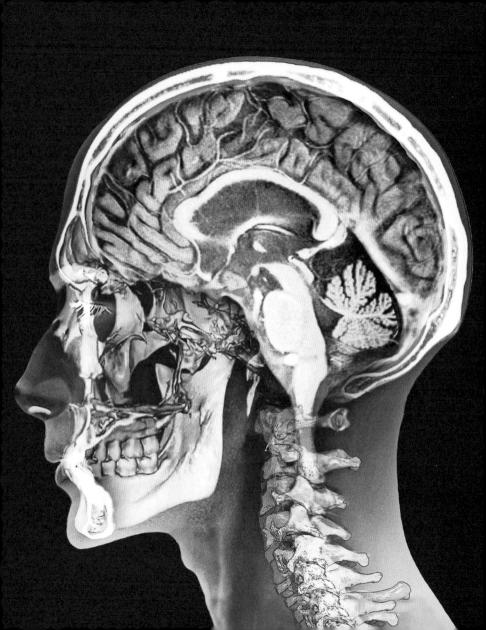

¿EL TAMAÑO IMPORTA?

¿Es importante el tamaño del cerebro? ¿Las personas con cerebros más grandes, o más pesados, son más inteligentes o poseen más ventajas? Esta es una pregunta difícil de responder sin tener en cuenta otros factores. Es verdad que existe una correlación entre el tamaño relativo del cerebro y los resultados de los test de inteligencia en el mundo animal, pero no podemos obviar las diferencias de tamaño corporal: los animales más grandes requieren cerebros mayores que monitoricen y hagan funcionar sus órganos, que también son de mayor tamaño. Esos animales cuentan, asimismo, con un número superior de terminaciones nerviosas (que precisan un órgano gestor, es decir, un cerebro, mayor). En conclusión, tenemos que tener en cuenta el tamaño del cuerpo si queremos valorar la importancia del tamaño del cerebro. Cuando retiramos el tamaño corporal de la ecuación, observamos que peces y reptiles tienen cerebros más pequeños, mientras que los de mamíferos y aves son mayores... Y, efectivamente, los mamíferos y las aves obtienen mejores resultados en los test de inteligencia que los peces y los reptiles.

Entre los mamíferos existen diferencias de tamaño cerebral: los caballos, por ejemplo, tienen cerebros más pequeños que los primates o los delfines, que se consideran las especies más inteligentes. Y, por supuesto, los humanos son los primates con cerebros más grandes (cerca de tres veces mayores de lo que deberían ser, en relación con el tamaño de nuestro cuerpo) y somos claramente superiores en muchos test de inteligencia.

Por lo que respecta a las diferencias dentro de la raza humana, no existen pruebas de que la variación del tamaño del cerebro influya en la inteligencia. Por supuesto, las dimensiones del cerebro no serían un factor decisivo en ningún caso, ya que lo importante es el número de neuronas que contenga (algo que no depende de su tamaño). Por eso quizás sea más interesante hablar de su peso. El problema es que no existe mucha variación de peso en los cerebros humanos... y que este puede variar por otros motivos, además de por su número de neuronas.

Albert Einstein, seguramente uno de los humanos más inteligentes de la historia, no tenía un cerebro mayor o más pesado que la media, pero lo que sí parecía tener era una mayor conectividad entre sus neuronas cerebrales. De hecho, muchos científicos creen ahora que no es el tamaño del cerebro, su peso o su perímetro lo que establece la habilidad cognitiva, sino la organización cerebral subyacente y su actividad sináptica.

EL MESENCÉFALO

Es la parte del tallo cerebral que conecta el metencéfalo con el prosencéfalo. El mesencéfalo, la región más pequeña del cerebro, actúa como una especie de estación de retransmisión de información auditiva y visual. Contiene el *sistema de activación reticular* (véase página 87), que es la región a través de la que prácticamente toda la información penetra en el cerebro.

EL METENCÉFALO

El metencéfalo, una prolongación de la médula espinal, contiene estructuras como el *cerebelo* y el *puente troncoencefálico*. El *cerebelo*, que se relaciona con el movimiento, la postura y el equilibro, es parecido al cerebro porque tiene dos hemisferios y tiene una superficie, o corteza, muy plegada. El *puente troncoencefálico* está formado parcialmente de tractos que conectan la médula espinal con niveles superiores del cerebro.

¿CEREBRO IZQUIERDO O DERECHO?

La teoría de la dominancia cerebral izquierda o derecha se basa en el concepto de lateralización, según el cual los hemisferios controlan funciones cerebrales diferentes y se comunican a través del cuerpo calloso. Cada hemisferio gobierna el lado opuesto del cuerpo. Hace tiempo que se cree que cada función cerebral se localiza dentro de un hemisferio diferente: por ejemplo, el lenguaje se centraliza en el hemisferio izquierdo, mientras que el derecho controla la información espacial y la comprensión visual.

Esta teoría propone que cada persona tiene una dominancia que se ve reflejada en sus habilidades: asegura que las personas en las que predomina la parte derecha del cerebro son más intuitivas, creativas, reflexivas, subjetivas y que comprenden mejor las emociones, y que aquellas en las que predomina la parte izquierda son más lógicas, analíticas, objetivas y se les dan mejor los números.

Sin embargo, hoy en día se sabe que esa teoría es un poco extrema. Está generalmente aceptado que, gracias a la comunicación a través del cuerpo calloso, ambos hemisferios trabajan conjuntamente. Es verdad que muchos matices se localizan en uno o en otro en particular, pero eso no quiere decir que el único hemisferio responsable del habla sea el hemisferio izquierdo.

ENFERMEDADES DEL SISTEMA NERVIOSO CENTRAL: ENFERMEDAD DE PARKINSON Y ENFERMEDAD DE ALZHEIMER

La enfermedad de Parkinson, llamada así por el doctor británico James Parkinson, es un desorden degenerativo del sistema nervioso central que afecta principalmente al sistema motor. Parkinson publicó la primera descripción detallada de la enfermedad en «An Essay on the Shaking Palsy» («Un estudio sobre la parálisis temblorosa») en 1817. Los síntomas incluyen temblores, rigidez, lentitud en el movimiento, alteración de la marcha y dificultades para razonar y de comportamiento en fases avanzadas de la enfermedad. La depresión, los problemas sensoriales, de sueño y emocionales son otros síntomas comunes.

El párkinson está causado por la muerte de las células que generan la dopamina, un neurotransmisor (véase página 61). Esas células se encuentran en una zona del mesencéfalo llamada sustancia negra. Las células de esta región normalmente inhiben los procesos motores, moderando su actividad cuando nosotros queremos que así sea. Cuando queremos que una función motora se active, la dopamina neurotransmisora hace que mengüe la inhibición para que el sistema motor necesario se pueda poner en marcha. Por lo tanto, una gran cantidad de dopamina estimula la actividad motora, mientras que niveles bajos (como ocurre en la enfermedad de Parkinson), hacen que un movimiento particular requiera mucho más esfuerzo. Por eso la gente que padece esta enfermedad tiene una habilidad motora reducida.

Para tratarla se recetan fármacos que aumentan la producción de dopamina. Si se alcanzan niveles excesivos de este neurotransmisor, se sobreestimulan las neuronas motoras y eso provoca sacudidas y movimientos involuntarios.

La enfermedad de Alzheimer representa el 60-70 % de los casos de demencia en el mundo. Es una enfermedad neurodegenerativa crónica (que acarrea la degeneración de las células nerviosas) que normalmente empieza lentamente y va empeorando con el tiempo. El síntoma común de alerta es la pérdida de memoria a corto plazo, es decir, tener dificultades para recordar sucesos recientes. A medida que avanza, los síntomas pueden incluir problemas con el habla, desorientación (los afectados se pierden con facilidad), cambios de humor, pérdida de motivación, no ser capaz de cuidar de uno mismo y problemas de conducta.

Esta enfermedad, que debe su nombre a Alois Alzheimer, el médico alemán que la describió por primera vez, se caracteriza por la pérdida de células y sinapsis nerviosas en la corteza cerebral y otras regiones. Durante el transcurso de la enfermedad, las proteínas se van acumulando en esas regiones y formando estructuras denominadas «placas» y «ovillos». Eso conlleva la disminución de las conexiones entre células nerviosas y, finalmente, su muerte y la pérdida de tejido cerebral. Las personas que sufren Alzheimer también experimentan un déficit de ciertos neurotransmisores en el cerebro.

Los tratamientos farmacológicos tratan de contrarrestar esos efectos. Por ejemplo, los inhibidores de la acetilcolinesterasa son un grupo de medicamentos que se pueden utilizar para disminuir la velocidad en que se destruye el neurotransmisor acetilcolina (AC), aumentando así su concentración en el cerebro y combatiendo la pérdida de AC causada por la muerte de las neuronas.

MICHAEL J. FOX *sufre la enfermedad de Parkinson y ha utilizado su fama como actor de Hollywood para concienciar sobre ella y sus efectos.*

LA MÉDULA ESPINAL

Se trata de un conjunto de nervios que bajan por el interior de la columna vertebral desde el tallo cerebral hasta el sistema nervioso periférico. La médula espinal está rodeada de un fluido claro llamado *líquido cefalorraquídeo (LCR),* que actúa como un cojín para proteger a los delicados nervios.

Los nervios de la médula espinal transmiten información del interior y el exterior del cuerpo, a través de millones de fibras nerviosas, hasta el cerebro y viceversa. Los nervios que conectan la médula espinal con el cuerpo se conocen como el sistema nervioso periférico.

LA MÉDULA ESPINAL *contiene millones de fibras nerviosas que transmiten información de nuestro cuerpo al cerebro y viceversa.*

EL SISTEMA NERVIOSO

Las unidades básicas del sistema nervioso son las neuronas o células nerviosas. Están formadas por *axones* y *dendritas* que son capaces de dirigir y transmitir señales: los axones transmiten señales hacia el exterior del cuerpo celular, mientras que las dendritas, que son más cortas que los axones, las transportan hacia el interior del cuerpo celular.

Las neuronas comunican y envían mensajes transmitiendo impulsos eléctricos nerviosos. Cuando esos impulsos eléctricos circulan entre las neuronas, no pueden saltar los espacios (*sinapsis*) que existen entre ellas. Entonces, las neuronas liberan sustancias químicas llamadas *neurotransmisores* para que no se corte la comunicación. Esos neurotransmisores están producidos por glándulas como la pituitaria o la suprarrenal. Pueden ser *excitadores* (excitan a las neuronas y estimulan el cerebro) o *inhibidores* (producen un efecto calmante en el cerebro).

Existen tres tipos de neuronas: las neuronas *motoras* transmiten señales desde el sistema nervioso central (cerebro y módula espinal) a los órganos, las glándulas y los músculos; las neuronas *sensoriales* envían información al sistema nervioso central desde los órganos internos y la causada por estímulos externos; y las *interneuronas*, por su parte, comunican información entre las neuronas motoras y las sensoriales.

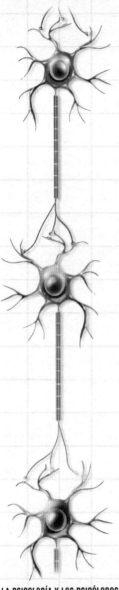

LAS NEURONAS *están diseñadas para conducir impulsos eléctricos liberando neurotransmisores para transmitir mensajes a través del sistema nervioso.*

LA EPILEPSIA

La epilepsia, uno de los trastornos del sistema nervioso más común, es una enfermedad neurológica que afecta al cerebro y que hace que las personas sean más propensas a sufrir ataques recurrentes y no provocados. Esos ataques (conocidos como convulsiones) suceden cuando parte del cerebro recibe una explosión de señales eléctricas anormales que interrumpen su función eléctrica habitual. Cualquier cosa que entorpezca las conexiones normales entre células nerviosas en el cerebro puede provocar convulsiones. En el caso de la epilepsia, podría tratarse de un desequilibrio en los neurotransmisores. Un neurotransmisor que es de especial importancia en la epilepsia es el ácido gamma-aminobutírico (GABA), que normalmente ayuda a evitar que las células nerviosas se sobreexciten.

Los síntomas de la epilepsia son las convulsiones repetidas. Existen diferentes tipos de convulsiones, dependiendo de la superficie de cerebro que se vea implicada. Las parciales solo afectan a una pequeña parte, mientras que las generalizadas afectan a la mayor parte o a todo el cerebro. También existen otros tipos.

Algunas convulsiones graves pueden dañar el cerebro, pero la mayoría de las personas con epilepsia no sufre ningún daño a corto o largo plazo. Sin embargo, alguna gente (dependiendo del tipo de epilepsia que tenga y de dónde se originen las convulsiones) sí que afirma sufrir problemas de memoria, comunicación o lenguaje, que pueden estar causados por las convulsiones (o por la medicación que se toma para controlarlas).

LA EVALUACIÓN PSICOLÓGICA

A no ser que estés estudiando psicología, seguramente toda la información que has podido leer hasta ahora en este libro te resultará nueva porque describe el trabajo «entre bastidores» de los psicólogos. Para mucha gente, su primer o principal contacto con esta profesión tiene lugar cuando se somete a algún tipo de evaluación psicológica.

La expresión «evaluación psicológica» engloba a las pruebas que un psicólogo usa para evaluar a un paciente o para tratar de averiguar si padece alguna enfermedad. Si es así, intentará establecer su gravedad. Sin embargo, no todos los que se enfrentan a una evaluación psicológica padecen algún tipo de «enfermedad». Esta sección cubre algunas de las pruebas básicas que se suelen realizar.

LAS EVALUACIONES PSICOLÓGICAS EN EL TRABAJO

Muchas personas tendrán su primer y, probablemente, único contacto con pruebas psicológicas cuando estén buscando trabajo o en algún otro momento de su vida laboral. Las evaluaciones psicológicas en el entorno laboral a menudo se denominan pruebas psicométricas. La palabra «psicométrica» proviene de las palabras griegas «mente» (*psukhē*) y «medida» (*metron*), es decir, que las pruebas psicométricas son un método estándar y científico para medir las capacidades mentales y la conducta de un individuo y así conocer su idoneidad para un determinado puesto de trabajo o profesión.

Las pruebas psicométricas más comunes evalúan bien la habilidad mental («cognitiva») o la personalidad, aunque también pueden medir aptitudes como la capacidad para gestionar el estrés. Muchos de esos test están diseñados por psicólogos ocupacionales (véase página 26).

TEST DE HABILIDAD MENTAL/COGNITIVA

La evaluación de las habilidades cognitivas o mentales (test de inteligencia) siempre ha sido importante para los psicólogos, que, por varias razones, han considerado útil poder distinguir a las personas según sus diferentes capacidades mentales. De todas maneras, hoy en día los test quizás sean menos importantes en la selección del personal con la llegada de los títulos modernos: se suele asumir que una persona que tiene una titulación posee cierto grado de inteligencia, sin necesidad de pruebas extra de habilidad mental.

Los primeros test de inteligencia se les realizaron a niños en Francia. A principios del siglo xx, el gobierno francés, que estaba reformando la educación infantil, quiso averiguar qué niños se verían más favorecidos por la reforma y cuáles necesitarían ayuda extra. Los psicólogos Alfred Binet y Théodore Simon desarrollaron una batería de preguntas para distinguir a los niños a los que probablemente les iría bien en el colegio de aquellos a los que no.

El test que diseñaron se llamó Escala de Inteligencia Binet-Simon (véase página 13). En general, se considera

LAS EVALUACIONES PSICOLÓGICAS *en el lugar de trabajo se realizan habitualmente en la selección de personal.*

que fue el primer test de inteligencia. Hoy en día, sigue sirviendo de base en la elaboración de pruebas para evaluar la inteligencia.

La escala Binet-Simon se importó a los Estados Unidos. Allí, el psicólogo Lewis Terman, de la universidad de Stanford, tomó el test original de Binet y lo estandarizó, utilizando una muestra de participantes estadounidenses. Esa versión, que se publicó por primera vez en 1916, se llamó Escala de Inteligencia Stanford-Binet y pronto se convirtió en el test de inteligencia estándar utilizado en los Estados Unidos. Utiliza un único parámetro de inteligencia, conocido como el cociente intelectual o CI. Algunas voces criticaron la prueba diciendo que se basaba demasiado en la habilidad verbal y no reconocía la existencia de diferentes tipos de inteligencia (véase página 104). Por eso el psicólogo estadounidense David Wechsler desarrolló la Escala de Inteligencia Wechsler para Adultos (WAIS) en 1955, cuyo uso sigue estando generalizado hoy en día, aunque se ha actualizado varias veces desde aquella primera versión (actualmente se utiliza la WAIS-IV). También existe una versión para niños (véase página 72).

LAS MANCHAS DE TINTA DE RORSCHACH

El test de las manchas de tinta de Rorschach es un test de personalidad desarrollado por el psicólogo suizo Hermann Rorschach en 1921. Consiste en pedirle al sujeto que observe una serie de manchas de tinta y describa lo que ve. Como las manchas son ambiguas, se creía que el sujeto necesitaría proyectar en ellas su propia personalidad para dotarlas de sentido. En los años sesenta, el test de Rorschach era el test de personalidad más «proyectivo», aunque rara vez se usa hoy en día.

La idea de que la interpretación de «diseños ambiguos» se pueda utilizar para evaluar la personalidad de una persona se remonta a Leonardo da Vinci, que señaló que alguna gente podía observar un muro con manchas y ver paisajes, mientras que otros verían batallas y otros, incluso, animales. La explicación que se daba de este fenómeno era que cuando vemos un dibujo ambiguo y sin sentido (en este caso, una mancha de tinta), nuestra mente trata de conseguir darle sentido a la imagen «proyectando» su personalidad sobre ella.

Sin embargo, hay que señalar que Hermann Rorschach desarrolló originalmente las manchas de tinta como herramienta para diagnosticar la esquizofrenia y que nunca pretendió, en realidad, que se utilizasen como test de personalidad general. Cuando en 1939 se empezó a usar el test como test de personalidad proyectivo, Rorschach expresó unas reservas que nunca acabaron de disiparse. El escepticismo de Rorschach acabó por ser compartido por más gente. Uno de los problemas del test es que el psicólogo que lo realiza puede proyectar su propia visión de las manchas cuando interprete las respuestas del paciente. Por ejemplo, si alguien dice que ve un vestido, un psicólogo podría clasificar su respuesta como sexual, mientras que otro la clasificaría simplemente como ropa. Los críticos también acusan al test de Rorschach de carecer de fiabilidad interevaluador: dos evaluadores podrían llegar a dos perfiles de personalidad totalmente diferentes de un mismo sujeto.

Finalmente, un psicólogo llamado Howard Garb exigió, en 1999, que se dejase de utilizar y muy pocos psicólogos lo usarían hoy en día como test de personalidad.

Sin embargo, es poco probable que te realicen un WAIS en una evaluación laboral porque consume bastante tiempo y necesita que lo administre alguien cualificado. En los procesos de selección, es más eficiente contar con un test que pueda ser usado con muchos candidatos al mismo tiempo y que no dure mucho. El WAIS tiende a utilizarse más en ambientes clínicos (por ejemplo, en un paciente tras una lesión cerebral).

Los test de inteligencia en el entorno laboral normalmente miden lo que los psicólogos llaman inteligencia fluida e inteligencia cristalizada. La inteligencia fluida, la habilidad para pensar y razonar abstractamente y re-

LAS MANCHAS DE RORSCHACH *fueron diseñadas en los años veinte. Se presumía que lo que un sujeto imaginase ver en las ambiguas formas permitía analizar su personalidad. Las manchas, sin embargo, ya no se utilizan con esa finalidad.*

solver problemas, es independiente del aprendizaje, de las experiencias pasadas y de la educación; la inteligencia cristalizada, la habilidad de aprender de experiencias pasadas y de aprendizajes relevantes y de aplicar lo aprendido en una situación concreta, es algo que se desarrolla con la experiencia. Los test que hacen preguntas sobre datos (para los que una persona puede prepararse y repasar) ponen a prueba la inteligencia cristalizada, mientras que los que examinan las habilidades de resolución de problemas o de toma de decisiones analizan la inteligencia fluida y es mucho más complicado prepararse para ellos con antelación.

Algunos ejemplos de test de inteligencia en el entorno laboral con los que te puedes topar si estás buscando trabajo son los siguientes:

CUESTIONARIO SOBRE LAS CAPACIDADES DEL EMPLEADO: Mide la comprensión verbal, la capacidad numérica, el desarrollo visual, la visualización espacial, la fluidez verbal, el razonamiento verbal, el razonamiento simbólico, la velocidad y precisión manual, el razonamiento numérico y la rapidez y precisión visual. Se puede realizar online.

TEST DE HABILIDAD COGNITIVA CONTEMPORÁNEA WONDERLIC: El Wonderlic, que evalúa la capacidad de aprendizaje y resolución de problemas de potenciales empleados en diversas profesiones, está disponible en doce idiomas y se utiliza a

PROBLEMAS ÉTICOS RELACIONADOS CON LOS TEST EN EL ENTORNO LABORAL

Algunos expertos consideran que las pruebas psicométricas modernas se enfrentan a ciertos problemas éticos:

- Algunos test pueden ser bastante invasivos al incluir preguntas sobre discapacidades, orientación sexual, prácticas sexuales, creencias religiosas u origen étnico.

- No todas las organizaciones entienden la importancia de que los resultados de los test sean confidenciales.

- A veces preocupa lo que las empresas hacen con los resultados y cómo se los comunican a los candidatos (los candidatos podrían llegar a pensar que tienen una «mala» personalidad).

- Algunos test no son adecuados o no son administrados por personal cualificado.

- Algunos test psicológicos pueden exhibir sesgos hacia grupos culturalmente desfavorecidos o hacia gente con discapacidad.

menudo en facultades, primeros empleos y para formar equipos. Consiste en 50 preguntas de respuesta múltiple que deben responderse en doce minutos y está disponible online.

Muchas asesorías de psicología ocupacional ofrecen sus propias baterías de test cognitivos.

TEST DE PERSONALIDAD

Entre los test de personalidad más comunes podemos mencionar el Cuestionario de Personalidad Ocupacional (publicado en 1984 por Saville y Holdsworth Ltd), que mide 32 aspectos del temperamento considerado relevante en el ámbito laboral, y el cuestionario 16PF (publicado por OPP), de uso generalizado. Este último se desarrolló a partir de un análisis estadístico que localizó dieciséis factores de la personalidad entre una gran cantidad de rasgos.

Otro test habitual es el Indicador Myers-Briggs (MBTI, por sus siglas en inglés), diseñado para evaluar las inclinaciones psicológicas de las personas según su manera de ver el mundo y de tomar decisiones. El MBTI les pide a los candidatos que contesten a una serie de preguntas de «elección forzada». Sus respuestas permitirán catalogarlos dentro de uno de los dieciséis tipos. El test básico dura 20 minutos. Al terminarlo, se le entrega al sujeto un resumen preciso y multidimensional de su personalidad.

CÓMO CONSEGUIR BUENOS RESULTADOS EN LOS TEST PSICOMÉTRICOS

- Una empresa decente no debería tratar de pillarte por sorpresa: normalmente, recibirás una comunicación en la que se resumirá exactamente el tipo de pruebas que se te van a realizar. Eso te permitirá prepararte con antelación de forma mental y práctica (por ejemplo, para no olvidarte de llevar tus gafas de lectura).

- Prepárate haciendo test en casa.

- Lee las instrucciones: asegúrate de que no pasas por alto ninguna pregunta, de que no te olvidas de darle la vuelta a la página y de que anotas las respuestas en el sitio correcto de la hoja de respuestas.

- No trates de ser quien no eres. Lo más probable es que si mientes o tratas de crear una impresión demasiado buena, se acabe notando: muchos test tienen preguntas incorporadas para «detectar mentiras».

- Relájate: normalmente, los test psicométricos constituyen una parte mínima del procedimiento de selección en su conjunto.

TEST DE SALUD MENTAL

Si alguna vez necesitas acudir a un psicólogo clínico por problemas mentales (véase Parte 4 para más información), probablemente te pedirá que completes un cuestionario para evaluar tu estado. Algunos de los cuestionarios más comunes son los siguientes:

INVENTARIO DE DEPRESIÓN DE BECK (BDI, POR SUS SIGLAS EN INGLÉS): Este cuestionario autoadministrado de 21 preguntas de elección múltiple, creado por Aaron T. Beck, es uno de los instrumentos más habituales para valorar la gravedad de una depresión.

INVENTARIO DE ANSIEDAD DE BECK (BAI, POR SUS SIGLAS EN INGLÉS): También creado por Aaron T. Beck, se trata de un cuestionario autoadministrado de 21 preguntas de elección múltiple en las que el paciente analiza cómo se ha sentido durante la semana anterior. Se incluyen los síntomas comunes de la ansiedad (como por ejemplo entumecimiento, hormigueo, sudoración y temerse lo peor), y se utiliza para evaluar la gravedad de la ansiedad de un individuo.

ESCALA DE DESESPERANZA DE BECK (BHS, POR SUS SIGLAS EN INGLÉS): Este cuestionario, de 20 preguntas autoadministradas, también desarrollado por Aaron T. Beck, se diseñó para medir los tres componentes de la desesperanza: sentimientos negativos sobre el futuro, falta de motivación para hacer cosas y bajas expectativas de mejora.

ESCALA DE DEPRESIÓN POSTNATAL DE EDIMBURGO (EPDS, POR SUS SIGLAS EN INGLÉS): La depresión postparto es una enfermedad mental muy común que afecta a cerca de un diez por ciento de mujeres. La EPDS es una escala breve autoadministrada (con tan solo diez preguntas) que ha demostrado ser una buena herrameinta para que los facultativos identifiquen pacientes en riesgo. Los ítems de la escala son similares a los síntomas generales de la depresión clínica, como la culpa, dificultades para dormir (no causadas por el bebé), baja energía, anhedonía (incapacidad de experimentar placer con actividades que antes sí lo producían) e ideas suicidas (pensamientos que pueden sugerir la probabilidad de cometer suicidio).

CUESTIONARIO DE SALUD GENERAL (GHQ, POR SUS SIGLAS EN INGLÉS): Herramienta psicométrica para detectar desórdenes psiquiátricos menores que puede tener diferente número de preguntas (hay versiones de 12, 28, 30 o 60 preguntas), que se responden de acuerdo con una escala de cuatro puntos.

ESCALA DE ESTRÉS PERCIBIDO (EEP): Se desarrolló para medir el grado en el que valoramos diversas situaciones en nuestra vida como estresantes. Los ítems se diseñaron para evaluar cuán impredecibles, incontrolables y sobrecargadas consideraban sus vidas los encuestados. La escala también incluye cierto número de preguntas directas sobre niveles actuales de estrés experimentado.

CUESTIONARIO DE ANSIEDAD ESTADO-RASGO (STAI, POR SUS SIGLAS EN INGLÉS): Un inventario psicológico desarrollado por Charles Spielberger basado en una escala de cuatro puntos que consiste en 40 preguntas autoadministradas. Mide dos tipos de ansiedad: el estado de ansiedad (la ansiedad causada por un suceso) y la ansiedad-rasgo (el nivel de ansiedad como característica personal).

LA ANSIEDAD Y EL ESTRÉS *pueden medirse administrando cuestionarios específicamente diseñados para ello que permiten a los terapeutas saber dónde reside el problema, su gravedad y cómo podría tratarse.*

TEST PARA NIÑOS

Si como progenitor estás preocupado por el desarrollo de tu hijo, puedes someterlo a varios tipos de evaluaciones psicológicas como, por ejemplo, la cognitiva (que examina las capacidades mentales). Se las puede realizar bien un psicólogo educacional o un psicólogo clínico. Las pruebas típicas en esas circunstancias incluyen las siguientes:

WISC PARA DETERMINAR LAS HABILIDADES COGNITIVAS/MENTALES: La Escala de Inteligencia de Wechsler para Niños – IV edición (WISC-IV) es, como su versión adulta (véase página 65), un instrumento clínico integral que se administra de forma individual para evaluar la inteligencia de niños de entre 6 y 16 años. Valora la comprensión verbal, el razonamiento perceptivo, la memoria de trabajo y la velocidad de procesamiento, así como las capacidades intelectuales en general. Cada subprueba incluye preguntas de diseño con cubos, semejanzas, dígitos, conceptos visuales, claves, vocabulario, secuencias de caracteres y numéricas, matrices y comprensión y búsqueda de símbolos. Las subpruebas adicionales pueden ser figuras incompletas, cancelación, información, razonamiento aritmético y verbal. Por lo tanto, es una buena herramienta para identificar cualquier posible déficit en un área particular.

ESCALAS DE CONNERS PARA EVALUAR EL TDAH: El trastorno por déficit de atención con hiperactividad, o TDAH, es una afección del desarrollo (véase página 233). Las escalas de Conners no están disponibles para el público general ni son una herramienta de diagnóstico (no existe ninguna prueba que diagnostique el TDAH), pero pueden utilizarse como parte del proceso diagnóstico. Existen tres escalas de evaluación: una es para padres, otra para profesores y la tercera para que los adolescentes valoren su propio comportamiento.

ESCALA DE OBSERVACIÓN PARA EL DIAGNÓSTICO DEL AUTISMO (ADOS, POR SUS SIGLAS EN INGLÉS): Se trata de una evaluación semiestructurada de la comunicación, la interacción social y el juego (o el uso imaginativo de materiales) utilizada para valorar a niños que se sospecha que pueden tener un trastorno del espectro autista (véase página 228). El examinador crea una serie de situaciones en las que se espera que el niño muestre comportamiento social y comunicativo relevante para el diagnóstico del autismo y después observa y valora sus respuestas según unas categorías predeterminadas. El niño normalmente disfruta de la experiencia y lo vive como si estuviera jugando con el examinador.

HACE MUCHOS AÑOS *que se realizan pruebas a niños para hacer un seguimiento de su desarrollo. Gracias a ellas, padres y educadores pueden recibir la ayuda o los aportes adecuados si los test sugieren que es necesario.*

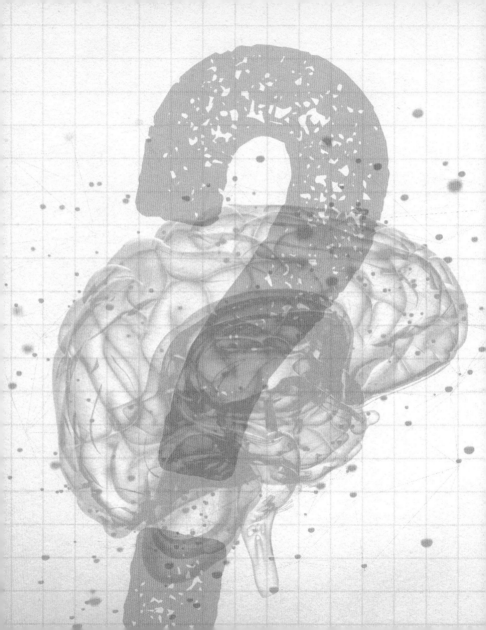

PARTE 2

TEORÍAS QUE HAN DADO FORMA A NUESTRA SOCIEDAD

MUCHO DE LO QUE SABEMOS SOBRE LA CONDUCTA Y EL PENSAMIENTO HUMANOS ES RESULTADO DE VARIAS TEORÍAS PSICOLÓGICAS QUE HAN IDO SURGIENDO DESDE QUE LOS CIENTÍFICOS EMPEZARON A ESTUDIAR LA MENTE HUMANA. EN ESTE APARTADO EXAMINAREMOS ALGUNAS DE LAS TEORÍAS MÁS DESTACADAS QUE NOS HAN AYUDADO A ENTENDER LA PSIQUE HUMANA.

TEORÍA DE LA PERCEPCIÓN

La percepción es el proceso que nos permite dotar de sentido a lo que nos rodea. Hace tiempo que los psicólogos sabemos que ver, oír, oler, tocar y percibir no son simples procesos físicos: es necesario que los interpretemos. Así es como somos capaces de deducir que los objetos que están lejos no han encogido, sino que parecen más pequeños, o que una moneda vista de canto sigue siendo redonda. La percepción permite que las palabras dejen de ser simples letras individuales y cobren sentido, o que diferentes partes de un cuerpo sean, en conjunto, una persona. A continuación se enumeran algunas de las principales teorías que tratan de explicar cómo percibimos o interpretamos nuestro entorno.

TEORÍA GESTALT DE LA PERCEPCIÓN

La psicología Gestalt intenta descifrar el mundo considerando que sus elementos son un todo organizado y estructurado, y no la suma de sus partes constituyentes. La teoría Gestalt de la percepción, que se desarrolló en los años treinta y cuarenta, explica que estamos constantemente tratando de organizar los objetos para poder entender el conjunto a partir de una parte de él. Partiendo

LA TEORÍA GESTALT DE LA PERCEPCIÓN *explica que tratamos de entender el mundo buscando patrones o formas coherentes. Por eso algunos verán inmediatamente un elefante en esta nube.*

SABEMOS QUE LA TORRE EIFFEL no es tan pequeña, en realidad. Para ello, utilizamos el principio de invarianza.

de esa base, sus ideólogos enunciaron toda una variedad de «principios» para explicar cómo llevamos a cabo esa «organización». Por ejemplo, el principio de proximidad, que afirma que las cosas que están cerca entre sí son vistas como una unidad; el principio de la semejanza, que estipula que aquellos objetos que comparten características visuales como forma, tamaño, color, textura, valor u orientación son vistos como una unidad; y el principio de continuidad, que establece que preferimos las figuras continuas a las separadas (consideramos a la X como una letra, en lugar de como cuatro líneas independientes). La teoría de la percepción Gestalt también explica por qué tendemos a ver caras en nubes y otras formas aleatorias (véase página 78).

TEORÍA DE LA PERCEPCIÓN DIRECTA DE GIBSON

El psicólogo estadounidense James Gibson (1904-1979) fue uno de los psicólogos más importantes del siglo xx en el campo de la percepción visual. La pregunta que trató de responder fue por qué vemos el mundo tal y como lo hacemos, y para ello enunció, entre otras, su teoría de las *«affordances»* (1966), las cualidades de un objeto o del entorno que nos dicen qué prestaciones nos pueden brindar ciertas cosas (por ejemplo, una sombra oscura nos permite protegernos del sol; un pomo, la acción de girar; una cuerda, la de tirar; un cojín grueso, la de sentarnos con comodidad). Las *affordances* nos dan pistas para entender lo que vemos. Gibson creía que «la sensación era percepción» y que, por tanto, no era necesario analizar lo que vemos. Por eso

PAREIDOLIA FACIAL

(O POR QUÉ JESÚS SE APARECE EN LAS TOSTADAS)

El fenómeno que consiste en ver caras donde no las hay (como gente famosa en las tostadas, cabezas en las nubes o fantasmas en las fotografías) se conoce como pareidolia facial. Es el resultado de nuestras tentativas de dotar de sentido al mundo y de buscar conexiones entre formas, puntos o líneas aleatorios. Estamos programados para reconocer caras y por eso es tan común verlas en diseños fortuitos. Y como las caras famosas se quedan grabadas en nuestras mentes, no es raro escuchar noticias de gente que ha visto a Jesús, a la Virgen María o a Elvis en los lugares más insospechados. Por ejemplo:

- En 1994, Diana Duyser, de Florida, «vio» a la Virgen María en su tostada. Conservó el pan sagrado durante diez años y después lo subastó en eBay, donde se vendió por unos 28.000 dólares.

- En 2009, la familia Allen de Ystrad, en Gales, vio la cara de Jesús en la parte inferior de la tapa de una marmita.

- En 2002, unos 20.000 cristianos viajaron a Bangalore para rendirle homenaje a un pan chapati con la imagen de Cristo impresa a fuego. Muchos visitantes elevaron plegarias ante el pan sagrado.

- En 2012, un nugget de pollo con la forma de George Washington se vendió por más de 8.100 dólares en eBay.

- En 2013, se agotó una tetera en los grandes almacenes J. C. Penney, en Estados Unidos, porque su gran parecido con Hitler salió publicado en el sitio de noticias sociales Reddit.

Todos estos casos son ejemplos de un procesamiento «de arriba-abajo» en los que se han utilizado procesos interpretativos superiores para dotar de sentido a los estímulos visuales.

LA PAREIDOLIA FACIAL hizo que el personal de la tienda de Posh Pizza en Brisbane (Australia) descubriese la cara de Jesús en una pizza de tres quesos, que acabó por ser conocida como «Cheesus Pizza».

este planteamiento se llama percepción directa.

Gibson también creía que éramos capaces de interpretar lo que percibíamos gracias a pistas del entorno que él llamó «invariantes», elementos del patrón óptico (lo que perciben nuestros ojos en un instante determinado) que, aunque parezca que están en constante movimiento, interpretamos como estáticos, sean cuales sean nuestras acciones. Así, aunque a veces parezca que los objetos se agrandan o se encogen, sabemos que no varían de tamaño, son «invariantes».

TEORÍA DE LA PERCEPCIÓN ARRIBA-ABAJO DE GREGORY

Richard Gregory mostró su desacuerdo con la teoría de la percepción abajo-arriba de Gibson. Según este psicólogo británico, necesitamos esforzarnos para analizar lo que percibimos. Gregory creía que debíamos procesar la información sensorial para comprenderla y por eso su teoría de 1970 fue

EL CUBO DE NECKER: ¿CUÁL ES LA PARTE DE DELANTE?

El cubo de Necker es una ilusión óptica de una enigmática caja publicada por primera vez por el cristalógrafo suizo Louis Albert Necker. Como nuestro cerebro es capaz de captar dos perspectivas, nos hace ver la parte frontal de la caja en dos sitios diferentes. Según Richard Gregory, la explicación es que intentamos elegir entre dos hipótesis alternativas para interpretar la imagen visual. Por supuesto, esa imagen permanece estática: es el cerebro, y, por tanto, un procesamiento de «arriba-abajo», el que salta de una alternativa a la otra.

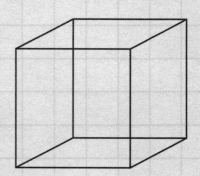

llamada teoría de la percepción de «arriba-abajo». Según ella, la percepción es una mera hipótesis (explicación sugerida) en cuanto a que hacemos inferencias sobre lo que vemos utilizando conocimientos previos y experiencias pasadas. Aunque nuestras hipótesis son normalmente correctas, a veces no es así, lo que puede explicar el funcionamiento de las ilusiones ópticas, especialmente de aquellas ambiguas como el cubo de Necker (véase recuadro).

TEORÍAS DE PERCEPCIÓN DEL DOLOR

En comparación con otras formas de percepción, se sabe poco sobre cómo percibimos el dolor. No parece ser únicamente una sensación, porque cada persona presenta un grado de interpretación del dolor diferente ante el mismo estímulo. A continuación examinamos tres de las teorías más conocidas, aunque ninguna de ellas explica completamente la percepción del dolor.

TEORÍA DE LA ESPECIFICIDAD: Según esta teoría, que fue una de las primeras teorías modernas en explicar cómo percibimos el dolor (desarrollada en 1895 por el fisiólogo austríaco Maxi-

SI FROTAS O ACARICIAS *un brazo herido, puedes aliviar el dolor interfiriendo los mensajes de dolor enviados al cerebro.*

milian von Frey), los receptores específicos del dolor (al igual que los del calor, el frío o la presión) transmiten señales a un «centro del dolor» en el cerebro que produce la percepción de dolor. Aunque es probable que existan diferentes fibras nerviosas que transmitan el dolor, esta teoría no explica las diferencias en la percepción del dolor de cada persona.

TEORÍA DE LOS PATRONES: Este planteamiento, desarrollado por Goldschneider en 1920, sostiene que existen patrones de dolor, más que señales específicas, y que el cerebro los cataloga como diversos tipos de dolor. Se requieren altos niveles de estimulación para que algo pase a ser de una simple sensación a convertirse en dolor (pongamos, por ejemplo, el dolor que se siente al ser abofeteado en oposición a la sensación de ser acariciado), y ese umbral de activación (la fuerza con la que un estímulo es solo percibido) puede diferir de una persona a otra.

TEORÍA DE LA COMPUERTA: La teoría de la compuerta, desarrollada en los años sesenta por Ronald Melzack y Patrick Wall, trata de explicar las influencias cerebrales «arriba-abajo» en la percepción del dolor y los efectos de los estímulos «abajo-arriba» que palian la sensación del dolor. Esta teoría plantea que existe una «compuerta» o sistema de control de entrada en la médula espinal a través de la que debe pasar toda información relativa al dolor antes de llegar al cerebro. A veces, otras sensaciones bloquean la entrada e impiden que la sensación de dolor la atraviese. Eso explicaría por qué frotarse una rodilla raspada o un codo golpeado es realmente útil para que el dolor desaparezca: las señales nerviosas producidas por el frotamiento pueden interferir, a nivel de la médula espinal, las señales que transmiten las sensaciones dolorosas de la rodilla raspada o del codo golpeado. En otras palabras, los mensajes táctiles pueden bloquear o atenuar el avance de los mensajes de dolor hacia el centro de dolor. Esto sucede porque cuando nos duele alguna parte del cuerpo, la mano o el pie, la señal del dolor viaja a lo largo de un nervio periférico hasta que llega a la médula espinal para ser transmitido al cerebro. Sin embargo, en la médula espinal pueden acumularse muchos tipos de sensaciones (como tacto, vibración y calor) llegadas desde todas las partes del cuerpo y «compitiendo» por ser transmitidas al cerebro (en la página 272 se incluyen algunos consejos para conseguir que un proceso doloroso sea menos incómodo).

DOLOR FANTASMA

La expresión «dolor fantasma» fue acuñada por el neurólogo estadounidense Silas Weir Mitchell en 1871. Hace referencia a sentir dolor o incomodidad en una parte del cuerpo que ya no está presente (por ejemplo, tras una amputación). Se estima que la mayoría de los amputados (aproximadamente el 80%) experimentan sensaciones fantasma en algún momento de sus vidas, aunque poco se sabe sobre su origen. Los científicos solían asumir que los dolores eran «psicológicos», pero hoy en día los expertos reconocen que son sensaciones reales producidas, de alguna manera, por la médula espinal y el cerebro.

Algunos teóricos atribuían el origen del dolor fantasma a un neuroma (un tumor benigno, o a veces maligno, en el tejido fibroso que rodea un nervio), formado por terminaciones nerviosas dañadas en la zona amputada; se creía que los neuromas generaban impulsos eléctricos anormales (las respuestas eléctricas de los nervios variaban y enviaban mensajes que no deberían). Sin embargo, muchos investigadores creen ahora que el dolor no se origina en el lugar de la amputación, sino que es la respuesta a señales contradictorias del cerebro. Tras una intervención de ese tipo, ciertas zonas de la médula espinal y del cerebro pierden el input del miembro perdido, pero el cerebro se ajusta a esa pérdida de formas impredecibles. Eso puede desencadenar el mensaje más básico del cuerpo cuando algo no va bien: dolor.

A veces el cerebro es capaz de reasignar esos circuitos sensoriales del cuerpo relacionados con el miembro amputado a una parte del cuerpo totalmente diferente (sorprendentemente, a menudo a la cara). En otras palabras, dado que la zona amputada ya no puede recibir input sensorial, la información se remite a otra parte: de un brazo perdido, a una mejilla todavía presente, por ejemplo. Así, al tocarse la mejilla, es como si también se tocase el brazo perdido. Como esto es, de nuevo, otro mensaje contradictorio, el resultado puede ser sentir dolor.

TEORÍAS DE LA ATENCIÓN

Nuestra percepción solo será buena si prestamos atención a la información: si no queremos notar o atender a un estímulo, no podremos percibirlo. Existen un par de destacadas teorías que explican por qué nos fijamos en unos estímulos y no en otros, y cuáles son los aspectos de nuestro entorno que nos llaman más la atención.

PROCESO DE FILTRO DE ATENCIÓN DE BROADBENT

Donald Eric Broadbent (1926-1993) fue un psicólogo británico pionero en el desarrollo de teorías para explicar la atención selectiva (el hecho de ser capaces de prestar atención a ciertas partes de un estímulo, sin fijarse en otras).

Muchas teorías sobre la atención selectiva asumen que existe algún tipo de filtro, o cuello de botella, que impide que cierta información circule. En 1958, Broadbent propuso la existencia de un mecanismo de filtro llamado registro sensorial, localizado entre el sistema que registra la información entrante y el almacén de la memoria a corto plazo. Cuando se permite que esa información entrante pase el filtro, se selecciona y se procesa basándose en sus características más importantes. Como tenemos una capacidad limitada de procesamiento, este filtro impide

DONALD BROADBENT EMPEZÓ A INTERESARSE POR LA ATENCIÓN SELECTIVA CUANDO ESTABA EN LAS FUERZAS AÉREAS BRITÁNICAS Y OBSERVÓ QUE LAS DIFICULTADES DE COMUNICACIÓN ESTABAN A MENUDO CAUSADAS POR CUESTIONES PSICOLÓGICAS COMO LA ATENCIÓN Y LA MEMORIA, MÁS QUE POR CUESTIONES FÍSICAS RELACIONADAS CON EL EQUIPO O LA TECNOLOGÍA.

que el sistema que lo realiza se sobre-
cargue. Los inputs que no son inicialmente seleccionados por el filtro per-
manecen brevemente en el registro
sensorial y, si finalmente no son proce-
sados, desaparecen rápidamente.

EL FENÓMENO «FIESTA DE CÓCTEL»

Seguramente a todos nos resulte familiar la situación de estar en una fiesta ruidosa
tratando de mantener una conversación con alguien que está a nuestro lado. En
realidad, ya es sorprendente de por sí que seamos capaces de filtrar todo el barullo de
fondo para concentrarnos en lo que nuestro interlocutor esté diciendo, pero es que,
además, si en ese momento alguien al otro lado del cuarto mencionase de repente
nuestro nombre, seríamos capaces de percibirlo... aunque no tuviésemos ni la más
remota sensación de haber oído algo del resto de su conversación. Esto se conoce
como el «efecto fiesta de cóctel» y fue descubierto por Colin Cherry en 1953. No cabe
duda de que, a algún nivel, debemos ser capaces de procesar todos los estímulos de
nuestro alrededor para ser capaces de oír nuestro nombre en ese tipo de situaciones.

¿TENEMOS YA LA CAPACIDAD DE ATENCIÓN DE UN PEZ?

Según los científicos, en la sociedad actual el uso de teléfonos inteligentes y de otros aparatos ha reducido la capacidad de atención de los seres humanos hasta el punto en que ya es inferior a la de un pez. Investigadores de Microsoft estudiaron la actividad cerebral de unos sujetos en Canadá utilizando electroencefalogramas. Descubrieron que la capacidad de atención humana media había disminuido de los 12 segundos del año 2000, que es más o menos cuando empezó la revolución de los móviles, a los 8 segundos de 2015. Esta marca es ligeramente inferior a la de un pez, que es de 9 segundos. Se considera que esta merma en las habilidades para concentrarse es debida a nuestra dependencia, cada vez mayor, de nuestros aparatos en un mundo acelerado y volátil.

MODELO DE FILTRO ATENUADO DE TREISMAN

Anne Marie Treisman, nacida en Gran Bretaña en 1935, es una experta en atención selectiva con ideas diferentes a las de Broadbent. Ella mantiene, en su «modelo de filtro atenuado», que el filtro al que Broadbent se refería no elimina la estimulación, sino que la atenúa (o baja su volumen), por lo que sigue estando disponible si queremos procesarla. De este modo, si diferentes sonidos compiten entre sí en una habitación (como la televisión, niños discutiendo y un bebé llorando), somos realmente capaces de bajar el volumen de todos los ruidos excepto de aquel al que le estamos prestando atención (o al que queremos prestarle atención). Eso explicaría por qué podemos llegar a oír nuestro nombre aun estando en medio de una escandalosa marabunta. También explica el fenómeno «fiesta de cóctel» (véase página 85). Para atravesar el filtro, los ítems deben alcanzar cierto umbral o nivel. Todo el material seleccionado, o al que se le presta atención, alcanzará este umbral. Algunos sonidos siempre tendrán un umbral reducido, por ejemplo tu propio nombre o palabras como «ayuda» y «fuego» (y por eso las escuchamos en un contexto de ruido).

CENTRO DE ATENCIÓN

El sistema de activación reticular (SAR) es el centro de atención del cerebro. Consiste en una serie de circuitos ascendentes y descendentes que conectan el tallo cerebral con el prosencéfalo (véase página 57). Es responsable de «encender» el cerebro, sacándonos de estados de sueño y llevándonos a estados de alto nivel de alerta y atención. El SAR criba toda la información entrante y decide qué es importante y qué no lo es. Si el SAR está dañado (y como está localizado en la parte posterior de la cabeza, es especialmente vulnerable), el paciente puede caer en coma. Se ha asociado la actividad anormal del SAR con trastornos de atención como el TDAH y el síndrome de fatiga crónica. Algunos medicamentos pueden afectar a su funcionamiento: los anestésicos, por ejemplo, funcionan apagando ciertas partes de él.

TEORÍAS DE LA MEMORIA

Todo gira alrededor de la memoria: la forma en que hablamos, caminamos, aprendemos y sentimos. Lo que llamamos memoria es, en realidad, un proceso de tres fases que incluye:

1. La codificación de la información (recepción de la información).

2. El almacenamiento de esa información.

3. La recuperación de esos recuerdos.

La mayoría de las teorías de la memoria estudian la manera en que almacenamos la información para recuperarla más adelante. Vamos a analizar tres importantes teorías de la memoria (en la página 277 se incluyen algunos consejos para mejorar la memoria).

MODELO MULTIALMACÉN DE ATKINSON Y SHIFFRIN

Según este modelo, propuesto por Richard Atkinson y Richard Shiffrin en 1968, existen tres tipos básicos de sistemas de almacenamiento de memoria.

MEMORIA SENSORIAL: Es el sistema de almacenamiento que se utiliza en una fase inicial del proceso de memoria, pero la información sensorial se «almacena» durante muy poquito tiempo (menos de medio segundo para los estímulos visuales y 3-4 segundos para los auditivos) porque está «pura» (no ha sido procesada).

MEMORIA A CORTO PLAZO (MCP): La MCP, también conocida como memoria de trabajo, se ocupa del procesamiento activo. Aquí la información puede permanecer durante 20-30 segundos. Nuestra capacidad de memoria a corto plazo es muy limitada también (véase recuadro a la derecha). Si repasamos (repetimos) la información, podemos hacer que dure más. Si no le prestamos más atención (pensando en ella), los datos se perderán; en cambio, si lo hacemos, pasarán a la siguiente fase, a la memoria a largo plazo.

MEMORIA A LARGO PLAZO (MLP): La MLP tiene una capacidad casi infinita. La información que llega aquí suele permanecer en ella durante toda la vida de una persona. Sin embargo, eso no significa que vayamos a recordar siempre todo aquello que esté en nuestra MLP; puede que no seamos capaces de recuperarlo.

7 MÁS O MENOS 2

La memoria a corto plazo tiene una capacidad muy limitada. George A. Miller (1920-2012), cuando trabajaba en los Laboratorios Bell, llevó a cabo experimentos que demostraban que solo puede almacenar unos siete elementos de información, más o menos dos elementos (el número puede escribirse como 7±2). El título del famoso artículo de Miller en el que lo explicaba fue «El número mágico 7, más o menos 2». Podemos tratar de aumentar la capacidad de nuestra memoria a corto plazo utilizando un método llamado segmentación, mediante el que combinamos pequeñas cantidades de información para formar trozos más grandes... Pero, aun así, solo podremos recordar unos siete elementos de este tipo.

HAZ ESTE EXPERIMENTO:

Aquí tienes unos números: observa cada grupo durante unos segundos y después cúbrelos todos y escribe los que recuerdes. Intenta «segmentar» las series más largas.

687	9752712
3095	968473582
98462	984746352417
847256	374652830372525

La mayoría de la gente debería ser capaz de recordar las primeras cinco series con facilidad, pero empezará a tener problemas con las siguientes. ¡El que pueda recordar la última es un genio de la memoria!

MODELO DE MEMORIA DE TRABAJO DE BADDELEY Y HITCH

Pronto resultó evidente que existían cierto número de problemas relacionados con las características del modelo de memoria a corto plazo de Atkinson y Shiffrin (véase página 88). Por eso, en 1974, Alan Baddeley y Graham Hitch desarrollaron un modelo alternativo de memoria a corto plazo, a la que también llamaban memoria de trabajo. Propusieron que la MCP estaba formada por varios subsistemas, cada uno con su función definida. De interés particular es el subsistema «ejecutivo central», que básicamente actúa como un almacén sensorial, canalizando la información al «bucle fonológico/articulatorio» (en el caso de información auditiva) o a la «agenda visoespacial» (en el caso de información visual y espacial). En el año 2000, Baddeley amplió el modelo introduciendo una tercera área, el «almacén episódico» (que relaciona información entre dominios, como la esfera visual, para formar unidades integrales de información visual, espacial y verbal y orden cronológico).

Vamos a ver un ejemplo: imagínate que sales a cenar y llega la cuenta. Asciende a 35,50 libras y sois tres. ¿A cuánto sale? (¡Hazlo de cabeza!).

Para calcularlo, estás utilizando tu memoria de trabajo. Podrías dividir primero 30 entre 3 y guardar 10 en tu memoria mientras divides 5 entre 3 y después 50 entre 3. Necesitarías recordar las respuestas de cada operación y sumarlas. Para ello debes usar tu MCP, que actúa como si fuese un área de trabajo o una pizarra virtual.

(Si te ha resultado fácil, tienes una buena memoria de trabajo. Pero si te ha costado, no te preocupes: tu memoria de trabajo puede estar limitada por tus habilidades numéricas).

EL AMO Y LOS ESCLAVOS

Los elementos del modelo de la memoria de trabajo de Baddeley y Hitch de 1974 pueden compararse con un amo especialmente dominante (el «ejecutivo central») que ordena y dirige a sus esclavos (en particular, al bucle fonológico/articulatorio y a la agenda visoespacial). El ejecutivo central controla por completo las acciones de esos otros sistemas: los «esclavos» no pueden hacer nada sin que su amo se lo ordene. Es el ejecutivo central, por ejemplo, el que decide a qué se le presta atención y qué se prioriza (por ejemplo, la información auditiva sobre la visual). Al igual que cualquier jefe, el ejecutivo central delega mucho trabajo base, como la recogida de datos, a sus asistentes y asume un papel supervisor coordinando esas actividades.

FALSOS RECUERDOS

Los psicólogos están interesados no solo en cómo recordamos y olvidamos cosas que han sucedido, sino también en que seamos capaces de acordarnos de cosas que nunca pasaron (lo que se conoce como falsos recuerdos).

En 1974, la psicóloga Elizabeth Loftus realizó un experimento en el que a los participantes se les mostraba un vídeo de un accidente de coche. Les podían tocar, aleatoriamente, colisiones a 32 km/h, a 48 km/h o a 64 km/h. A continuación, tenían que rellenar un cuestionario en el que se les preguntaba: «¿A qué velocidad iban aproximadamente los coches cuando se estrellaron?». La pregunta era siempre la misma, pero se cambiaba el verbo que describía el accidente entre estrellarse, chocar, colisionar, impactar o golpear. Si los participantes se hubiesen basado en la velocidad real del vehículo para realizar sus conjeturas, lo normal habría sido que la cifra fuese baja en el caso de las colisiones a menor velocidad. Sin embargo, los resultados indicaron que era la palabra utilizada para describir los choques (como estrellarse o golpear) lo que auspiciaba sus respuestas, más que la velocidad real.

Este experimento demuestra que la redacción de una pregunta puede crear falsos recuerdos. Hasta el más pequeño ajuste en su formulación puede conseguirlo: por ejemplo, si le preguntamos a alguien si ha visto «la» señal de stop en lugar de «una» señal de stop, haremos que el interrogado presuponga que había una señal de stop en la escena de la que está tratando de acordarse... y será más propenso a «recordar» haberla visto. De igual modo, si le preguntamos: «¿De qué tono de rojo era su vestido?», asumirá que el vestido era rojo y «recordará» que era rojo. Y si la pregunta fuese: «¿Era muy alto el delincuente?», en lugar de «¿cuánto medía?», obtendríamos una altura mayor. Todo eso prueba lo fácil que es manipular los recuerdos. (Para más información sobre los falsos recuerdos, véase página 176).

MODELO DE NIVELES DE PROCESAMIENTO DE CRAIK Y LOCKHART

Este modelo de almacenamiento de memoria le asigna un papel más importante a la memoria a largo plazo que los modelos anteriores, en particular con respecto al procesamiento que tiene lugar allí. Mientras que el modelo multialmacén (véase página 88) plantea que la información se transfiere de la memoria a corto plazo a la memoria a largo plazo a través de un proceso de repetición, este modelo propone que es la profundidad, o el ni-

PON A PRUEBA TU MEMORIA DE TRABAJO

Aquí tienes un test para poner a prueba la capacidad de tu memoria de trabajo. Escribe los resultados de estas sumas y, cuando llegues a una palabra, léela en voz alta y continúa con la siguiente operación:

67 + 87 =

CHAQUETA

897 + 45 =

AGUA

76 − 23 =

CARTA

732 + 64 =

ANIMAL

456 + 498 =

ORQUILLA

65 + 8 + 23 =

MOTOR

23 + 56 + 29 =

TELÉFONO

76 − 43 =

CUADERNO

Ahora cubre la lista: ¿cuántas palabras recuerdas? Si puedes recordar cinco palabras o más, tienes una memoria de trabajo muy eficiente. Pero no te preocupes si no te acuerdas de muchas: poca gente es capaz.

«KF»

No se sabe mucho sobre un famoso paciente conocido como «KF» (estudiado por Shallice y Warrington en 1970), excepto que sufría de daño cerebral, tras un accidente de motocicleta, que le afectaba a su memoria a corto plazo.

Sus trastornos de memoria respaldaban el modelo de la memoria de trabajo porque sus problemas principales estaban relacionados con el recuerdo de la información verbal; su memoria de información visual estaba prácticamente intacta. Eso indica que existen sistemas diferentes para almacenar cada tipo de información.

vel al que procesamos la información, la que determina su lugar en la MLP y lo bien que la recordaremos. En otras palabras, pensar en la información (por ejemplo, darle vueltas a un suceso o buscar soluciones a un problema relacionado con él) nos ayuda a recordarla aunque no la «estudiemos» (repitamos las palabras o el suceso en nuestra mente).

Fergus I. M. Craik y Robert S. Lockhart plantearon en 1972 que el procesamiento puede operar a diferentes profundidades de análisis, algunos más complejos que otros. Lo denominaron procesamiento semántico. También propusieron que el método de aprendizaje es importante para recordar la información a posteriori. Por ejemplo, organizar los ítems en diferentes categorías ayuda, al igual que hacer que esos ítems sean distintivos de alguna manera; además, cuanta más información se asocie con ellos, más fáciles serán de recordar.

EL FENÓMENO DE LA PUNTA DE LA LENGUA

Todos conocemos esa frustrante sensación de tener una palabra «en la punta de la lengua» que no somos capaces de sacar. Sabemos que no es lo mismo que, simplemente, haber olvidado algo: en el caso del fenómeno de la punta de la lengua, estamos convencidos de que solo hemos relegado esa información a un rincón de la memoria temporalmente y de que volveremos a acordarnos de ella (lo que suele acontecer cuando dejamos de intentar recordarla). A menudo podemos evocar características de la palabra como su inicial o a qué suena, o incluso otra palabra que significa lo mismo. El fenómeno se da independientemente del sexo de la persona, de su edad o de su nivel educativo. Tanto monolingües como bilingües y plurilingües lo experimentan… y hasta las personas sordas, utilizando la lengua de signos.

Una explicación es que algo bloquea, interfiere o evita la recuperación de la palabra buscada, aunque sepamos que está ahí. O podría ser que hubiese conexiones débiles entre varios elementos de esa palabra. Cada palabra contiene varios tipos de información (letras, sonidos y significados) que almacenamos en partes diferentes de la memoria, pero que están conectadas entre sí. Cuando tratamos de pensar en una palabra, generalmente empezamos por su significado. Si la conexión entre ese significado y la información auditiva no es lo bastante fuerte, esta última no se activará lo suficiente como para permitir que la recuperemos por completo.

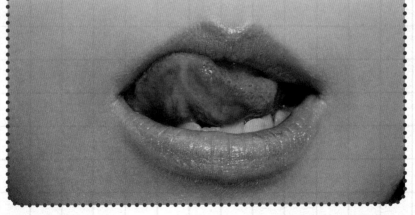

TEORÍAS DEL APRENDIZAJE

El aprendizaje se define como un cambio relativamente duradero en la conducta como resultado de la experiencia. Tiene sus raíces en el conductismo, un enfoque psicológico desarrollado inicialmente por el psicólogo estadounidense John B. Watson, que estaba interesado en las conductas observables y medibles (en oposición a los procesos internos y mentales, que no pueden cuantificarse). Watson diseñó el experimento del pequeño Albert que se examina en la página 148. Su teoría se basaba en la idea de que todas las conductas son aprendidas a través de un condicionamiento que ocurre al interactuar con el entorno. Se identifican dos tipos de condicionamiento, el condicionamiento clásico y el condicionamiento operante, que forman las bases de todo aprendizaje, de acuerdo con la perspectiva conductista.

IVAN PAVLOV *y sus colegas en la Academia Médica Militar en 1914, observando a los perros que se utilizarían para desarrollar la teoría del condicionamiento clásico.*

TEORÍA DEL CONDICIONAMIENTO CLÁSICO

El condicionamiento clásico se llama también condicionamiento pavloviano por el científico que lo observó por primera vez. Ivan Petrovich Pavlov (1849-1936) fue un fisiólogo ruso famoso, principalmente, por utilizar perros como sujetos en sus investigaciones. Pavlov, originalmente interesado en las respuestas de salivación de los canes, descubrió que si hacía sonar un timbre justo antes de darles la comida, los perros que inicialmente salivaban al verla (respuesta natural) acababan asociando el timbre con la llegada de la comida y salivaban al oírlo (incluso sin comida). A esto lo llamó condicionamiento: los perros habían sido condicionados para salivar al escuchar el timbre. Popularmente se dice que Pavlov siempre señalaba la aparición de comida haciendo sonar una campana. Sin embargo, sus escritos desvelan que utilizó varios estímulos como descargas eléctricas, silbatos, metrónomos, diapasones y otros elementos visuales, además de la campana.

El condicionamiento clásico, por tanto, es un proceso de aprendizaje en el que se forma una asociación entre un estímulo previamente neutral (en otras palabras, uno que no provocaba una respuesta) y un estímulo que evoca una respuesta de forma natural.

EL CONDICIONAMIENTO CLÁSICO EN ACCIÓN

(O POR QUÉ ME ENTRÓ ANTOJO DE CHOCOLATINAS MARS EN UN SALÓN DE ACTOS)

Cuando era estudiante universitaria de psicología, me matriculé en un módulo de psicología publicitaria. En uno de nuestros seminarios teníamos que elegir una campaña impresa, llevarla a clase y analizarla. Elegí la de las chocolatinas Mars, y durante las dos horas de clase que estuve pensando sobre ellas empecé a tener muchas ganas de una... como le pasaría a cualquiera que se pusiese a pensar en comer delicioso chocolate. Sin embargo, a la semana siguiente, aunque ya habíamos pasado a otro tema completamente diferente, era pisar el aula y suspirar por una chocolatina Mars. Ese deseo se repitió en todas las subsiguientes clases (comí un montón de chocolatinas Mars ese semestre), lo que demuestra que aunque se conozca el mecanismo que se esconde tras el condicionamiento, no se es menos inmune a él.

TEORÍA DEL CONDICIONAMIENTO OPERANTE

Mientras que el condicionamiento clásico consiste en crear una asociación entre conductas involuntarias y automáticas (como la salivación) y un estímulo (como un timbre), el condicionamiento operante consiste en aplicar recompensas o castigos tras una conducta. La idea es fortalecer o debilitar comportamientos voluntarios. Al contrario que el condicionamiento clásico, que es pasivo (el participante no tiene que hacer nada), el condicionamiento operante requiere que el sujeto participe activamente y realice algún tipo de acción para ser recompensado o castigado.

La mayor parte de la gente asocia el condicionamiento operante con B. F. Skinner (véase página 29), pero sus teorías se basaron en el trabajo previo de Edward Thorndike, que, como todo el mundo sabe, utilizó una «caja problema» para estudiar las conductas animales a finales de los años noventa del siglo XIX. La caja, como se analiza en la página 35, consistía en una jaula en la que se situaba un gato que tenía que buscar una forma de escapar y obtener su recompensa (comida). La caja contenía una palanca que, al presionarse, abría una puerta. El gato daba

THORNDIKE *diseñó una caja especial para poder observar a un gato mientras el animal aprendía a escapar.*

vueltas por la jaula hasta que, por azar, presionaba la palanca. El animal necesitaba varios intentos hasta que se daba cuenta de que existía una conexión entre presionar la palanca y que se abriese la puerta. Después aprendía a presionar la palanca para escapar rápidamente cada vez que se le introducía en la caja. Esto permitió enunciar la ley del efecto de Thorndike, según la cual es probable que una conducta que vaya seguida de consecuencias agradables se repita, y que aquella seguida de consecuencias desagradables cese.

Cerca de medio siglo después, el trabajo de Thorndike sirvió de base para que Skinner desarrollase sus principios del condicionamiento operante. Skinner utilizó una versión más pequeña de la caja problema de Thorndike, llamada cámara de condicionamiento operante o caja de Skinner (1948). La caja contaba con una palanca (para ratas) o un disco en una de las paredes (para palomas). Si el animal los presionaba, recibía alimento. Las respuestas reforzadas de esta manera eran cada vez más frecuentes. Se identificaron cuatro tipos de condicionamiento:

REFUERZO POSITIVO: Cuando una conducta se ve reforzada (es decir, es más probable que se repita) porque recibimos una recompensa tras realizarla. Por ejemplo, un niño travieso que recibe la atención que desea por comportarse así, es más probable que redoble sus travesuras.

REFUERZO NEGATIVO: Cuando una conducta se ve reforzada porque hace que algo desagradable cese. Por ejemplo, si tenemos frío, nos ponemos un jersey y así aprendemos a usar ropa cálida para evitar esa sensación.

NOS ABRIGAMOS *para eliminar la incómoda sensación de frío; se trata de un refuerzo negativo porque aprendemos a hacer algo (abrigarnos) para que algo desagradable (tener frío) cese.*

CASTIGO: Cuando una conducta se debilita (es menos probable que continúe) porque sucede algo desagradable cuando la realizamos. Por ejemplo, un perro al que se le castiga por ensuciar la casa aprende a dejar de hacerlo.

EXTINCIÓN: Cuando una conducta se debilita porque ya no recibimos refuerzo por ella. Por ejemplo, si dejásemos de recibir un salario por ir a trabajar, nos quedaríamos en casa.

HACER «COPIAS» es un castigo porque es algo negativo que sucede tras un comportamiento no deseado (al menos, en opinión de los adultos).

También se pueden aplicar varios programas de refuerzo: se puede reforzar una conducta cada vez que se realiza un acto (refuerzo continuo), que es lo más efectivo cuando queremos enseñar una nueva conducta, o solo a veces (refuerzo parcial o intermitente). En el refuerzo parcial, se puede programar el refuerzo para que suceda cada cierto tiempo (por ejemplo, cada dos minutos), lo que se denomina refuerzo de intervalo fijo, o tras

un tiempo aleatorio e impredecible, conocido como refuerzo de intervalo variable. Una forma alternativa de refuerzo intermitente es basar la aparición del refuerzo en un porcentaje, es decir, que la clave para recibirlo sea el número de veces que se realiza la conducta. El refuerzo de razón fija sucede tras realizar cierto número de actos, mientras que el refuerzo de razón variable sucede tras un número aleatorio e impredecible de actos.

Lleva más tiempo aprender conductas con programas parciales, pero los comportamientos aprendidos duran más tras el cese del refuerzo: se dice que son resistentes a la extinción.

TEORÍA DEL APRENDIZAJE SOCIAL

La teoría del aprendizaje social de Bandura de 1977 adopta una perspectiva diferente sobre el aprendizaje a la conductista que hemos estado viendo hasta ahora. El psicólogo canadiense-estadounidense Albert Bandura (véase página 32) planteó que las personas pueden aprender unas de otras a través de procesos no relacionados con el condicionamiento, como la observación o la imitación (normalmente llamada modelado). Al contrario que Skinner, Bandura veía a los humanos como procesadores activos de la información, capaces de pensar en la relación entre su comportamiento y sus consecuencias. Esos procesos cognitivos, decía, son un elemento importante del aprendizaje observacional. Dado que el aprendizaje social tiene en cuenta los factores cognitivos que median entre los estímulos y las respuestas, Bandura abordó así una de las mayores críticas al conductismo: obviar el pensamiento o los procesos cognitivos. Este psicólogo desarrolló su teoría del aprendizaje social en parte gracias a sus famosos estudios con el muñeco Bobo, que se explican con más detalle en la página 158.

TEORÍAS DE LA EMOCIÓN

A lo largo de los años se han propuesto varias teorías para intentar explicar lo que sucede cuando experimentamos una emoción. Una de las más populares es la teoría de la emoción de los dos factores.

TEORÍA DE LA EMOCIÓN DE LOS DOS FACTORES DE SCHACHTER Y SINGER

Conocimos a Stanley Schachter en la lista de los diez psicólogos más influyentes del siglo xx, en la página 34. La teoría de la emoción de los dos factores de Schachter y Jerome E. Singer explica que la experiencia de la emoción se basa en dos factores: la excitación fisiológica y la evaluación cognitiva. Antes de esta teoría de 1962, se consideraba que las emociones eran simples sensaciones físicas y que el papel de los procesos mentales era limitado. Algunos teóricos anteriores incluso sostenían que cada emoción estaban asociada con diferentes patrones de respuesta fisiológica... y que así las distinguíamos unas de otras. Sin embargo, según la teoría de los dos factores, cuando sentimos una emoción se genera una respuesta fisiológica (que puede no diferir entre emociones y, de hecho, puede no ser diferente de una que sintamos por razones no emocionales). A continuación, el individuo utiliza su entorno inmediato para buscar pistas emocionales que le permitan calificar esa respuesta fisiológica.

Así, si sentimos una respuesta fisiológica (como sentirse sudado y sin aliento) y tenemos una explicación para ello que no sea emocional (acabamos de correr para coger el autobús), no calificaremos esa respuesta como una emoción. Por el contrario, si no tenemos una explicación a mano (si no hemos estado corriendo), buscaremos una emoción que encaje con las pistas, que podría ser el miedo. Schachter y Singer demostraron su teoría con su famoso experimento con Suproxina, que se describe en la página 170.

¿AMOR O MIEDO?

En 1974, los psicólogos Donald G. Dutton y Arthur P. Aron pusieron a prueba la teoría de los dos factores. Para ello, hicieron que participantes varones cruzaran andando dos tipos de puentes diferentes: uno era un escalofriante puente colgante, muy estrecho, que se bamboleaba al caminar por encima y que estaba suspendido sobre un río profundo y turbulento; el segundo tenía poca altura, era más estable y ancho y cruzaba una parte mansa del río.

Al final de cada puente, una atractiva investigadora femenina recibía a los participantes y les entregaba un cuestionario que debían rellenar. En el papel había un número al que podían llamar si les surgía alguna pregunta. El estudio demostró que los hombres que habían cruzado el puente colgante tendían a llamar más a la mujer... para pedirle una cita. La explicación ofrecida por los psicólogos fue que los sujetos habían experimentado una respuesta fisiológica al cruzar ese puente (específicamente, un aumento de la frecuencia cardíaca, respiración agitada y sudoración) causada por el miedo, pero al ver a la mujer atractiva se habían aferrado a ella para justificar los síntomas que estaban experimentando. Atribuyeron erróneamente la causa real de sus sensaciones a una razón más conveniente o más disponible, tal y como sugiere la teoría de los dos factores.

TEORÍAS DE LA INTELIGENCIA

Existen varias teorías que tratan de explicar qué es realmente la inteligencia y cuáles son sus elementos básicos (si quieres saber cómo mejorar tu CI, ve a la página 275).

TEORÍA DE LOS DOS FACTORES DE SPEARMAN

Charles Edward Spearman (1863-1945), psicólogo inglés célebre por su trabajo en estadística, planteó su teoría de la inteligencia de los dos factores en 1904. En ella argumentaba que existían dos tipos de factores que constituían la inteligencia: un factor general (al que llamó *g*) y otros factores más específicos como las habilidades verbales, matemáticas y artísticas. El factor general es una habilidad innata y universal, mientras que los factores específicos son aprendidos, aunque se cree que ambos factores se relacionan entre sí de tal modo que la gente que destaca en uno, también lo hace en el otro.

UN PRIMER VIOLINISTA *probablemente disponga de inteligencia general, además de una habilidad musical específica, según Spearman.*

TEORÍA DE LAS INTELIGENCIAS MÚLTIPLES DE GARDNER

En su libro de 1983 *Estructuras de la mente: la teoría de las inteligencias múltiples,* Howard Gardner (nacido en 1943) afirma que los humanos procesamos la información de diferentes maneras relativamente independientes entre sí (en lugar de estar relacionadas, como creían investigadores anteriores). Desde 1999, Gardner ha identificado ocho inteligencias y cree que es posible destacar en unas y en otras no:

MUSICAL: Esta área tiene que ver con las habilidades relacionadas con el sonido, los ritmos, los tonos y la música.

ESPACIAL O VISUAL: Esta área se ocupa de la visión espacial y de la habilidad para crear imágenes mentales.

LINGÜÍSTICA: La gente con abundante inteligencia lingüística es hábil con las palabras y los idiomas.

LÓGICO-MATEMÁTICA: Esta área tiene que ver con la lógica, las abstracciones, el razonamiento, los números y el pensamiento crítico.

CORPORAL-KINESTÉSICA: Los elementos principales de la inteligencia corporal-kinestésica son el control de los movimientos corporales y la capacidad para manejar objetos con habilidad.

INTERPERSONAL: Las personas que poseen una alta inteligencia interpersonal se caracterizan por su sensibilidad hacia los estados de ánimo de los demás, sus sentimientos, sus temperamentos y sus emociones y por su habilidad para cooperar para trabajar en grupo.

INTRAPERSONAL: Esta área tiene que ver con las capacidades introspectivas y de autorreflexión.

NATURALISTA: Está relacionada con la recogida y comprensión de la información del mundo que nos rodea.

LA CURVA DE CAMPANA

The Bell Curve: Intelligence and Class Structure in American Life («La curva de campana: inteligencia y estructura de clase en la vida norteamericana»), escrito por el psicólogo estadounidense Richard J. Herrnstein (que murió antes de que fuese publicado) y por el politólogo estadounidense Charles Murray, es un libro de 1994 que trata de explicar las diferencias de inteligencia en la sociedad estadounidense. El título del libro alude a la representación gráfica de la distribución normal, en forma de campana, del cociente intelectual (CI) en una población: la imagen ilustra que la mayor parte de los CI de la gente se concentran en la zona media y que hay menos personas en los extremos superiores e inferiores. La premisa central de los autores era que la inteligencia humana estaba sustancialmente influenciada tanto por factores heredados como ambientales.

Muchos de los argumentos presentados por los autores resultaron ser controvertidos, especialmente la idea de que los CI inferiores de afroamericanos se debían, en cierto modo, a la genética. El libro también afirmaba que el CI genético medio de los Estados Unidos estaba en declive porque los más inteligentes tendían a tener menos niños que los menos inteligentes y por la inmigración masiva de aquellos con supuesta inteligencia baja. Los autores recomendaban la eliminación de políticas de protección social que animaban a las mujeres pobres a tener bebés porque había más posibilidades de que engendraran niños con CI bajos.

Esas polémicas declaraciones generaron, durante los años noventa, muchos comentarios, críticas, libros y contraargumentos sobre las ideas expresadas en el libro. Una réplica más reciente es el libro de Richard Nisbett, de 2009, *Intelligence and How to Get It* («La inteligencia y cómo obtenerla»). En él, Nisbett argumenta que las diferencias en las puntaciones de CI se habían debido, en gran medida, a factores socioeconómicos, y que una vez introducidos los pertinentes controles las diferencias entre los grupos étnicos prácticamente desaparecían.

TEORÍAS DE LA MOTIVACIÓN

La motivación es lo que nos mueve a hacer lo que hacemos. Las teorías de la motivación se pueden dividir en teorías de contenido o de proceso. Las de contenido se ocupan de identificar las necesidades del individuo y sus puntos fuertes y estudian lo que lo motiva. Por otro lado, las de proceso tratan de averiguar cómo se inicia la motivación y por qué perdura (parándose a analizar, por ejemplo, los factores que determinan cuánto esfuerzo debe emplear una persona para conseguir un objetivo); en otras palabras, investigan cómo funciona el proceso. Probablemente, las teorías de contenido más conocidas sean la teoría de Maslow de la jerarquía de las necesidades y la teoría de los dos factores de Herzberg. La teoría de proceso más conocida se podría decir que es la teoría de las expectativas de Vroom. Las tres se analizan a continuación.

LAS TEORÍAS DE LA MOTIVACIÓN *nos permiten entender cómo y por qué se motivan las personas (o no) para conseguir sus metas y objetivos.*

LA JERARQUÍA DE NECESIDADES DE MASLOW

Conocimos a Abraham Maslow en el top diez de los psicólogos, en la página 35. Su teoría de la motivación, propuesta en 1943 (y ampliada en 1954), plantea que tenemos varias necesidades o motivos que se pueden organizar jerárquicamente. Al pie de la jerarquía se encuentran las necesidades más básicas y, en la cumbre, las necesidades «superiores». A menudo se utiliza una pirámide para ilustrar sus cinco niveles de necesidades, aunque Maslow nunca los representó así.

Los cuatro niveles inferiores de la jerarquía de necesidades contienen lo que Maslow denominaba «necesidades de déficit»: necesidades fisiológicas, de seguridad, sociales (como la amistad y el amor) y la autoestima. Cuando esas necesidades de déficit no están cubiertas, nos sentimos angustiados y tensos. Maslow afirmaba que primero hay que satisfacer estas, antes de anhelar (sentirse motivado por) alcanzar la necesidad superior de autorrealización.

1. Las necesidades fisiológicas son los requisitos físicos para la supervivencia humana, como el alimento y el agua, que nos impiden funcionar correctamente si no están disponibles: ¿cuántas veces nos hemos tenido que levantar de la mesa en el trabajo para ir a buscar algo de comer antes de poder continuar?

2. Una vez satisfechas esas necesidades físicas, sentiremos motivación por cubrir las de seguridad. En el mundo desarrollado actual, estas necesidades ya no se refieren tanto a sentirnos protegidos ante situaciones de guerra o hambre, sino a sentirnos seguros en áreas como la laboral, los ahorros y las pólizas de seguros.

Necesidades de seguridad

Necesidades fisiológicas

Necesidades de autorrealización

Necesidades de autoestima

Necesidades sociales

3. Cuando tengamos cubiertas las necesidades de seguridad, nos sentiremos impulsados a satisfacer nuestras necesidades sociales: las ganas de pertenecer a un grupo, de relacionarnos y de ser amado por amigos, familia y parejas.

4. A continuación tenemos la necesidad de autoestima, que podemos intentar cubrir teniendo aficiones y realizando trabajo voluntario u otras actividades.

5. Finalmente, en el nivel superior, encontramos la necesidad de «autorrealización» o de realizar nuestro potencial: ser el mejor progenitor posible, el mejor artista posible o lo que sea más importante para nosotros.

FACTORES MOTIVACIONALES Y DE HIGIENE

Según la teoría de los dos factores de Herzberg, los factores motivacionales van ligados a las condiciones intrínsecas de un trabajo. Si están presentes, aportan una satisfacción positiva. Entre ellos se incluyen:

- Un trabajo estimulante
- El reconocimiento
- La responsabilidad
- La oportunidad de realizar tareas útiles
- La participación en la toma de decisiones
- Sentirse parte importante de la organización

Los factores de higiene no provocan una satisfacción positiva como tal, sino que su ausencia causa insatisfacción. Son principalmente extrínsecos al trabajo en sí. Incluyen:

- El estatus
- La estabilidad laboral
- El salario
- Los beneficios adicionales
- Las condiciones laborales
- El seguro médico
- Unas buenas vacaciones anuales

TEORÍA DE LOS DOS FACTORES DE HERZBERG

Esta teoría, conocida a veces como la teoría de motivación-higiene de Herzberg, aunque pertenece a las teorías de contenido, está orientada al ámbito laboral. Frederick Irving Herzberg (1923-2000) fue un psicólogo estadounidense y una de las personas más influyentes en el campo de la administración de empresas. Le añadió una nueva dimensión a la teoría de Maslow, proponiendo un modelo de la motivación de dos factores en el que describió dos grupos de características diferentes que influyen en la satisfacción laboral. Uno de esos grupos de factores, o de características laborales, conduce a la satisfacción en el trabajo, mientras que la ausencia del otro hace que los trabajadores se sientan infelices. Por lo tanto, la satisfacción y la insatisfacción, decía, son independientes entre sí: una no aumenta al disminuir la otra. Los factores cuya presencia conduce a la satisfacción se llaman motivacionales, y aquellos cuya ausencia provoca insatisfacción se denominan factores de higiene.

TEORÍA DE LAS EXPECTATIVAS DE VROOM

Aunque existe cierto número de teorías de proceso, la más conocida es, probablemente, la teoría de las expectativas de Vroom, también llamada de valencia-instrumentalidad-expectativa. Victor Harold Vroom (nacido en 1932), profesor de la escuela de negocios de la facultad de Administración de Yale, planteó su teoría en 1964 para tratar de explicar por qué la gente elige una línea de acción y no otra. En ella explica que las personas se sienten motivadas a hacer algo por los siguientes factores:

- **LAS EXPECTATIVAS** (si me esfuerzo, puedo hacerlo).

- **LA INSTRUMENTALIDAD** (si lo hago bien, recibiré una recompensa).

- **LA VALENCIA** (el deseo de la recompensa).

La motivación será baja si no nos creemos que nuestro esfuerzo vaya a cambiar el resultado, si sentimos que, aunque lo hagamos muy bien, no conseguiremos una recompensa, o si pensamos que la recompensa no es tan deseable.

TEORÍAS DEL DESARROLLO INFANTIL

La forma en que los niños evolucionan y pasan de ser bebés indefensos a adultos totalmente operativos puede parecer casi un milagro. Los psicólogos evolutivos llevan tiempo fascinados por cómo se producen esos tremendos cambios. Algunas de las teorías más influyentes de las que explican las fases más sorprendentes del desarrollo infantil se analizan a continuación.

TEORÍA DEL APEGO

Todo progenitor sabe que los recién nacidos no nacen adorando a sus padres: eso se consigue con el tiempo. Durante las primeras semanas, o incluso meses, un bebé es feliz mientras sus necesidades básicas estén cubiertas: no le importa quién lo alimente o lo cambie… mientras alguien lo haga. Quizás eso resulte algo descorazonador para una madre (y a veces padre) primeriza, al ver que su bebé es tan feliz con un extraño como con la persona que lo trajo al mundo.

Pero los padres primerizos deben sacar el máximo provecho de esta fase «preapego» porque de repente, alrededor de los 8 meses, el bebé empezará a demostrar una preferencia fuerte y exclusiva por su cuidador principal, hasta el punto de que se angustiará si esa persona sale de la habitación durante un instante. Esto se llama apego y es el profundo vínculo emocional que se establece entre un niño y su cuidador primario. Gracias al trabajo del psicólogo británico John Bowlby, que empezó sus investigaciones en 1958, contamos con la teoría del apego para explicar cómo se determina esta relación progenitor-hijo.

Bowlby describió cierto número de fases de apego basándose en la edad del bebé:

HASTA LOS 3 MESES: Apego indiscriminado. En esta fase, la mayoría de los bebés responden de igual manera ante cualquier cuidador y no lloran o alborotan si se les deja con un extraño.

DESPUÉS DE LOS 4 MESES: El bebé expresa su preferencia por el cuidador principal (por ejemplo, la madre) y el secundario (por ejemplo, el padre), pero aceptará alimento y cuidados de cualquiera.

DESPUÉS DE LOS 7 MESES: Especial preferencia por el cuidador principal. El bebé muestra miedo ante los extraños y angustia si se le separa del objeto de su apego («ansiedad por separación»).

DESPUÉS DE LOS 9 MESES: Se dan múltiples apegos por los que los niños crean vínculos con una serie de gente «especial», como los abuelos o el personal de guardería.

Si el niño no desarrolla estos apegos por alguna razón (como cuidados inconsistentes, pérdida del cuidador principal o múltiples cuidadores), puede tener problemas en sus relaciones en el futuro.

Más tarde, otros psicólogos añadieron más datos que nos ayudan a comprender mejor cómo se forma el apego infantil. Además, un estudio clásico de psicología comparada, en el que se utilizaron monos, examinó los efectos de la privación materna y los relacionó con la privación en niños. Estos experimentos, conocidos como «los monos de Harlow», se describen en la página 154.

A PARTIR DE LOS 9 MESES, el apego por personas concretas es algo normal. Eso explica esa fase «lapa» que atraviesan los bebés.

En los años setenta, la psicóloga estadounidense-canadiense Mary Ainsworth amplió en gran medida el trabajo original de John Bowlby con sus estudios de «situaciones extrañas». En dichos estudios, acomodó a los niños y a sus madres en habitaciones con extraños (con quienes posteriormente se dejó solos a los pequeños).

Ainsworth utilizó estos estudios para identificar tres tipos principales de apego:

EL APEGO EN ANIMALES

La teoría de la impronta del austríaco Konrad Lorenz, en 1935, explica que los gansos recién nacidos siguen al primer objeto móvil que ven durante un período crítico de 12-17 horas tras salir del cascarón. El proceso, conocido como impronta, indica que el apego es innato (que está programado genéticamente, más que ser algo aprendido). La impronta es independiente de si el objeto de apego es proveedor de alimento o no, y si no sucede dentro del periodo crítico, no sucede jamás.

Lorenz consiguió que unos gansos recién nacidos se improntaran con él asegurándose de ser la primera persona que vieran al nacer. A continuación, mezcló a esos gansitos con otro grupo que se había improntado con su madre, los colocó a todos juntos en una caja y los soltó después. Mientras que los gansitos que se habían improntado con su madre caminaban balanceándose tras ella, «sus» gansitos lo seguían a él obedientemente. Esos animales prefirieron revolotear a su alrededor a lo largo de todo su desarrollo e incluso cuando ya eran gansos adultos. Lorenz ganó el Premio Nobel de Fisiología y Medicina en 1973 por sus experimentos sobre comportamiento animal.

HAZ ESTE EXPERIMENTO:
LA SITUACIÓN EXTRAÑA

Si tienes un hijo de entre uno y tres años, puedes probar a realizar una versión del experimento de la situación extraña de Mary Ainsworth. Necesitas reclutar a un amigo desconocido para tu hijo. Vete a su casa y deja que tu hijo juegue e investigue su entorno mientras estás con él. Observa su comportamiento. Un niño con apego seguro te usará como base desde la que explorar: te enseñará cosas y volverá a tu lado a menudo, y quizás interactúe con el «extraño».

Después sal de la habitación. Si tu hijo se angustia mucho, vuelve (no queremos que tu hijo sufra con el experimento). Si parece estar bien, quédate fuera unos minutitos (pero aborta el experimento si ves que lo pasa mal) y pídele a tu amigo que observe lo que sucede en tu ausencia. A continuación, regresa. Un niño con apego seguro se sentirá muy feliz de verte (pero no te preocupes si no reacciona así: ¡muchos niños seguros y felices no siempre se comportan según la teoría!).

APEGO SEGURO: El niño muestra angustia cuando la madre se va y alegría cuando vuelve, recurriendo a ella para encontrar consuelo.

APEGO AMBIVALENTE-INSEGURO: El niño se angustia mucho cuando se va la madre, pero puede hacer gestos para apartarla cuando regresa.

APEGO EVASIVO-INSEGURO: Al niño no parece molestarle que la madre salga o que vuelva y, cuando está de nuevo en la habitación, no recurre a ella en busca de consuelo.

TEORÍA DE DESARROLLO COGNITIVO DE PIAGET

Jean Piaget, del que ya hablamos por primera vez en la página 30, fue quien planteó las teorías revolucionarias que cambiaron la manera de entender el desarrollo de las capacidades mentales e intelectuales de los niños. Piaget le demostró al mundo que los niños no eran simples versiones deficitarias de los adultos.

Según él, los niños son como científicos: experimentan con su entorno constantemente para conseguir que cobre sentido. Dos procesos, decía, les permiten desarrollar su comprensión intelectual sobre cómo funcionan las cosas: la asimilación y la acomodación. Estos procesos asumen que los niños están continuamente creando y poniendo a prueba teorías sobre cómo funciona el mundo (como que las cosas caen cuando se tiran).

ASIMILACIÓN: Este es el primer proceso. Cuando los niños se enfrentan a una nueva manera de hacer algo o a algún tipo de información que desconocen, tratan de encajarla en alguna teoría ya existente. Por ejemplo, tiran diferentes objetos y, al descubrir que todos caen al suelo, lo explican apelando a su teoría de la gravedad (¡obviamente, ellos no la llaman así!).

ACOMODACIÓN: Sin embargo, si alguien les da de repente un globo de helio, descubrirán que, aunque intenten tirarlo, no se cae al suelo. Entonces necesitan alterar su vigente teoría de la gravedad para asimilar el hecho de que algunos objetos no se caen. Este proceso se llama acomodación.

Piaget teorizó que los niños utilizan la acomodación y la asimilación para progresar a lo largo de las siguientes cuatro fases de desarrollo cognitivo:

1. ETAPA SENSORIOMOTORA: Esta fase empieza con el nacimiento y dura hasta aproximadamente los dos años de vida. La

HAZ ESTE EXPERIMENTO:
CUCUTRÁS

Cuando juegas al cucutrás con un bebé pequeño, puedes comprobar si ya ha desarrollado la permanencia del objeto. Cada vez que «desapareces» (por ejemplo, detrás de una cortina o una manta), un niño en la etapa sensoriomotora pensará que te has marchado y se sentirá sorprendido cuando aparezcas de nuevo. Un niño mayor que ya haya entendido que el no verte no significa que hayas desaparecido, no mostrará tanta sorpresa y el juego del cucutrás ya no tendrá el mismo atractivo.

habilidad clave que se aprende en esos años es lo que Piaget llamaba la «permanencia del objeto», que se refiere a ser consciente de que los objetos continúan existiendo incluso cuando están fuera de la vista. Por eso, un bebé pequeño al que se le enseña una pelota que después tapamos con una manta creerá que la pelota ha desaparecido. El bebé no la buscará: si no la ve, es que ya no está ahí. Un niño mayor levantará la manta para buscarla: sabe que la pelota sigue ahí aunque no la vea. Esto se llama permanencia del objeto (y puedes hacer el experimento con tu hijo para ver si ya la ha desarrollado; véase izquierda).

2. ETAPA PREOPERACIONAL: Entre los dos y los siete años, el niño cambia de ser un pensador egocéntrico, que solo puede ver su punto de vista, a uno menos egocéntrico, que se da cuenta de que otras personas ven las cosas de formas diferentes. El pensador egocéntrico asume, por ejemplo, que si a ellos les gusta algo, a otras personas también les gustará, y que si ellos pueden ver algo, otros también.

3. ETAPA DE LAS OPERACIONES CONCRETAS: Entre los siete y los once años, los niños aprenden a realizar operaciones con-

HAZ ESTE EXPERIMENTO:
¿ESTÁ TU HIJO EN LA FASE EGOCÉNTRICA?

Puedes realizar tu propio experimento, como Piaget, para saber si tu hijo sigue siendo un pensador egocéntrico. Utiliza una ciudad de juguete con casas, tiendas y colinas. Coloca un muñeco o figura en algún lugar donde tenga una visión muy diferente de la escena de la de tu hijo. Pregúntale qué ve el muñeco: un pensador egocéntrico describirá lo que él puede ver; un niño mayor no tendrá problemas para describir el punto de vista del muñeco porque se dará cuenta de que es diferente del suyo.

cretas caracterizadas por la habilidad de «conservación». Esta habilidad les permite comprender que cierta cantidad de objetos pequeños, como botones o canicas, seguirá siendo la misma aunque se realicen ajustes en el tamaño o forma del recipiente en que se introduzcan.

4. ETAPA DE LAS OPERACIONES FORMALES: A los once años, los niños normalmente han entrado en la fase de las operaciones formales. Este es el momento en que pueden pensar de forma abstracta. En otras palabras, pueden utilizar su imaginación y creatividad para manipular ideas y conceptos en su mente.

HAZ ESTE EXPERIMENTO:
¿DOMINA TU HIJO YA EL PRINCIPIO DE CONSERVACIÓN?

Enséñale a tu hijo un vaso bajo y ancho lleno de agua. Coge otro largo y fino y vierte esa agua en él. A continuación, pregúntale a tu hijo cuál tiene más agua. Un niño que no domine todavía el principio de conservación dirá que el vaso más alto tiene más agua, mientras que uno que ya lo haga sabrá que ambos vasos contienen la misma cantidad.

El experimento se puede realizar de más maneras: coloca unos botones en dos montoncitos iguales. Extiende uno de los montones y después pregúntale a tu hijo dónde hay más botones: en el montón extendido o en el otro. Un niño que domine el principio de conservación sabrá que ambos tienen la misma cantidad, aunque el extendido parezca mayor. También se puede hacer con un trozo de barro: si tu hijo cree que un churro largo y delgado tiene más barro que el mismo trozo de barro con forma de bola, es que todavía no domina el principio de conservación.

HAZ ESTE EXPERIMENTO:

¿SE ENCUENTRA TU HIJO YA EN LA FASE DE OPERACIONES FORMALES?

Cuéntale a tu hijo el siguiente acertijo: Yasmin es más alta que Charlie y Charlie es más alto que Harry. ¿Cuál es el más alto de todos?

Si tu hijo es capaz de resolverlo mentalmente, se encuentra en la fase de operaciones formales; si necesita hacer dibujos para decidirse, ¡todavía no ha llegado!

TEORÍA DE DESARROLLO DEL LENGUAJE

Hace ya tiempo que se sabe que los niños no aprenden a hablar del mismo modo en que los adultos aprenden una nueva lengua. En la mayoría de los casos, un niño parece adquirir su idioma materno sin ninguna dificultad en absoluto; sin embargo, para un adulto, dominar una lengua extranjera puede ser complicado y, probablemente, nunca llegue a comunicarse con tanta fluidez.

¿Cómo se explica, entonces, la manera aparentemente mágica en que los niños aprenden a hablar? Antiguamente, la idea comúnmente aceptada era que los pequeños aprendían a asociar palabras con significados. Cuando realizaban esas conexiones correctamente (imitando lo que habían oído), eran recompensados (consiguiendo el objeto deseado o elogios). Esta es la perspectiva conductista sobre el desarrollo del lenguaje, formulada originalmente por B. F. Skinner (véase página 29).

Sin embargo, la propuesta de Skinner fue más tarde criticada por Noam Chomsky (nacido en 1928), el experto lingüista más famoso del mundo. Chomsky argumentó que la adquisición del lenguaje no podía basarse únicamente en que el entorno le proporcionase al niño una muestra de lengua suficiente que emular. Solo con eso, nunca podría adquirir todas las herramientas necesarias para procesar un número infinito de oraciones.

Como alternativa, Chomsky planteó la teoría de la gramática universal, que explica que los niños dominan con tanta facilidad las complejas operaciones del lenguaje porque tienen un conocimiento innato que los guía para desarrollar la gramática de su idioma; en otras palabras, los niños nacen con la habilidad de aprender lenguas. Según Chomsky, poseen un «dispositivo de adquisición del lenguaje», fuertemente arraigado en sus cerebros, que les permite aprender las reglas gramaticales básicas comunes a todas las lenguas.

Posteriores teóricos plantearon que existe un «período crítico» en el que los niños adquieren el lenguaje. Si el niño no se ve expuesto a una lengua en ese período, nunca la dominará por completo. El triste caso de Genie, la niña «salvaje» (véase página 48), se utiliza para demostrar esta teoría. Otra prueba es que los niños pueden aprender más de una lengua en ese período crítico (normalmente, antes de la pubertad), pero que si se deja el aprendizaje de una lengua extranjera para más adelante, probablemente nunca lleguen a ser totalmente bilingües.

LOS NIÑOS ESTÁN PREPARADOS *para aprender idiomas durante cierto período crítico de su desarrollo, según Chomsky.*

BILINGÜISMO

Si aprender un idioma parece un logro increíble para unos cerebros tan jóvenes, ¿qué pasa con los niños que dominan dos o incluso más lenguas? En todo el mundo se calcula que existen tantos niños bilingües como monolingües. Se cree que ser bilingüe tiene más ventajas que ser monolingüe: por ejemplo, los niños bilingües se concentran mejor, son capaces de ignorar las distracciones con mayor facilidad, son más creativos y se les da mejor la resolución de problemas que a los monolingües. Saber más de un idioma parece que hace que el cerebro sea más flexible.

Los niños pueden aprender una segunda lengua de dos maneras:

- Aprender ambos idiomas simultáneamente desde el nacimiento. Quizás el niño aprenda a hablar un poquito más tarde que uno monolingüe, pero recorrerá exactamente las mismas fases del desarrollo y se las arreglará para dominar dos o más lenguas en prácticamente el mismo tiempo que les lleva a los monolingües aprender una. Los niños en esa situación son capaces de diferenciar entre ambos idiomas con facilidad y a menudo hablan uno con un progenitor y el otro, con el otro (o uno en casa y otro fuera). En ese caso, ambas lenguas son «primeras» lenguas.

- Aprender los idiomas de forma consecutiva: en otras palabras, la segunda lengua se introduce algo más tarde que la primera (normalmente, después de los tres años), como cuando un niño se muda a un país diferente. En esta situación, el último idioma es la segunda lengua del niño.

La capacidad de convertirse en bilingüe depende de la cantidad de input de lengua (del tiempo que el niño esté expuesto a la segunda lengua) y de la disociación de ese input (se dice que si un progenitor habla una lengua y el otro la segunda, se evitan confusiones).

TEORÍAS DE PSICOLOGÍA SOCIAL

Los humanos somos animales sociales: preferimos vivir e interactuar en grupos antes que estar solos. Encajar en esos grupos y el sentimiento de pertenencia que se genera es tan importante para nosotros que nuestras actitudes, pensamientos y comportamiento a menudo están fuertemente influenciados por la gente que nos rodea. La psicología social estudia cómo sentimos, pensamos o nos comportamos en compañía de otras personas… en comparación con cuando estamos solos. Hallarse en la presencia de otros a veces puede tener efectos bastante drásticos en nuestra conducta. Por eso existe cierto número de teorías psicológicas clásicas que han tratado de explicar cómo, cuándo y bajo qué condiciones son más fuertes esas influencias.

EFECTO HAWTHORNE

Se trata de un fenómeno mediante el cual la gente cambia su manera de actuar cuando es observada. El efecto fue descubierto por primera vez por el investigador Henry A. Landsberger en los años cincuenta, cuando analizaba una serie de experimentos realizados previamente, en los años veinte y treinta, en una fábrica de Western Electric (Hawthorne Works), en las afueras de Chicago. Los jefes de la fábrica encargaron un estudio para ver cómo afectaban los niveles de luz a la productividad de los trabajadores. La productividad parecía mejorar si se realizaban cambios y disminuía cuando los niveles de luz volvían a la normalidad. Lo que suscitó especial interés fue que esa productividad aumentase fuesen cuales fuesen los niveles de luz introducidos. Otras variaciones, como la limpieza o la reubicación de puestos de trabajo, también tuvieron como consecuencia un aumento en el rendimiento. Incluso los cambios que derivaron en que las condiciones volviesen a ser las iniciales parecían aumentarlo.

Landsberger concluyó que no eran las modificaciones en el entorno las responsables del aumento en la productividad, sino que el factor motivante parecía ser el hecho de que los trabajadores estuviesen siendo observados y, por tanto, recibiendo una atención extra.

TEORÍA DE LA INFLUENCIA MINORITARIA

Tradicionalmente, se asumía que las minorías siempre lo tenían complicado para convencer a la mayoría de que cambiase su forma de pensar. Sin embargo, ahora sabemos que las minorías pueden, en realidad, influir desproporcionadamente sobre la mayoría (mucho más de lo que su número podría predecir). Existen numerosos ejemplos a lo largo de la historia de cómo la influencia de la minoría puede provocar cambios generalizados (las sufragistas, la campaña por los derechos humanos o el movimiento por los derechos civiles en los Estados Unidos). Incluso un disidente solitario puede ser el catalizador del cambio (Rosa Parks, por ejemplo, la estadounidense que se negó a moverse de su asiento hacia la parte «negra» del autobús).

En 1969, el psicólogo de nacionalidad francesa (nacido en Rumanía) Serge Moscovici (1925-2014) desarrolló una teoría para explicar cómo un grupo minoritario influye mejor en la mayoría. En experimentos similares a los de Asch (que se analizan en la página 145), se les pidió a los participantes que dijesen de qué colores eran varias diapositivas. Aunque las diapositivas eran innegablemente azules o verdes, Moscovici hizo que una minoría de cómplices dijesen el color erró

ROSA PARKS se hizo famosa por negarse a moverse de su asiento en un autobús de Alabama en 1956, un acto de desafío que impulsó el levantamiento por los derechos civiles y la igualdad en los Estados Unidos.

HAZ ESTE EXPERIMENTO:
LA INFLUENCIA MINORITARIA

Puedes poner en marcha tu propia prueba de influencia minoritaria en casa o en el trabajo. Cuéntale a un grupo de amigos un chiste que tenga un final desconcertante (y, por lo tanto, sin gracia). Por ejemplo: «Un guardia de tráfico para a un coche y le dice: ¿Sabe usted a qué velocidad iba ahí atrás? El hombre responde: No, pero sé dónde estoy».

Haz que un secuaz se ría escandalosamente y después observa cuántos se le unen. Repítelo con otro grupo, pero esta vez con dos secuaces: ¿se une más gente a la carcajada, aunque esté claro que no haya entendido el chiste?

neo para ver si podrían influir en la mayoría.

Moscovici descubrió que si la minoría es consistente (se obstina en sus opiniones), comprometida (que aunque se arriesgue a sufrir efectos negativos como el ridículo por aferrarse a sus opiniones, no da su brazo a torcer) y persuasiva (es capaz de esgrimir bien sus argumentos), aumentarán sus opciones de influenciar a la mayoría. Las minorías que parecen estar actuando bajo fuertes principios o justificaciones morales también ejercen un mayor dominio sobre la mayoría. Esas minorías pueden ganarse a los miembros de la mayoría simulando tener tanto en común con ellos como sea posible (aparte del diferente punto de vista): nos dejamos influir más por la gente que parece ser como nosotros. Además, cuanto más grande sea la minoría, mayor será su influencia (hasta cierto punto).

Estas teorías de la influencia minoritaria podrían explicar cómo las organizaciones terroristas minoritarias son capaces de aumentar su influencia de la forma en que lo hacen: sus miembros están fuertemente comprometidos con su causa, que promueven como si fuese justa; utilizan técnicas de propaganda sofisticadas para que su mensaje sea persuasivo; parecen realizar grandes sacrificios personales por su causa; y a menudo apelan a denominadores comunes entre ellos y la mayoría (como la religión o actitudes hacia cierto grupo social). Y, por supuesto, a medida que esa minoría crece, aumenta su influjo, ya que los demás creen que tanta gente no puede estar equivocada.

POLARIZACIÓN DE GRUPO

Los psicólogos llevan tiempo fascinados por el impacto que los individuos tienen en el poder de decisión de un grupo. Hasta los años sesenta se solía pensar que una opinión grupal se correspondía básicamente a la media de las opiniones de cada miembro de ese grupo. Esa visión estaba influenciada por las investigaciones sobre el conformismo (véase página 145), que sugerían que era probable que los miembros de un grupo acabasen dando respuestas similares si se les pedía que predijesen las opiniones de los demás.

En 1961, James Stoner (todavía estudiante en ese momento) lo cambió todo. Creó un experimento en el que les pedía a los participantes que tomasen una decisión sobre cierto número de dilemas hipotéticos. En cada dilema había que elegir entre dos líneas de acción, una de las cuales (cuyo resultado era el más deseado) entrañaba un nivel de riesgo superior a la otra. Los participantes tenían que elegir el nivel de riesgo que podían llegar a asumir para tomar una determinada elección. A continuación, se formaban grupos y se les pedía llegar a una decisión unánime sobre cada uno de los dilemas que habían considerado individualmente. Stoner descubrió que las decisiones de grupo eran casi siempre más arriesgadas que la media de las tomadas por los miembros del grupo individualmente.

HAZ ESTE EXPERIMENTO:
POLARIZACIÓN DE GRUPO

Utiliza un dilema hipotético con unos amigos para comprobar la existencia de la polarización de grupo. Individualmente, decidid el nivel de riesgo (1 sería el más alto) que cada uno consideráis aceptable y después halla la media. A continuación, reuníos y llegad a un consenso de grupo. ¿Es más extremo que la media de las decisiones individuales? Repite el ejercicio individualmente: ¿las medias individuales han vuelto a los niveles de antes de la puesta en común?

EL DILEMA: Un ingeniero eléctrico puede elegir entre quedarse en su trabajo actual, en el que cobra un salario modesto pero aceptable, o empezar en otro donde cobrará bastante más dinero, pero que no le ofrece ninguna estabilidad a largo plazo. ¿Qué nivel de riesgo para cambiar de trabajo le aconsejarías al ingeniero que es aceptable asumir?

1. 1 probabilidad sobre 10 de que el nuevo trabajo le proporcione estabilidad.

2. 3 sobre 10

3. 5 sobre 10

4. 7 sobre 10

5 9 sobre 10

6. No le recomendaría esta alternativa, por muy alta que fuera la probabilidad.

En muchos estudios posteriores, resultó evidente que la llamada «tendencia al riesgo» era, en realidad, una «tendencia al extremismo» y que a veces los grupos también tomaban elecciones más cautelosas o conservadoras que los individuos. Por eso se empezó a considerar más un fenómeno de polarización. Si las decisiones previas a la puesta en común eran prudentes, las grupales eran más prudentes; si las decisiones previas de los individuos eran inicialmente arriesgadas, los grupos iban incluso más allá.

Además, se descubrió que esos cambios se interiorizaban, porque cuando los individuos volvían a enfrentarse solos a los dilemas, sus respuestas individuales tras las discusiones en grupo eran más extremas (en la dirección de las tomadas en grupo).

Existen dos teorías fascinantes que pueden explicar la polarización de grupo:

TEORÍA DE LA COMPARACIÓN SOCIAL: Cada dilema estaba asociado con ciertos valores sociales (como preocuparse por los demás, ser aventurero o ser generoso). El individuo que debía tomar una decisión sobre la línea de acción a seguir hubo de reflexionar sobre la importancia que ese valor social tenía para él. Está en la naturaleza humana pensar que nos encontramos más cerca de nuestro ideal social que los demás: nos gusta pensar que somos más generosos, más reflexivos, más aventureros, etc., que la mayoría de la gente. Sin embargo, en cuanto empezaba la discusión en grupo, algunos de los participantes en los experimentos de Stoner se daban cuenta de que había otras personas que parecían estar más arriba en la escala de valores sociales que ellos mismos (eran más generosos, más considerados, más aventureros). Como consecuencia de esta comparación social, el individuo iba más allá para presentarse a sí mismo bajo una luz todavía más deseable, socialmente hablando. Como resultado, la decisión grupal resultaba ser más extrema que la media de las posiciones individuales.

TEORÍA DE LOS ARGUMENTOS PERSUASIVOS: Propone que las razones principales por las que se produce la polarización del grupo son la disponibilidad de la información y los argumentos esgrimidos durante la puesta en común. Es improbable que en esa puesta en común haya el mismo número de argumentos a favor y en contra de una decisión: más bien lo normal es que exista un sesgo en una dirección. Cada individuo, por si solo, puede no tener acceso a todos los argumentos y puntos de vista, pero una vez empieza el debate, la información que desconoce sale a la luz. Cada persona aprende más cosas sobre los argumentos que apoyan la opinión dominante (y quizás uno o dos argumentos extra sobre la contraria). Esos argumentos adicionales son los que acaban por convencer a los miembros del grupo para que su opinión se extreme en esa dirección.

PENSAMIENTO DE GRUPO

La expresión «pensamiento de grupo», acuñada por el psicólogo social Irving Janis en 1972, describe las malas decisiones que se pueden llegar a tomar en grupo. Janis propuso su teoría tras analizar malas decisiones políticas en los Estados Unidos que tuvieron desastrosas consecuencias (véanse páginas 129 y 130). Este psicólogo quería saber por qué, si tantas mentes experimentadas e informadas habían participado en ellas, no se les había podido ocurrir nada mejor.

Aparentemente, el pensamiento de grupo se manifiesta sobre todo cuando los miembros de un grupo se sienten bajo presión para ajustarse a la opinión mayoritaria... aunque no estén realmente de acuerdo. En una situación de grupo, especialmente si este está muy unido o si existe un líder muy autoritario y poderoso que sugiere una opinión diferente, a la gente le cuesta defender lo que cree que es correcto y tiende a callarse, antes de arriesgarse a sentir el bochorno de enfrentarse a todos los demás. Las consecuencias de este silencio son las siguientes:

DELIRIOS DE INVULNERABILIDAD: Como nadie tiene la suficiente confianza en sí mismo como para presentar opiniones discrepantes, el grupo se halla bajo la ilusión de que la línea de acción fijada es la correcta y de que solo les puede conducir al éxito. Por eso los grupos tienen una mayor tendencia a asumir riesgos o a ignorar la posibilidad de que las cosas puedan ir mal.

RACIONALIZACIÓN: Los miembros desdeñan las señales de advertencia y racionalizan sus decisiones, sin reconsiderar sus ideas. Como piensan que todo el mundo está de acuerdo, creen que aceptar las conjeturas presentadas, sin más, es perfectamente racional, aunque las señales de alarma no dejen de sonar.

ESTEREOTIPACIÓN: Consiste en aplicar estereotipos negativos a las personas que no pertenecen al grupo inmediato. Si alguien externo (por ejemplo, un especialista o técnico) plantea su preocupación sobre si la línea de acción propuesta es segura (como sucedió en la mayoría de los procesos de toma de decisión que se describen a la derecha), probablemente los miembros del grupo rechacen esas opiniones basándose en que la persona discrepante no es un experto o tiene motivos ocultos.

AUTOCENSURA: Las personas con dudas esconden sus miedos o recelos.

«GUARDIANES DE LA MENTE»: Algunos miembros del grupo actúan como censores autodesignados para impedir la entrada de información u opiniones discrepantes que lleguen al grupo.

EJEMPLOS DE MALAS DECISIONES PROVOCADAS POR EL PENSAMIENTO DE GRUPO

- La decisión tomada por el presidente John F. Kennedy y sus asesores de iniciar la invasión de la Bahía de Cochinos de Cuba, en 1961.

- La decisión tomada por el presidente Lyndon B. Johnson y sus asesores, entre 1964 y 1967, de redoblar la guerra en Vietnam.

- La decisión tomada por el presidente Richard M. Nixon y sus asesores de encubrir el robo de Watergate, en 1972.

- La decisión tomada por la NASA, en 1986, de lanzar el transbordador espacial *Challenger* (que explotó tras el despegue, matando a los siete miembros de la tripulación; véase página 130).

- La decisión tomada por la NASA, en 2003, de lanzar el transbordador espacial *Columbia* (que explotó sobre Texas tras su reentrada en la atmósfera terrestre, matando a los siete miembros de la tripulación).

- El colapso de Swissair, una compañía aérea suiza, en 2001. Supuestamente, Swissair sufrió dos síntomas del pensamiento de grupo: creer que el grupo, al que le estaba yendo bien, era invulnerable, y confiar en su moralidad.

- También se cree que las compañías Marks & Spencer y British Airways, con sede en Gran Bretaña, fueron víctimas del pensamiento de grupo en los años noventa. Su síntoma principal fue la ilusión de invulnerabilidad, porque ambas compañías infravaloraron un posible fracaso dados sus años de rentabilidad y éxito. Durante los años 1998 y 1999, el precio de las acciones de Marks & Spencer cayó de 0,795p a menos de 0,358p, y el de British Airways de 0,884p a 0,358p.

EL PENSAMIENTO DE GRUPO Y EL DESASTRE DEL *CHALLENGER*

La causa directa de la explosión del *Challenger*, que mató a todos los que estaban a bordo, incluido un civil (y que se retransmitió en directo por televisión), fue técnica: juntas tóricas defectuosas. Pero muchos comentaristas insinuaron que el pensamiento de grupo había sido la razón real por la que se había permitido que el transbordador despegase, porque el problema de las juntas tóricas se conocía previamente. Más tarde se supo que los ingenieros de Morton Thiokol, el contratista responsable de construir los cohetes aceleradores sólidos, se habían opuesto con firmeza al lanzamiento del *Challenger*, pero que su advertencia había sido ignorada por los directivos. A los ingenieros les preocupaba que las temperaturas, anormalmente frías en esa mañana de enero de 1986, afectasen a las juntas tóricas y repetidas veces plantearon su preocupación. Pero la misión ya se había cancelado una vez debido al mal tiempo y, por lo que respectaba a la NASA, otra cancelación por meteorología adversa era algo impensable: la agencia se encontraba bajo una enorme presión para efectuar el lanzamiento y aumentar así el interés del público en el programa espacial, que estaba de capa caída.

Antes del despegue, los representantes de Thiokol recomendaron abortar el lanzamiento hasta que la temperatura llegase a los 12 °C, pero la previsión no mostraba que las temperaturas fuesen a alcanzar ese mínimo hasta varios días después. Se sometió a una enorme presión al ingeniero jefe para que diese su visto bueno al lanzamiento, a pesar de sus dudas; se le ordenó que «dejase de pensar como ingeniero y pensase como un director», insinuando que los objetivos de la organización debían tener prioridad sobre la seguridad. Otras personas que plantearon objeciones sobre el lanzamiento fueron amenazadas con ser expulsadas del grupo de toma de decisiones. A pesar de conocer el problema de las juntas tóricas, se consideraba más importante ceñirse al programa. Finalmente, el ingeniero, a regañadientes, otorgó su permiso para el lanzamiento.

ILUSIÓN DE UNANIMIDAD: Como nadie está preparado para mostrar su desacuerdo público con la opinión predominante, el grupo cree que todos están en el mismo barco y piensan igual.

PRESIÓN DIRECTA: Cualquiera que se atreva a discrepar es presionado; además, los que cuestionan al grupo a menudo se consideran desleales o traidores.

Es más probable que el pensamiento de grupo surja cuando existe una gran presión para tomar una decisión, cuando el grupo se encuentra en una situación de estrés, cuando hay un líder fuerte y poderoso y cuando el grupo está aislado del mundo exterior. Todas estas condiciones se cumplieron durante la fatídica decisión de lanzar el *Challenger,* como se analiza en la página 130.

HAZ ESTE EXPERIMENTO:
CONTROLA EL PENSAMIENTO DE GRUPO

La próxima vez que formes parte de un grupo que necesite tomar una decisión importante (ya sea en el trabajo u otro lugar), sigue estos pasos para no acabar atrapado por el pensamiento de grupo:

1. Nombra a un «abogado del diablo» cuyo trabajo sea buscar fallos en los argumentos o hipótesis que se presenten.

2. Si hay un líder (o tú eres el líder), debe mantener un perfil bajo para no influir en el procedimiento.

3. Fomenta la expresión de opiniones contrarias: pídele a la gente que busque lo que podría salir mal.

4. Trae especialistas externos (y escucha lo que tengan que decir).

5. Una vez tomada una decisión, mantén una reunión de «segunda oportunidad» un poco más adelante para tener la oportunidad de repensarlo todo y expresar las dudas que surjan.

TEORÍAS ACTITUDINALES

Los psicólogos llevan tiempo interesados en averiguar cómo se forman las actitudes de las personas, y en cómo pueden modificarse. Se considera que las actitudes constan de tres componentes:

EL COMPONENTE AFECTIVO: Los sentimientos/emociones.

EL COMPONENTE CONDUCTUAL: La manera en que nuestras actitudes influyen en nuestra manera de actuar o de comportarnos.

EL COMPONENTE COGNITIVO: Las convicciones/conocimientos.

Muchas veces una actitud puede predecir un comportamiento y por eso es tan importante entender cómo se forma y cómo puede cambiarse. Las industrias del *marketing* y de la publicidad están especialmente interesadas en este tema porque son las actitudes las que rigen el comportamiento del consumidor.

TEORÍAS QUE RELACIONAN LAS ACTITUDES CON LA CONDUCTA

Hay dos teorías que se consideran útiles para empezar a entender la relación entre actitud y conducta:

LA TEORÍA DE LA ACCIÓN RAZONADA: Esta teoría fue desarrollada por Martin Fishbein y Icek Ajzen, en 1975, para explicar cómo nuestra actitud puede predecir cierto comportamiento o cierta acción. La teoría sostiene que nuestras intenciones conductuales para comportarnos de una manera u otra están influidas por nuestra actitud hacia esa conducta (que puede ser positiva o negativa) y por «normas subjetivas», es decir, por lo que otra gente relevante (como la familia, los amigos y los colegas) puedan opinar sobre la conducta en cuestión. Por ejemplo, quizás Samir disfrute fumando, pero sabe que su familia lo desaprueba: ambos aspectos interactuarán e influirán en su decisión de fumar o no.

EL FENÓMENO DE LA DISONANCIA COGNITIVA

A veces, cuando nuestro comportamiento no se corresponde con nuestra actitud, podemos cambiar esa actitud para que sea consecuente con nuestro comportamiento. En 1957, el psicólogo estadounidense Leon Festinger identificó el fenómeno de la disonancia cognitiva, según el cual una persona experimenta malestar psicológico si defiende convicciones o actitudes que entran en conflicto con su conducta; para reducir esa tensión, pueden decidir cambiar sus actitudes.

Vamos a ver un ejemplo: imagina que acabas de comprar un teléfono nuevo. Justo al día siguiente, sale al mercado uno más moderno que parece mucho mejor, pero ya es demasiado tarde: ya tienes uno nuevo y te has pasado siglos introduciendo en él todos tus datos y configurándolo exactamente como a ti te gusta. Estás teniendo dos «cogniciones» contradictorias: una, que tienes un teléfono nuevo y te has pasado años configurándolo, y otra, que acabas de enterarte de que hay un teléfono mejor a la venta. Ese conflicto (disonancia cognitiva) resulta incómodo. Puedes solucionarlo bien devolviendo el que ya tienes y comprando el nuevo (que es demasiada molestia), o cambiando tus cogniciones sobre las características del nuevo modelo versus el que ya tienes. Para hacer esto último, buscas razones que te convenzan de que tu teléfono, después de todo, es mejor: el tamaño de la pantalla se adapta mejor a tus necesidades, la vida de la batería es más larga, el nuevo modelo es demasiado complicado... Es una manera de reducir el conflicto fusionando las dos cogniciones contradictorias. Por fin vuelves a ser feliz: sí, hay un nuevo modelo, pero no pasa nada porque te has autoconvencido de que tu teléfono es el que se adapta mejor a ti.

LA TEORÍA DEL COMPORTAMIENTO PLANIFICADO: Propuesta por Icek Ajzen en 1985, es una evolución de la teoría de la acción razonada a la que se ha añadido el «control conductual percibido» a la mezcla de factores que influyen en nuestra intención de actuar de alguna manera.

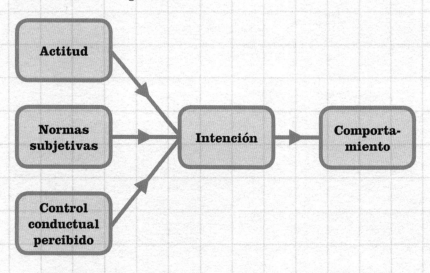

El control conductual percibido se refiere a la percepción que una persona tiene de su capacidad para manifestar una conducta cualquiera. Por ejemplo, imaginemos que Sadie quiere perder peso (intención) porque cree que tener sobrepeso no es saludable. Su intención puede verse influenciada por otras personas, pongamos por sus amigos: si todos se atiborrasen de pasteles de crema, Sadie lo tendría más difícil para resistir la tentación (normas subjetivas). Además, si Sadie creyese que seguramente no vaya a tener la fuerza de voluntad necesaria para seguir una dieta, quizás porque lo ha intentado sin éxito varias veces en el pasado (control conductual percibido), eso afectaría de forma negativa a su intención de comer de forma más sana. En conclusión, lo más probable sería que cediese a sus impulsos de comer grasas y dulces.

MODELO DE PERSUASIÓN DE LA PROBABILIDAD DE ELABORACIÓN

Por supuesto, las actitudes pueden modificarse. Eso es justamente lo que tratan de hacer los anuncios, el *marketing* y los mensajes de promoción de la salud. El modelo de persuasión de la probabilidad de elaboración (ELM, por sus siglas en inglés), desarrollado por Richard E. Petty y John Cacioppo a mediados de los años ochenta, describe cómo se forman y se cambian las actitudes. El modelo propone dos rutas principales de persuasión que pueden conducir a cambios en las actitudes o en las convicciones: la ruta central y la ruta periférica.

En la ruta central, la persuasión suele conseguirse tras un análisis, cuidadoso y reflexivo, de las ventajas que contiene la información del mensaje persuasivo. El cambio de actitud resultante será relativamente duradero y resistente. La ruta central se utiliza cuando la persona que recibe el mensaje está motivada y puede prestar atención y pensar sobre el mensaje y su contenido. Así, alguien que esté dispuesto a, por poner unos ejemplos, perder peso, dejar de fumar o probar una nueva marca de maquillaje, será muy receptivo a la ruta central de persuasión.

Muchas veces, cuando estamos intentando cambiar actitudes, las personas a las que tratamos de persuadir tienen poco o ningún interés en ser persuadidas o es más difícil que puedan prestar atención y procesar el mensaje. En este caso, necesitamos tomar la ruta periférica, que consiste en conseguir que los sujetos se centren en cómo les hace sentir el mensaje o el mensajero, en lugar de exigirles un procesamiento profundo (una reflexión sobre el mensaje que se esconde detrás de las palabras). Factores como la credibilidad, el atractivo de la fuente del mensaje o sus características pueden influirnos más que la calidad real de los argumentos (que es lo que sucede en la ruta central). Por eso, los anuncios a menudo muestran a famosos o a científicos vestidos de bata blanca. En otras palabras, en este caso nos influye más que el orador nos caiga bien, que los argumentos que pueda esgrimir. Los cambios conseguidos por la ruta periférica suelen ser temporales.

Es más ventajoso, por lo tanto, llegar a la gente por la ruta central si queremos lograr cambios duraderos en su actitud. Muchas campañas de salud intentan hacer justamente eso. Una de las mejores maneras para motivar a una persona a que tome la ruta central es tratar de que el mensaje sea personalmente relevante para ella, por ejemplo utilizando un orador que le resulte similar (en cuanto a edad, género, aspecto): por eso los anuncios de mantequilla o leche muestran a amas de casa «normales». El miedo también puede resultar efectivo para que la gente preste atención. Por esa razón muchas campañas sanitarias se acompañan de imágenes o conceptos gráficos. Sin embargo, si el miedo es demasiado grande, puede provocar una respuesta de lucha o huida (véase abajo).

LUCHA O HUIDA

La respuesta de lucha o huida, descrita por primera vez por el fisiólogo estadounidense Walter Cannon en 1915, es un fenómeno psicológico que ocurre como reacción ante un factor estresante agudo: cuando nos enfrentamos a una repentina fuente de estrés, nuestro cuerpo la activa para que podamos soportarlo.

La respuesta de lucha o huida proporciona una energía extra a las zonas del cuerpo más importantes, especialmente a las extremidades (para permitirnos correr y escapar o permanecer en el sitio y luchar). Por eso, cuando nos encontramos sometidos a un fuerte estrés, a veces somos capaces de realizar hazañas sobrehumanas como levantar un coche bajo el que está atrapado un niño. Con la intención de facilitar el transporte de esa energía extra por nuestro cuerpo (en forma de glucosa en sangre), se liberan hormonas, como la adrenalina, que hacen que nuestros corazones bombeen más rápido la sangre para que llegue antes a su destino. Nuestra respiración también se acelera y se hace más superficial para que el oxígeno entre rápidamente en los pulmones. Por eso, después de un susto, nos sentimos débiles y sin aliento, con el corazón acelerado.

El problema de la respuesta de lucha o huida es que está diseñada para actuar ante factores estresantes ocasionales y de corta duración. Hoy en día, sufrimos a menudo un estrés de larga duración, es decir, entramos en modo lucha o huida con frecuencia y durante largos períodos de tiempo. Eso puede ocasionar efectos adversos sobre la salud, como elevada presión sanguínea o problemas estomacales (porque la sangre se desvía de las funciones no esenciales cuando estamos estresados). Para más información sobre el mecanismo de lucha o huida, véase página 191.

TEST:
¿QUÉ RUTA DEBERÍAS SEGUIR PARA PERSUADIR A ALGUIEN?

Imagínate que quieres persuadir a alguien para que haga algo, por ejemplo para comprar un producto en particular, ver una determinada película o comer en cierto restaurante. ¿Deberías utilizar la ruta central o la periférica? ¡Este test te ayudará a averiguarlo!

¿Están interesados en el tema (por ejemplo, están pidiendo ayuda para elegir una película o un producto) o estás tratando de «vender en frío» (no están buscando información sobre lo que tú tratas de venderles: por ejemplo, no tienen en mente visitar ningún restaurante pronto)?

ESTÁN INTERESADOS

¿Te están prestando atención?

SÍ

¿Tienes tiempo para argumentar tu caso?

SÍ

¿Creen que tu mensaje es relevante para ellos? (Es más probable que sea así si están interesados en el tema: no tiene sentido tratar de persuadirlos para que elijan entre una camiseta deportiva u otra si odian el deporte).

SÍ

Elige la ruta central: expón argumentos lógicos y presenta todos los hechos y la información.

VENTA EN FRÍO

¿Están distraídos?

SÍ

¿Tienes que exponer tu caso muy rápidamente?

SÍ

¿Tu mensaje les es personalmente relevante? (Por ejemplo, ¿les estás hablando de un restaurante que no les queda muy lejos de donde viven?).

NO

Elige la ruta periférica. No los molestes con argumentos; menciona solo aspectos superficiales como a alguien famoso que ha promocionado el producto.

PARTE 3

EXPERIMENTOS PSICOLÓGICOS QUE HAN CAMBIADO EL MUNDO

COMO YA SE ANALIZÓ EN LA PÁGINA 39, EL MÉTODO UTILIZADO PARA PROGRESAR EN EL CONOCIMIENTO PSICOLÓGICO SUELE SER LA EXPERIMENTACIÓN. ALGUNAS DE LAS TEORÍAS SOBRE COMPORTAMIENTO HUMANO MÁS INFLUYENTES SE DESARROLLARON A PARTIR DE INGENIOSOS EXPERIMENTOS, MUCHOS DE LOS CUALES NO PODRÍAN REALIZARSE HOY EN DÍA POR RAZONES ÉTICAS (VÉASE PÁGINA 183). EN ESTA SECCIÓN SE EXAMINAN ALGUNOS DE LOS MÁS FAMOSOS.

LOS EXPERIMENTOS

EL EXPERIMENTO DE LA CÁRCEL DE STANFORD

El 14 de agosto de 1971, el profesor de psicología Philip Zimbardo dio inicio a un experimento que hoy en día sigue siendo crucial tanto en la docencia como en la investigación y el debate psicológicos. El experimento se llevó a cabo en la universidad de Stanford, en California, y fue diseñado para averiguar qué sucedería si se les diese poder a unas personas sobre otras: ¿abusarían de ese poder? ¿Un individuo normal y corriente se volvería brutal y sádico? ¿Hasta dónde sería capaz de llegar? ¿Se podría utilizar eso para explicar los abusos en cárceles? Zimbardo también estaba interesado en los cambios que sufre una persona cuando se enfrenta con la autoridad: ¿se vuelve obediente o se rebela? Uno de los objetivos centrales del estudio era arrojar luz sobre cuánto influyen en la conducta los rasgos de personalidad innatos y el ambiente en que se sitúa a una persona.

Todo el experimento se configuró para simular una situación carcelaria en un sótano del edificio de psicología de la universidad de Stanford. Zimbardo y su equipo se esmeraron para que las condiciones fuesen lo más realistas posible. Se seleccionaron a veinticuatro estudiantes varones como los más estables psicológicamente, y se les asignaron roles de prisioneros o guardias al azar. Les dijeron que la duración sería de un máximo de dos semanas. Cobraron 15 dólares al día.

Desde el principio, Zimbardo diseñó el experimento para inducir desorientación, despersonalización y desindividualización (pérdida de la sensación de individualidad y responsabilidad personal) en los «prisioneros». A los guardias no se les permitía hacerles daño físico a los reos, pero sí podían controlarlos, arrebatarles su privacidad, dejar que se aburriesen y se frustrasen, retirarles su individualidad (por ejemplo, refiriéndose a ellos solo por números) y eliminar todo su poder o control sobre la situación. Se les equipó con porras, gafas de espejo (para evitar el contacto visual) y otros artículos de uniforme.

Para que la situación fuese lo más real posible, se reclutó al departamento de policía local para realizar los «arrestos» de los prisioneros en sus domicilios y «acusarlos» de robo a mano armada. Después los sometieron a todo el proceso

de fichado: les tomaron las huellas, les sacaron fotografías... A continuación, comenzó el proceso de desindividualización como tal: cuando los prisioneros llegaron a la cárcel, se les desnudó por completo, se les despiojó, se les retiraron todos sus objetos personales y se les dieron uniformes carcelarios idénticos e incómodos.

Casi inmediatamente, los guardias se metieron en sus papeles y comenzaron a tratar a los prisioneros con desdén, menospreciándolos y obligándolos a obedecer reglas y órdenes mezquinas. También les mandaban hacer tareas aburridas e inútiles. En resumen, los deshumanizaron. Al final, algunos de los castigos aplicados fueron casi brutales, como hacer que los prisioneros utilizasen cubos como letrinas (que no les permitían vaciar), forzarlos a permanecer desnudos, a que durmiesen sobre suelos de cemento y encerrarlos en armarios oscuros. ¿Y qué hay de los prisioneros? Ellos también se adaptaron a sus nuevos roles de prisioneros con rapidez y con comportamientos acordes: mostraban gran interés por las reglas de la cárcel, se chivaban de otros compañeros (para conseguir la aprobación de los guardias, por-

EN EL EXPERIMENTO DE LA CÁRCEL DE STANFORD, *se utilizó atrezo para que el plató «carcelario» fuese lo más realista posible.*

LOS PRISIONEROS Y LOS GUARDIAS *pronto asumieron los papeles que se les asignó en el experimento.*

que dependían mucho de ellos) y se volvieron más y más sumisos ante sus poderosos guardias.

El experimento se suspendió a los seis días porque Christina Maslach, una reciente doctorada de Stanford (que más tarde se convirtió en una eminente psicóloga por méritos propios, además de casarse con Zimbardo), visitó el «plató» y se quedó horrorizada por lo que vio.

Sin embargo, el estudio logró demostrar que hasta las personas decentes se someten con facilidad a los roles sociales que se espera que asuman, especialmente si existen fuertes estereotipos que rigen la conducta espera-

da. Como ninguno de los «guardias» había mostrado previamente ningún rasgo sádico, el experimento pareció indicar que la clave de su conducta brutal estaba en el ambiente, más que en la personalidad. ¿Y si este experimento explicase los actos de los terroristas contra las Torres Gemelas de Nueva York o los de los torturadores estadounidenses en la prisión de Abu Ghraib en Irak?

Los psicólogos británicos Alex Haslam y Steve Reicher reprodujeron este famoso estudio parcialmente en 2002 para la BBC (y lo llamaron *The Experiment*). El experimento de la cárcel de la BBC se incluye dentro de la formación básica de algunos planes de estudio de psicología avanzada británicos.

EL EXPERIMENTO DE MILGRAM

Sin abandonar el tema de la obediencia a la autoridad, ¿qué harías si te conminasen a administrarle una descarga eléctrica a otra persona? ¿Te negarías? ¿Y si la persona que te lo está ordenando fuese un eminente psicólogo de bata blanca... y te insistiese en que debes hacerlo? La mayoría de nosotros probablemente pensemos que no obedeceríamos. De hecho, es difícil que en la sociedad actual, donde se recalca menos la importancia de la obediencia ciega (quizás como resultado de experimentos como el descrito en esta sección), lo hiciésemos. Pero en 1961 las cosas eran diferentes... y tras los estudios de descargas de Milgram, probablemente nunca volverán a ser iguales de nuevo.

El objetivo del experimento, llevado a cabo por el psicólogo estadounidense Stanley Milgram (1933-1984), era investigar la obediencia ante la autoridad. Las series de pruebas en las que consistía se diseñaron para estudiar la disposición de la gente a acatar las órdenes de una figura de autoridad que les instaba a infligirles dolor a otros. Milgram presentó su trabajo en 1963, en un artículo publicado en el *Journal of Abnormal and Social Psychology* («Revista de Psicopatología y Psicología Social»). Su libro, editado en 1974 y titulado *Obediencia a la au-*

toridad: un punto de vista experimental, amplió los datos sobre los experimentos y sus hallazgos.

Cuando empezaron los experimentos, en el verano de 1961, hacía tres meses que había empezado el juicio contra el nazi alemán Adolf Eichmann en Jerusalén. Milgram, nacido en EE.UU. (cuyos padres eran judíos inmigrantes y que era consciente de que si no hubiesen emigrado de Praga él podría haber sido una de las víctimas de Hitler), quería saber si Eichmann y sus cómplices solo habían cumplido órdenes, como a menudo defendían. Creó su experimento para ver si una persona corriente podría ser capaz de causarle dolor a otra si así se lo exigía una figura de autoridad.

En el estudio había un «maestro» y un «alumno». El maestro era el sujeto experimental en cuyo comportamiento estaba Milgram interesado, mientras que el alumno era un cómplice que fingía sentir dolor ante las supuestas descargas eléctricas que se le ordenaba administrar al maestro.

Al maestro se le dio una lista de pares de palabras para la tarea y se le pidió que le leyese en voz alta al alumno la primera palabra de cada par y cuatro posibles respuestas. El alumno tenía que presionar un botón para indicar cuál de las cuatro opciones elegía. Si daba una respuesta incorrecta, el maestro debía administrarle una «descarga». El voltaje iba aumentando de 15 en 15 voltios por cada respuesta incorrecta. Si el alumno contestaba bien, el maestro leía la siguiente palabra de la lista. Los maestros creían que estaban administrando dolorosas descargas reales aunque, en realidad, no hubo ninguna descarga en el experimento de Milgram.

Tras algunos supuestos aumentos de voltaje en las descargas aplicadas, el alumno empezaba a golpear la pared de la cabina, pero al maestro se le ordenaba que continuase con el estudio. Tras pegarle varias veces a las paredes, el alumno pasaba a quejarse de sus problemas cardíacos. Al cabo de un rato, se callaba.

En ese punto, muchos de los maestros mostraron claros signos de alarma y quisieron comprobar el estado del alumno. Algunos quisieron interrumpir el experimento, cuestionándose su propósito. Sin embargo, la mayoría continuó después de que el investigador de bata blanca les asegurase que no se les iba a responsabilizar de nada... y muchos siguieron, simplemente, porque se les ordenaba hacerlo.

Previamente, antes de realizar el experimento, Milgram les había pedido a estudiantes de psicología de la universidad de Yale, a psiquiatras y a sus colegas que predijeran el comportamiento de los maestros. Descubrió que la mayoría pensaba que muy pocos sujetos estarían preparados para infligir el voltaje máximo.

Sin embargo, el 65 % de los sujetos administraron la colosal descarga final de (supuestamente) 450 voltios, aunque muchos se mostrasen abiertamente descontentos al hacerlo. El estudio demostró lo difícil que es desobedecer las órdenes recibidas por parte de la autoridad, aun cuando parezca que, al hacerlo, se le está infligiendo dolor a otra persona.

La investigación de Milgram ha generado incontables estudios relacionados entre los psicólogos e incluso ha entrado en el reino de la cultura pop: ha inspirado canciones como la de Peter Gabriel, «We Do What We're Told (Milgram's 37)», y la de Dar Williams, «Buzzer»; un juego de la televisión francesa, «Le jeu de la mort» («El juego de la muerte»); episodios en las series de televisión *Ley y orden* y *Bones*; una película para televisión con William Shatner; y la película biográfica *The Experimenter*, con Peter Sarsgaard en el papel de Stanley Milgram.

ESTUDIOS SOBRE LA CONFORMIDAD DE ASCH

Imagínate que te apuntas a un experimento psicológico en la universidad de tu ciudad. Después de saludar a los demás participantes, esperas instrucciones. Os enseñan dos tarjetas: en una hay una simple línea recta vertical, y en la otra, tres líneas rectas verticales de diferentes longitudes etiquetadas como A, B y C. Tu tarea consiste en indicar cuál de las tres líneas de la segunda tarjeta es igual de larga que la de la primera… ¡fácil!

Empieza el estudio y cada participante va diciendo la letra de la línea que, según él, es igual. Tú eres el último. Siempre hay una línea que es claramente de la misma longitud, por lo que la tarea parece sencilla. De repente, la cosa empieza a ponerse rara. En el tercer conjunto de tarjetas, para ti la línea C tiene exactamente la misma longitud que la línea que debes emparejar, pero los otros participantes dicen A. Te sientes desconcertado: te parece imposible que los demás no vean que la C es la respuesta correcta. ¿Qué haces? ¿Obras de acuerdo con lo que ves y dices C… o sigues la opinión de los demás y dices A?

Esto fue exactamente lo que sucedió en los famosos experimentos sobre la conformidad de Solomon Asch en 1951, que cambiaron la manera en que entendemos la conformidad y las presiones de grupo. Asch basó su experimento en

SOLOMON ASCH *se hizo famoso por sus estudios sobre la conformidad y la presión de grupo (y, en particular, sobre lo que era necesario para que un individuo se mantuviera firme ante una mayoría opositora).*

el estudio sobre conformidad de Muzafer Sherif (1906-1988), que utilizaba el efecto autocinético en lugar de líneas (véase página 147). Sherif descubrió que el cálculo estimado del movimiento de un punto de luz puede verse influenciado por la opinión de la mayoría. Asch quiso replicar su experimento usando criterios menos subjetivos.

Asch (1907-1996) estaba interesado en el grado en que la presión social de un grupo mayoritario puede influenciar a una persona hasta que llega al punto de conformarse.

La intención de Asch era averiguar cuánta gente se conformaría ante una respuesta claramente errónea. Para ello, se hicieron grupos formados por un participante y siete cómplices de Asch preparados para dar la misma respuesta errónea de cada vez. En doce pruebas, en las que tomaron parte cincuenta personas, cerca del 75 % se conformó (dio la respuesta claramente incorrecta) al menos una vez, mientras que el otro 25 % de los participantes nunca se conformó. Después, a aquellos que se habían conformado con la opinión (obviamente incorrecta) de la mayoría se les preguntó por qué habían ignorado las pruebas que tenían ante sus ojos: la mayoría explicó que tenían miedo de hacer el ridículo ante los demás y querían encajar (lo que se conoció como «influencia normativa»). En algunos casos, sentían que los demás

¿QUÉ LÍNEA ES IGUAL DE LARGA QUE LA LÍNEA OSCURA?

A   B   C

debían saber algo que ellos desconocían («influencia informacional»). Se descubrió así que ambas influencias afectaban a la probabilidad de conformarse.

Asch llevó a cabo variaciones de su estudio original para descubrir otros factores que podrían influir en el grado en que la gente se conformaba con la opinión mayoritaria. Por ejemplo, halló que si una sola persona más en el grupo daba la respuesta correcta, la conformidad sufría una caída brutal: tener un aliado es, sin duda, una gran protección ante las presiones de grupo de una mayoría. También averiguó que si hacía las líneas más similares a la línea original para que la tarea fuese más difícil, la conformidad aumentaba. Eso indica que, cuando nos sentimos inseguros, nos dejamos guiar por la opinión de otros.

HAZ ESTE EXPERIMENTO: EL EFECTO AUTOCINÉTICO

En una habitación a oscuras, cada mínimo movimiento ocular hace que un puntito de luz parezca moverse. La explicación es que a los ojos les falta un marco de referencia estable: esto se conoce como el efecto autocinético. Para comprobarlo por ti mismo, haz un agujerito en un cartón y ve a un cuarto que esté completamente a oscuras. Coloca una linterna contra el cartón para que la luz pase a través del agujero y se refleje en una pared. Mira hacia la pared: notarás que el puntito de luz parece moverse.

EL CASO DEL PEQUEÑO ALBERT

John B. Watson (a quien conocimos en la página 16 en relación con el conductismo) publicó el experimento del pequeño Albert en 1920. El objetivo de este estudio, que sirvió para entender mejor el condicionamiento clásico (véase página 97), era condicionar una respuesta de miedo en un niño asociando algo que naturalmente le causaba angustia (ruidos fuertes) con un estímulo anteriormente neutral. Con esto se pretendía demostrar que los miedos y las fobias podían ser aprendidos.

Para el experimento, realizado en el hospital de la universidad Johns Hopkins donde trabajaba Watson, se reclutó a un bebé de nueve meses llamado Albert y considerado psicológicamente sano. Watson observó que al niño le gustaba jugar con ciertos objetos como un conejo blanco, una rata, un perro, un mono, caretas y algodón y que no mostraba miedo alguno ante ellos. Colocó al bebé en el suelo y le permitió jugar alegremente con una rata blanca. Cada vez que tocaba a la rata, Watson y sus colegas golpeaban una barra metálica con un martillo sin que Albert los viese. Naturalmente, eso le causaba una reacción de miedo extremo al bebé, que lo exteriorizaba mediante lloros y espanto.

Al cabo de un tiempo, Watson descubrió que bastaba con mostrarle la rata blanca al pequeño Albert, sin el ruido, para que reaccionara con miedo. El bebé había asociado a la rata blanca (en origen un estímulo neutral, ahora uno condicionado) con el ruido fuerte (un estímulo incondicionado), y verla le producía la respuesta de miedo o emocional de llorar (originalmente, una respuesta incondicionada a la rata, ahora una condicionada). Se utilizó el mismo tipo de condicionamiento clásico que Pavlov había usado en sus experimentos con perros (véase página 97).

El pequeño Albert acabó por generalizar este miedo a otros objetos peludos. Por eso cuando Watson introdujo en el cuarto a un conejo que no era blanco, unos días más tarde, Albert

JOHN B. WATSON *consiguió condicionar el nuevo miedo a las ratas en el pequeño Albert hasta extenderlo a otros objetos peludos, como conejos e incluso una barba de Papá Noel.*

también se mostró angustiado. Presentó reacciones similares cuando se le enseñó un perro peludo, un abrigo de piel de foca e incluso cuando Watson se le plantó delante con una careta de Papá Noel con una barba de algodón.

Watson utilizó sus hallazgos para explicar sus teorías de aprendizaje, pero al pequeño Albert nunca se le desensibilizó de su miedo. No se sabe lo que le sucedió al niño después de que su madre (que, aparentemente, no había dado su consentimiento al experimento) lo sacó del hospital, aunque últimamente ha habido muchos intentos por identificarlo. En 2009, los psicólogos Hall P. Beck y Sharman Levinson publicaron un artículo en el que afirmaban haber descubierto la verdadera identidad de «Albert B.», asegurando que era el pseudónimo de Douglas Merritte, hijo de Arvilla Merritte, en su día una mujer que parecía haber sido nodriza en la Harriet Lane Home del campus universitario. Lamentablemente, Douglas murió a los seis años de hidrocefalia adquirida.

Más adelante, otros investigadores refutaron la afirmación de que Douglas fuese Albert y sugirieron que William Barger (conocido como Albert), que murió en 2007 a los 87 años de edad, había sido el verdadero pequeño Albert. Barger parecía cumplir muchos de los criterios que se desprendían de los informes de Watson... y toda su vida había tenido miedo a los perros.

EL CASO DEL PEQUEÑO HANS

Igual que el caso del pequeño Albert, el del pequeño Hans gira en torno a una fobia, solo que esta vez no se trata de una fobia inducida como parte de un experimento. De hecho, lo que dio lugar a este caso fue el intento de Sigmund Freud, el padre del psicoanálisis (que conocimos en la página 31), de poner remedio a la aparente fobia a los caballos del pequeño Hans.

En 1909, Freud publicó un resumen de su tratamiento al pequeño Hans en «Análisis de la fobia de un niño de cinco años», en el que desarrollaba su teoría del complejo de Edipo (véase página 152), que utilizó para explicar la ansiedad ante los caballos del pequeño.

En realidad, Freud nunca mantuvo ninguna sesión de terapia con Hans, sino que trabajó por correspondencia con su padre, que era amigo suyo. El hombre, buen conocedor de las teorías de Freud, le había escrito porque consideraba que Hans podría ser de interés para él. Se piensa que contactó con el psicólogo por primera vez cuando el niño tenía tres años de edad y, según las cartas, había desarrollado un interés activo en su «pilila» (pene) y en la de otra gente. A raíz de eso, su madre lo había amenazado con llamar al médico para que se la cortase si seguía tocándosela.

Cuando el niño tenía cinco años, su padre le escribió a Freud diciendo que Hans tenía miedo de que un caballo le mordiese. Su casa estaba en una calle concurrida y había vivido varios episodios aterradores de accidentes con caballos. Debido a esa fobia, Hans se volvió reacio a salir fuera. Parecía temer particularmente a los caballos blancos con zonas oscuras alrededor de la boca y que llevasen puestas anteojeras, imagen que Freud concluyó que representaba a su padre (que tenía bigote negro y usaba gafas). La interpretación de Freud era que Hans tenía miedo de que el caballo (que representaba a su padre) le mordiese (simbolismo de la castración) para castigarle por sus sentimientos sexuales hacia su madre. La fobia de Hans a los caballos empezó a desvanecerse al mismo tiempo en que apare-

cieron dos fantasías: en la primera, Hans tenía varios hijos imaginarios y afirmaba que la madre de esos niños era su propia madre y que el abuelo era su padre; en la segunda, Hans se imaginaba que un fontanero, de alguna manera, le había cambiado el culo y el pene por unos de mayor tamaño. Freud consideró que había superado

LOS MIEDOS DEL PEQUEÑO HANS *comenzaron con una fobia a los caballos.*

su complejo de Edipo cuando Hans, en sus fantasías, tenía un pene grande como el de su padre y estaba casado con su madre; su padre solo existía en esas fantasías en su papel de abuelo.

EL COMPLEJO DE EDIPO

El pequeño Hans es un famoso caso práctico que ilustra el complejo de Edipo. Sigmund Freud acuñó la expresión para referirse al deseo sexual que tanto niños como niñas sienten hacia el progenitor del sexo opuesto. Freud creía que había cinco fases «psicosexuales» del desarrollo y que el complejo de Edipo aparecía en la tercera, alrededor de los 3-6 años.

Esas cinco fases son las siguientes:

1. LA FASE ORAL: Desde el nacimiento hasta, aproximadamente, los 15 meses, cuando la gratificación se obtiene a través de la boca (comer, llorar, etc.).

2. LA FASE ANAL: De los 15 meses a los 3 años, cuando el foco de la gratificación cambia de la boca al ano y el niño experimenta placer y control al defecar.

3. LA FASE FÁLICA: De los 3 a los 6 años, cuando los niños empiezan a interesarse cada vez más en sus propios genitales y muestran curiosidad por los cuerpos de los demás.

4. LA FASE DE LATENCIA: De los 6 años a la pubertad, cuando se reprimen los impulsos.

5. LA FASE GENITAL: Desde la pubertad.

En la teoría psicoanalítica freudiana clásica, la identificación de un niño con su progenitor del mismo sexo significa la superación del complejo de Edipo. Se considera una experiencia psicológica clave y necesaria para el desarrollo de un rol e identidad sexuales maduros. Además, Freud planteó que niños y niñas experimentan los complejos de forma diferente: los niños en forma de miedo a la castración y las niñas, en forma de envidia del pene.

Freud utilizó el caso del pequeño Hans para demostrar que el miedo del niño hacia los caballos estaba relacionado con su complejo de Edipo. Según él, durante la fase fálica, un niño desarrolla fuertes sentimientos sexuales hacia su madre y ve a su padre como a un rival. Puede incluso que llegue a querer, inconscientemente, deshacerse de él. Sin embargo, como el padre es mucho más grande y fuerte que el pequeño, el niño empieza a tener miedo de que lo castre para eliminar a la competencia (el padre de Hans, más adelante, le aseguró a su hijo que eso no iba a pasar y eso pareció tranquilizarle).

Freud creía que Hans era un niño normal que estaba experimentando un desarrollo estándar. De hecho, cuando Hans tenía 19 años, conoció a Freud y este lo consideró psicológicamente sano. Pero siempre será conocido como el involuntario protagonista del primer caso registrado de psicoanálisis con niños para demostrar las teorías de Freud.

EDIPO *fue un rey de la mitología griega que, al matar a su padre y casarse con su madre, prestó su nombre a esta condición psicológica: el complejo de Edipo.*

EL PEQUEÑO HANS CRECIÓ Y SE CONVIRTIÓ EN HERBERT GRAF, UN EXITOSO PRODUCTOR DE ÓPERA DE LA ÓPERA METROPOLITANA DE NUEVA YORK, DE SALZBURGO Y DE LA ROYAL OPERA HOUSE DE LONDRES. MURIÓ EN 1973.

LOS EXPERIMENTOS CON MONOS DE HARLOW

En la página 112 analizamos las teorías del apego, que explican cómo los niños desarrollan fuertes vínculos emocionales con sus cuidadores. Como se explicó entonces, John Bowlby y Mary Ainsworth fueron dos de los teóricos más destacados en ese campo. Pero tenemos que hablar de otro psicólogo cuyos controvertidos estudios supusieron una gran aportación para entender lo que sucede cuando no se produce ese apego. Los famosos experimentos con monos de Harry Harlow se diseñaron con el objetivo de averiguar qué pasaría si a unos bebés monos (lo más cercano a bebés humanos, que no se podían utilizar como sujetos por razones obvias) se les privaba del cariño de una madre.

Harry Harlow (1905-1981) fue un psicólogo estadounidense que realizó casi todas sus investigaciones en la universidad de Wisconsin-Madison. En 1932 estableció una colonia reproductora de macacos Rhesus para estudiar los procesos cognitivos. Durante sus experimentos, en los que se separaba a las crías de sus madres, Harlow se dio cuenta de que aunque él y sus colaboradores enseguida aprendieron a ocuparse de las necesidades físicas de sus bebés monos, los criados en guardería presentaban claras diferencias en comparación con los que habían sido criados por sus madres: eran solitarios, no interactuaban con otros monos, parecían tener deficiencias sociales (como mostrar demasiado miedo o agresividad) y nunca soltaban sus pañales de tela. Así fue como Harlow decidió examinar el vínculo materno-filial. Quería saber si el apego que un bebé sentía por su madre se debía principalmente al alimento que ella le proporcionaba o si la alimentación no era tan importante como el consuelo y el amor que le podía ofrecer.

Harlow fabricó madres sustitutas inanimadas para los macacos Rhesus utilizando alambre y madera. Descubrió que cada bebé creaba un vínculo con la que se le asignaba y que, aparentemente, reconocía su cara y prefería a su «madre» entre las demás. A continuación, Harlow decidió investigar si los bebés monos preferían a las madres de alambre sin forrar o a las madres con funda de felpa, y si cambiaba algo el hecho de que esas sustitutas fuesen fuente de alimento o no. Para ese experimento, colocó a los bebés junto con dos madres, una de alambre y otra de felpa, en dos situa-

LOS BEBÉS MONO se pasaban la mayor parte del tiempo acurrucados en el regazo de las «madres» de felpa y solo las abandonaban para buscar alimento o explorar brevemente su entorno.

ciones particulares. En la primera, la madre de alambre tenía sujeto un biberón de leche, mientras que la de felpa no. En la otra, era la madre de felpa la que tenía el biberón.

Sobrecogedoramente, los bebés mono prefirieron pasar el tiempo acurrucados en la madre de felpa, incluso cuando solo la madre de alambre podía nutrirles. En esa situación, los monos iban junto a ella únicamente para alimentarse y volvían rápidamente a la madre de felpa. Se pasaban unas diecisiete horas al día en la madre de felpa y solo una, en total, en la de alambre. Harlow concluyó que en la relación madre-bebé había mucho más en juego que la simple alimentación y que tanto las crías de monos como las de los seres humanos necesitan también un «contacto cercano» o «táctil» para desarrollarse correctamente.

Posteriores experimentos demostraron que los bebés utilizaban a la madre de felpa como base desde la que explorar y que cuando se asustaban por un ruido fuerte o un objeto extraño (para cuyo propósito Harlow creó una amenazadora criatura mecanizada, a la que se refería como el «objeto diabólico», que se movía, aleteaba y era muy ruidoso) corrían de vuelta a ella. En otras palabras, se vincularon con la calidez y el consuelo ofrecido por la madre de felpa, en lugar de con la comida que les proporcionaba una madre fría y dura de alambre.

En un experimento, Harlow situó a los monos que habían sido destetados de las madres de alambre en un entorno nuevo (y, por tanto, aterra-

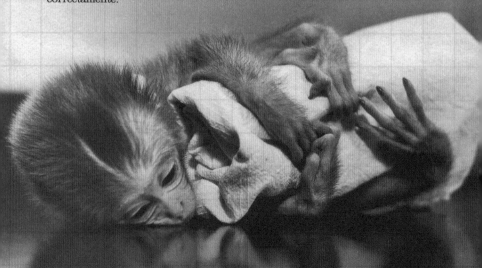

LOS BEBÉS MONO *solo iban junto a la madre de alambre para alimentarse y preferían buscar consuelo en la de felpa.*

dor). Si la madre de felpa también estaba allí, corrían para buscar su consuelo, pero si solo estaba la madre de alambre, buscaban un pañal de tela. De nuevo, esto demuestra la importancia del consuelo ofrecido por una presencia suave y táctil, frente a la de una mera proveedora de alimento.

Los bebés criados solo con la madre de alambre no se desarrollaron con normalidad: no crecieron tanto, no sabían interactuar con otros, parecían muy nerviosos y, de adultos, fueron incapaces de aparearse con facilidad. Las hembras que sí se aparearon fueron unas madres desastrosas.

Los experimentos de Harlow (publicados en 1958, en un artículo titulado «La naturaleza del amor») resultaron polémicos. Para realizarlos, había criado a bebés monos en cámaras de aislamiento (incluso hasta los veinticuatro meses de edad) de las que salían gravemente perturbados. Algunos atribuyen el auge del movimiento por la liberación animal en los Estados Unidos a la reacción pública generada tras su divulgación.

Los estudios de Harlow también cambiaron la manera de entender la crianza de los más pequeños. Anteriormente, se solía pensar que los pequeños necesitaban, en esencia, cuidados físicos, y que los cuidados emocionales excesivos los «malcriaba». El papel de la madre era, simplemente, el de proveedora de alimento, no consuelo. Además, Harlow se adelantó a su tiempo al postular que las necesidades emocionales de un niño podían ser también cubiertas por su padre, no solo por su madre. Los experimentos de Harlow cambiaron la manera de atender a los niños en guarderías, orfanatos y hospitales: el cariño y el consuelo físico de un cuidador se convirtió en algo tan vital como el alimento.

Otro ejemplo de los cambios que se pueden asociar con los estudios de Harlow es el desarrollo del método «madre canguro». Este método permite que los bebés prematuros, que pasan gran parte de sus primeros días de vida conectados a máquinas en sus cunas, tengan tanto contacto piel con piel con sus madres como sea posible.

EL EXPERIMENTO DEL MUÑECO BOBO

En los años sesenta, cuando las televisiones se convirtieron en un elemento básico de los hogares, muchos comentaristas sociales empezaron a preocuparse por las influencias que se colaban en nuestras casas (una preocupación que no parece haber disminuido mucho desde entonces). Una serie de estudios que tuvo enorme influencia, conocidos como el experimento del muñeco Bobo, se marcó como objetivo abordar la cuestión de si los niños aprendían a ser agresivos al ver a otras personas comportándose así: ¿podían los programas de televisión violentos y agresivos volverlos más belicosos?

Los estudios fueron llevados a cabo por Albert Bandura, al que conocimos en la página 32 (donde lo citamos como el cuarto psicólogo más influyente del siglo xx) y en la página 101, en relación con su teoría del aprendizaje social. Bandura opinaba que la mayor parte del comportamiento era aprendido, más que estar causado por factores genéticos. Quiso demostrar que la agresividad podía ser adquirida y no solo estar provocada por factores de personalidad innatos. El muñeco Bobo, que da nombre al experimento, era un hinchable de aproximadamente 1,5 metros de altura, que estaba diseñado para regresar a una posición vertical cuando se le empujaba.

Bandura y sus colegas seleccionaron a niños de entre tres y seis años para participar en el experimento. Trataron de que no tuviesen aparentes rasgos agresivos, basándose en la opinión de sus profesores. Formaron tres grupos: un grupo de control, uno «agresivo» y uno «no agresivo». A cada niño se le llevó individualmente a una habitación que contenía una serie de juguetes y un muñeco Bobo. En el grupo de control, simplemente se les dejó jugar. En el grupo agresivo, mientras el niño jugaba, un adulto interactuaba con el muñeco Bobo en una esquina, atacándolo con un martillo. Finalmente, en el grupo no agresivo, el adulto también estaba presente, pero jugaba tranquilamente con los juguetes.

Después se sometía al niño a una manipulación diseñada para inducir sentimientos de agresividad: se le mostraba unos juguetes maravillosos, pero se le decía que esos juguetes estaban reservados para otros niños, así que no podía jugar con ellos. A continuación, se le llevaba a otra habitación que contenía varios juguetes, el muñeco Bobo y un martillo, y se le observaba. Como era de esperar, el niño que había visto al adulto atacando al muñeco, también se comportaba con agresividad.

Este experimento demostró que es probable que si un niño pequeño ve a un adulto comportarse con agresividad, copie su conducta, quizás porque el adulto la normaliza. Los estudios también cuestionaron la opinión, ge-

neralmente aceptada en esa época, de que las recompensas y los castigos fuesen la principal contribución al aprendizaje. Se cree que Bandura consiguió probar la relación que podría existir entre la violencia mostrada en la pantalla y el desarrollo de comportamientos violentos en la vida adulta. Sin embargo, los experimentos con el muñeco Bobo recibieron numerosas críticas que pusieron en duda las conclusiones extraídas.

LOS NIÑOS *que observaron a los adultos agrediendo al muñeco Bobo estaban más predispuestos a emular su conducta y mostrar ellos también un comportamiento violento.*

Estas fueron algunas de las críticas:

- Como el muñeco se volvía a enderezar, los niños podrían haber entendido que pegarle era un juego y no un acto violento.

- Pegarle a un muñeco es algo muy diferente a pegarle a una persona real y una cosa puede no incitar a la otra.

- El escenario del estudio era un laboratorio y, por lo tanto, no podía extrapolarse a la vida real. Además, los niños que participaron en el estudio eran todos de la misma guardería, es decir, procedían de un entorno similar, lo que podría reducir la validez del experimento en términos de su generalización.

EL EXPERIMENTO DEL MUÑECO BOBO *también podría sugerir la existencia de una relación entre los videojuegos violentos y la violencia.*

- No se realizaron estudios de seguimiento, así que no se sabe si los niños «agresivos» siguieron siéndolo en otras esferas de sus vidas o durante más tiempo que los «no agresivos» (esto, por supuesto, tiene sus implicaciones éticas; véase página 183).

Por estos motivos, las preguntas que Bandura trató de responder siguen siendo objeto de un debate generalizado, y la influencia que los videojuegos violentos podrían ejercer en el desarrollo de los niños, por ejemplo, sigue sin poder cuantificarse.

EL EXPERIMENTO
DE LOS OJOS AZULES-OJOS MARRONES

Una tarde de abril de 1968, la profesora estadounidense Jane Elliott encendió su televisor y vio, conmocionada, la noticia del asesinato de Martin Luther King, el hombre que había liderado el movimiento por los derechos humanos en los Estados Unidos desde mediados de los cincuenta y que había sido decisivo para terminar con la segregación racial de los ciudadanos afroamericanos en el sur y en otras zonas de los Estados Unidos. Su asesinato generó amplios debates sobre el racismo. Como profesora que era, a Jane Elliott se le ocurrió tratar el tema en su clase.

Al día siguiente, montó un debate sobre Martin Luther King y el racismo. Sin embargo, notó que el mensaje no estaba llegándoles a sus alumnos, que no alcanzaban a comprenderlo: la mayoría de los estudiantes de Elliott,

EL ASESINATO DE MARTIN LUTHER KING *hizo que la profesora Jane Elliott concibiese su famoso experimento de ojos azules-ojos marrones.*

de ocho años de edad, eran, como ella, blancos y llevaban en Riceville, una pequeña ciudad de Iowa donde había poca gente negra, toda su vida. Pensó que no bastaba con tener un debate en clase sobre el racismo para que la clase entendiese, de verdad, lo fácil que se podía extender esa lacra y los efectos que podía llegar a tener.

Elliott ideó entonces un fascinante experimento para enseñarles a los niños lo que era el racismo y lo sencillo que era convertirse en racista. Como todos los niños eran blancos, no podía utilizar el color de piel para crear las dos «razas», así que eligió el color de ojos. La profesora declaró que los niños de ojos azules eran superiores a los de ojos marrones y le explicó a la clase que, desde ese momento, los de ojos azules tendrían privilegios extra como más raciones de comida, acceso al nuevo material del parque infantil y más tiempo de recreo. A los niños de ojos azules también se les pidió que se sentaran en la parte delantera del aula, y a los de ojos marrones, al fondo. Los de ojos azules solo podían interactuar o jugar con otros niños de ojos azules y se les animó a ignorar a sus compañeros de ojos marrones. Elliott prohibió incluso que los niños de ojos azules bebiesen de la misma fuente que los de ojos marrones.

A la profesora le interesaba ver la reacción de los niños ante el sistema injusto que les estaba imponiendo ba-sándose en algo tan aleatorio como el color de ojos. Al principio, los niños no quisieron aceptar que los de ojos azules fuesen, de ningún modo, superiores a los de ojos marrones. Para resolver ese problema, a Elliott se le ocurrió una explicación plausible que justificase las diferencias: les mintió a los niños diciéndoles que la melanina causante de los ojos azules estaba también unida a una inteligencia superior. Hizo que los niños de ojos marrones llevasen unos pañuelos especiales al cuello para señalar su estatus inferior.

Los niños no tardaron mucho tiempo en asumir sus nuevos papeles, bien como «superior» o como «inferior», y enseguida adoptaron conductas discriminatorias. Pronto aquellos que habían sido etiquetados como más inteligentes actuaron con aires de superioridad: se volvieron arrogantes, mandones y se portaron bastante mal con sus compañeros de clase «inferiores». Obtuvieron mejores resultados en los exámenes y hasta consiguieron realizar tareas matemáticas y de lectura que antes habían parecido estar fuera de su alcance. Algunos hasta empezaron a usar la expresión «ojos marrones» de forma peyorativa, para insultar a sus compañeros «inferiores». Son famosas las palabras de Elliott explicando que sus jóvenes discípulos cariñosos, cooperativos y amables se habían convertido en desagradables y discriminadores intolerantes en unos quince minutos.

Sus compañeros «inferiores» también sufrieron una transformación: se convirtieron en niños tímidos y sumisos que sacaban peores notas en los exámenes y que también en el recreo estaban solo con los suyos. Hasta los niños que antes eran populares y «dominantes» en la jerarquía del aula, parecieron aceptar su estatus inferior durante el experimento e incluso su rendimiento académico sufrió.

Al difundirse la noticia del estudio, Elliott empezó a aparecer en programas de televisión y a repetir el ejercicio durante jornadas profesionales de formación para adultos para llamar la atención sobre los prejuicios (y se convirtió, así, en una de las primeras en inventar el concepto de forma-

ción en diversidad). En 1971, la cadena televisiva American Broadcasting Company (ABC) emitió un documental sobre Elliott llamado *El ojo de la tormenta*, lo que la hizo más famosa en el país. Posteriormente, William Peters escribió dos libros sobre ella y el ejercicio que había llevado a cabo: *Una clase divida* y *Una clase dividida: el antes y el después.*

En 1985, los escolares que habían aparecido en *El ojo de la tormenta* (por el que Elliott recibió el codiciado Hillman Prize, que se concede a aquellos que promueven la justicia social) se reunieron para realizar un documental del programa Frontline de la cadena PBS titulado *Una clase dividida.* En 2009 se emitió en Gran Bretaña una edición televisada del ejercicio titulada *The Event: How Racist Are You?* («El caso: ¿eres racista?»).

EL EXPERIMENTO DE LOS DULCES

Este es uno de los experimentos de psicología clásica que puedes hacer en casa si tienes niños (menores de cinco años) y una bolsa de nubes de golosina. Sencillamente, enséñale a tu hijo una nube bonita, blandita, rosa o blanca y dile que puede escoger entre comérsela inmediatamente o esperar media hora y comerse dos. ¿Qué elegirán: la gratificación instantánea o la aplazada?

Esta fue la base de los experimentos de los dulces que realizó el psicólogo Walter Mischel en la universidad de Stanford a finales de los años sesenta y principios de los setenta. Aunque sencillos, tuvieron mucha trascendencia porque se dice que la respuesta de un niño de cuatro años a la prueba puede predecir cómo se comportará en el futuro.

En el experimento original, Mischel sentó a niños de preescolar a solas en una habitación vacía y les ofreció elegir entre comerse una nube (o una galleta Oreo o un lazo salado, según sus gustos) inmediatamente, o esperar hasta que volviese y comerse dos, como recompensa por su paciencia. Al niño se le dejaba solo con la nube durante quince minutos. Mischel quería poner a prueba su autocontrol y observar su comportamiento ante el conflicto creado entre la gratificación inmediata y la aplazada. Comprobó que muchos niños luchaban fuertemente contra la tentación para obtener la recompensa doble: apartaban las sillas para no ver la nube, cantaban canciones, se tapaban los ojos y utilizaban otras técnicas de distanciamiento o distracción. Otros, directamente y sin más, se comían la nube. De los 600 niños que participaron en el estudio, solo doscientos resistieron la tentación hasta que volvió el investigador.

Fue realmente impresionante comprobar, en el seguimiento que hizo Mischel en los cincuenta años posteriores al experimento de los dulces, que, en general, el grupo de niños de gratificación aplazada (que tuvieron el autocontrol necesario para esperar a recibir el premio de las dos nubes) tuvieron un IMC (índice de masa corporal, indicador de la obesidad) inferior, una tasa inferior de adicciones (por ejemplo, al tabaco), una tasa de divorcio inferior y mejores resultados en el SAT (test de inteligencia) a lo largo de sus vidas. Sufrieron menos estrés, lograron sobreponerse mejor a la frustración y supieron conseguir sus objetivos.

Los experimentos de Walter Mischel han tenido una gran influencia. Hay camisetas a la venta con la frase «¡No te comas las nubes!» y libros como *La fábula del marshmallow*. La serie de televisión *Barrio Sésamo* emitió unos episodios donde el Monstruo de las Galletas aprendía a aplazar la gratificación para poder unirse al Club de Expertos en Galletas. Incluso algunas sociedades de inversión han utilizado el experimento de los dulces para promover sus planes de jubilación.

AL MONSTRUO DE LAS GALLETAS DE BARRIO SÉSAMO *se le obligó a disfrutar del olor y la textura de una galleta antes de engullirla. Ese acto, que le requirió un gran autocontrol, le otorgó una gratificación mucho mayor (pero aplazada) porque formaba parte de su rito de iniciación para pertenecer al Club de Expertos en Galletas.*

SI TU HIJO «SUSPENDE» LA PRUEBA DE LOS DULCES

Que no cunda el pánico si tu hijo engulle la nube inmediatamente: ¡su vida no está condenada al fracaso! Algunos afirman que la prueba tiene ciertos aspectos defectuosos, como que los niños no saben cuánto tiempo tienen que esperar a que vuelva el investigador y que, aunque lo supieran, es difícil que un niño de cuatro años pueda calcular cuánto tiempo es 15 minutos. Quizás su decisión de aprovechar lo que tienen seguro en ese momento, en lugar de esperar por un premio mayor en un futuro, sea más inteligente.

Hay estudios que han demostrado también que los niños que han sufrido trastornos o situaciones de imprevisibilidad en sus vidas tienden a comer la primera nube, algo perfectamente racional, desde luego, porque solo pueden estar seguros de que esa la tienen. En ese caso, su fuerza de voluntad no jugaría ningún papel.

Otro punto a tener en cuenta es si tu hijo tiene fácil acceso a las golosinas. Un niño que sabe que pronto le van a dar una magdalena o una galleta de chocolate puede no encontrarle sentido a esperar por una golosina extra. Quizás algunos niños hayan aprendido, también, que las promesas no siempre se cumplen o que alguien te puede acabar quitando los dulces (por ejemplo, hermanos o niños mayores), así que deciden coger lo que puedan mientras tengan la oportunidad. Ninguna de esas decisiones tendría nada que ver ni con el autocontrol, ni con la fuerza de voluntad; de hecho, es probable que, en esos casos, el niño estuviese tomando la elección más racional.

EL EXPERIMENTO DE ROBBERS CAVE

En 1954, veintidós niños de once años de edad asistieron a un campamento de verano en el parque estatal de Robbers Cave (Oklahoma). Ninguno de ellos sabía que estaba a punto de participar en lo que acabó por convertirse en uno de los experimentos más famosos sobre conflictos y prejuicios entre grupos. El investigador fue el psicólogo social turco-estadounidense Muzafer Sherif (1906-1988).

Antes del viaje, los niños, que procedían de entornos similares pero no se conocían entre sí, fueron divididos en dos grupos. Durante las tres semanas que duró el campamento, coincidieron con investigadores que fingie-

ron ser monitores. Cuando todos los niños llegaron a Robbers Cave, se mantuvo a los dos grupos completamente separados entre sí. De hecho, ninguno conocía la existencia del otro. Se fomentó la creación de vínculos entre los miembros de cada grupo mediante actividades en que debían conseguir objetivos comunes y deportes como la escalada y la natación. Cada uno desarrolló su propia cultura, sus amistades y sus normas en la primera semana. Algunos niños se erigieron

EL EXPERIMENTO DE ROBBERS CAVE *se realizó en un campamento de verano real para niños de once años en Oklahoma en 1954.*

en líderes y se forjó una fuerte identidad propia. Asimismo, escogieron nombres para sus grupos: Las Águilas y Las Serpientes de Cascabel.

En ese momento, Sherif permitió que los grupos descubriesen la existencia del otro y empezó a fomentar las fricciones y la competencia entre ellos. Se organizaron actividades competitivas (como béisbol y el juego de la cuerda) con un trofeo para el equipo ganador. Los miembros de ese equipo también recibían recompensas individuales como medallas y una navaja... pero no había premios de consolación para los «perdedores». Sherif, además, elaboró situaciones en las que un grupo disfrutaba de beneficios a costa del otro: por citar un ejemplo, un día en que salieron de picnic, hizo llegar tarde a un grupo que, cuando por fin apareció, descubrió que el otro ya se había comido su comida.

Los niños se esforzaron mucho para mejorar sus aptitudes y demostrar que su grupo era el superior. Se volvieron territoriales con lo que ellos consideraban sus zonas, como los lugares donde solían nadar o donde habían construido guaridas, y hacían comentarios como «más les vale no venir por aquí». Intentaron colocar sus banderas en lugares estratégicos para señalar su territorio y empezaron a hacer comentarios despectivos sobre el otro equipo. Enseguida hubo una división clara entre «nosotros» y «ellos».

A medida que avanzaba la competición, las actitudes negativas hacia el otro grupo se volvieron más extremas: se quemaron banderas, se saquearon cabañas, se volcaron camas y se robaron pertenencias. Los niños mostraron actitudes muy negativas hacia los miembros del equipo contrario... y muy favorables hacia los miembros del suyo propio. Los grupos se negaron a comer bajo el mismo techo y se volvieron tan agresivos físicamente entre sí que el personal del campamento se vio forzado a intervenir.

El experimento de Robbers Cave demostró la facilidad con que niños bien adaptados, de clase media y bien educados podían desarrollar prejuicios y conflictos intergrupales. La investigación se entendió como una analogía de los conflictos que se dan por todo el mundo y demostró que la com-

LA INTENSA RIVALIDAD *del experimento de Robbers Cave podría arrojar luz sobre otras rivalidades entre grupos (como entre equipos de fútbol)... y sobre cómo esa rivalidad puede degenerar en agresión.*

petitividad puede ir *in crescendo* hasta convertirse en agresividad. El experimento podría incluso arrojar luz sobre el origen de las tensiones raciales y explicar por qué, en tiempos de crisis en los que puede faltar el trabajo, por ejemplo, y se crea la consecuente competencia por el empleo, esas tensiones a menudo aumentan.

A Sherif también le interesaba saber si había algún método para apaciguar el conflicto que había creado en Robbers Cave. Primero lo intentó organizando actividades con los dos grupos juntos, como ver películas, pero de poco sirvió. Entonces decidió adoptar un enfoque distinto: les proporcionó a los niños problemas que resolver. Por ejemplo, saboteó el suministro de agua y animó a los chicos a que buscaran una manera de arre-

glarlo. Ese planteamiento tuvo mucho más éxito: los niños acabaron colaborando para solucionar el problema. Sherif creó varios «problemas» similares más y los grupos se fueron uniendo para lograr los objetivos comunes, empezaron a reunirse para comer de nuevo y hasta decidieron volver a casa en el mismo autobús cuando se acabó el campamento.

Sherif afirmó que el experimento había demostrado que se podían reducir los conflictos entre grupos creando la necesidad de cooperación para conseguir objetivos comunes. Desde la publicación de sus conclusiones, su investigación ha tenido gran repercusión.

EL EXPERIMENTO DE LA ADRENALINA

En la página 102 conocimos a los teóricos Stanley Schachter y Jerome E.
Singer y estudiamos su teoría de la
emoción de los dos factores. Schachter
y Singer pusieron a prueba esa teoría
con el llamado experimento de la adrenalina, o de la Suproxina, que acabó
por ser una presencia obligatoria en
los libros de psicología.

Imagínate, de nuevo, que has
aceptado participar en un experimento psicológico en la universidad
de tu ciudad, pero que esta vez te pi-
den tu consentimiento para recibir
una inyección (por parte de un médico) de una vitamina llamada Suproxina. Los investigadores te explican
que quieren comprobar cuáles son
los efectos de esa vitamina sobre la
visión. Aceptas.

Después de recibir la inyección, te
llevan a una sala de espera mientras
la vitamina penetra en tu torrente
sanguíneo. Durante ese tiempo, entra
otro participante que, tras cierto tiempo, empieza a enfadarse por la espera.
¿Crees que tú también te enfadarías?

Pues eso dependerá de lo que te hayan dicho sobre los efectos secundarios
de la inyección de «vitamina» (que, en
el estudio original, no era ninguna vitamina).

En el experimento de Schachter y
Singer de 1962, lo que sucedió exactamente fue lo siguiente: la «vitamina»,
en realidad, era una inyección de
adrenalina. Como mucha gente sabe,
la adrenalina provoca ciertos efectos
como elevada presión arterial, aumento del ritmo cardíaco, sudoración en

LOS PARTICIPANTES PENSABAN *que todavía estaban esperando a que empezase el experimento, sin darse cuenta de que lo que sucedía en la sala de espera era el experimento en sí.*

las palmas y respiración superficial. Esta hormona, producida naturalmente por nuestro organismo como parte de la respuesta de lucha o huida (véase página 136), está diseñada para acelerar el envío de sangre rica en oxígeno a todo el cuerpo ante una amenaza, para que podamos permanecer y luchar o huir.

Los investigadores les dieron diferente información a los participantes sobre los efectos de la inyección:

GRUPO INFORMADO: Si hubieses estado en este grupo, te habrían dicho los efectos exactos que podrías experimentar tras la inyección de «vitamina».

GRUPO IGNORANTE: Como miembro de este grupo, no te habrían dicho nada sobre ningún efecto secundario de la inyección.

GRUPO MAL INFORMADO: En este caso, te habrían advertido de los efectos secundarios, pero dándote información errónea sobre ellos. Por ejemplo, te podrían haber dicho que la inyección te produciría picores o dolor de cabeza.

El objetivo del experimento no era, por supuesto, estudiar la visión. El propósito real era ver lo que sucede si se nos inducen, subrepticiamente, cambios fisiológicos que podríamos confundir con una emoción fuerte: ¿consideraríamos que esos cambios son una respuesta emocional si no tenemos otra explicación a mano? Y, por otro lado, si en verdad tuviésemos una posible justificación para lo que está sintiendo nuestro cuerpo, ¿habría alguna razón para no considerarlo una respuesta emocional?

Los resultados demostraron que cuando los participantes compartían sala con el cómplice enfadado, los del grupo informado tendían a no enfadarse. Los de los grupos ignorante y mal informado, sin embargo, eran más propensos a enojarse ligeramente.

La conclusión de los hallazgos (que se reprodujeron utilizando también un compinche «feliz») es que si tenemos una explicación a mano que justifique cualquier tipo de excitación (en este caso, para el grupo informado, sería la inyección), no atribuiremos esa excitación a una emoción. Ante la ausencia de una explicación, buscaremos a nuestro alrededor algo a lo que imputar nuestras sensaciones físicas. Si vemos que alguien se enfada por algo que también nosotros estamos experimentando (como una larga espera), deduciremos que debemos estar sintiendo enojo también.

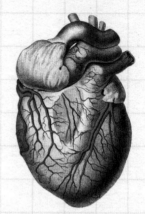

LA ADRENALINA *aumenta el ritmo cardíaco para enviar más sangre rica en oxígeno a todo el cuerpo.*

Confundirnos y pensar que el origen de nuestra excitación es una emoción, en lugar de algo diferente, se llama atribución errónea de la excitación (véase a la derecha). También puede funcionar en el sentido contrario, cuando ignoramos una experiencia emocional porque pensamos que existe una explicación física para las sensaciones que estamos experimentando. Esto pasa a menudo con las personas que sufren de ataques de pánico (véase página 201): creen que los síntomas físicos que están experimentando están causados por alguna catástrofe que se está desarrollando en su cuerpo (por ejemplo, un ataque al corazón) y no son capaces de encontrar una explicación alternativa y correcta: que están producidos por la ansiedad.

ATRIBUCIÓN ERRÓNEA DE LA EXCITACIÓN

Casi todos experimentaremos alguna vez estos síntomas: corazón acelerado, palpitaciones, boca seca, palmas sudorosas y sensación de ahogo. Dependiendo de las circunstancias, asociaremos esas sensaciones a diferentes causas.

Por ejemplo, si hemos tenido que echar una carrera para coger el autobús, las atribuiremos al esfuerzo de correr. Si acabamos de evitar, por los pelos, que nos atropellase un coche, supondremos que esas sensaciones son debidas a la conmoción.

Esto demuestra que buscamos cualquier explicación que tengamos a mano para justificar nuestras sensaciones físicas.

ESTUDIO SOBRE EL *PRIMING* SOCIAL

Comparado con muchos de los demás experimentos analizados en esta sección, el estudio sobre el *priming* social es bastante moderno. En 1996, John Bargh y sus colegas de la universidad de Nueva York quisieron comprobar si tras exponer a personas mayores a palabras asociadas con el envejecimiento, caminarían con mayor lentitud, de un modo más «anciano». En el estudio se les pedía a los participantes que localizaran la palabra que sobraba en una lista de palabras desordenadas que, recolocadas, formaban una frase. Lo que los participantes no sabían era que esa palabra extra estaba relacionada con el concepto de «ser mayor».

Con disimulo, los investigadores observaron a los participantes alejarse del laboratorio y compararon su velocidad con la de un grupo de control que no había sido expuesto a las «vetustas» palabras. Los investigadores que realizaron las mediciones no sabían qué

LENTO, DÉBIL, FRÁGIL, MAYOR

participantes habían sido «influidos» y cuáles no. Aquellos expuestos a las palabras relacionadas con la «tercera edad» caminaban más despacio. Además, parecía que esto sucedía sin que fuesen conscientes de ello, ya que negaron haberse fijado en el vínculo entre las palabras y la velocidad de su paso.

Este es un ejemplo de «*priming* social», es decir, de la manera en que el entorno o el contexto (por ejemplo, lo que leemos, vemos o sentimos) puede poner en marcha un comportamiento, en ese mismo momento o más adelante. El estudio de Bargh demostró que si hacemos que la gente piense sobre el envejecimiento (activando así el «constructo de la personalidad», o estereotipo, de que los ancianos caminan más despacio), las personas mayores se sienten más viejas y actúan en consecuencia. Es más, ese *priming* sucede sin percepción consciente.

Debe señalarse que los estudios de Bargh provocaron una gran conmoción en el ámbito psicológico porque, cuando algunos psicólogos trataron de reproducir sus hallazgos, no tuvieron éxito. Eso ha generado constantes debates sobre el *priming* social en los que muchos argumentan que sus efectos se han exagerado.

HAZ ESTE EXPERIMENTO:
EXPERIMENTA CON EL *PRIMING* SOCIAL

Haz tu propio experimento de *priming* social para conseguir que alguien, inconscientemente, se sienta más o menos generoso. Invítale a que lea un texto que hable sobre la generosidad o cuéntale un acto de filantropía que hayas realizado recientemente. Después pídele que te preste dinero o que realice una donación a una organización benéfica. Repite el estudio con otros amigos diferentes, pero esta vez dales algo neutro para leer o cuéntales una historia neutral. De nuevo, pídeles que donen dinero a una organización benéfica o que te lo presten a ti. Es probable que aquellos a los que has "primado" para inspirarles generosidad sean más desprendidos.

De hecho, hasta puedes influir en las personas para conseguir que se muestren más generosas simplemente diciéndoles que, efectivamente, lo son. Inténtalo pidiendo donaciones para una causa benéfica de dos maneras: en la primera, dile al sujeto que se lo estás pidiendo a él porque sabes lo generoso que es; en la otra, no le digas nada. ¿Quién te dará más?

«PERDIDO EN EL CENTRO COMERCIAL»: EXPERIMENTO SOBRE LOS FALSOS RECUERDOS

La psicóloga cognitiva estadounidense Elizabeth Loftus (nacida en 1944) ha realizado trabajos pioneros sobre los recuerdos falsos. Este experimento de 1995 es uno de los más conocidos. Loftus y sus colegas les pidieron a veinticuatro participantes que leyesen cierto número de historias en las que se describían acontecimientos de su infancia, supuestamente veraces, que les habían contado miembros de sus familias y cuyos datos se habían enviado por adelantado.

A los participantes se les pidió que tratasen de rememorar esas historias con la mayor precisión posible para un estudio que trataba sobre los recuerdos de la niñez, según les dijeron.

Lo que no sabían ellos era que solo tres de las historias habían sido proporcionadas por los miembros de sus familias: la cuarta era un relato inventado en el que el participante, teóricamente, se había perdido en un centro comercial a los cinco años. Según el texto, los niños habían estado perdidos durante bastante tiempo y, por fin, habían sido encontrados por una persona mayor. Después de la aventura, habían regresado sanos y salvos con su familia. Para que la historia pareciese lo más genuina posible, se le incorporaron detalles reales sobre la vida del participante, como lugares y el nombre del centro comercial al que probablemente acudían de niños.

Después de la lectura, se les pidió a los sujetos que evocaran todo lo que pudieran de esos sucesos. El estudio demostró que el 25 % afirmaba que podía acordarse del recuerdo falso como si de verdad hubiese sucedido, aunque sus recuerdos eran más débiles que en el caso de los sucesos reales y utilizaban menos palabras para describirlo.

Cuando el experimento finalizó, se les confesó a los participantes que una de las cuatro historias no era real y se les pidió que identificasen cuál era. Un quinto de ellos no acertó.

Loftus utilizó este experimento para probar la existencia de los falsos recuerdos y explicar cómo se pueden generar (en concreto, incorporándolos a sucesos que sí hayan ocurrido de verdad). Con el paso del tiempo, cada vez nos resultará más difícil distinguir entre los detalles reales y los falsos. Este estudio demuestra lo sugestionables y poco fiables que pueden llegar a ser los recuerdos. Los resultados del experimento podrían te-

ner graves repercusiones en un gran número de ámbitos, como en el de las declaraciones de testigos presenciales de crímenes y en los recuerdos de abusos sexuales infantiles.

Para más información sobre recuerdos falsos, véase página 92.

¿RECUERDAS HABER VISTO A BUGS BUNNY EN DISNEYLANDIA?

Una de las críticas al experimento de Loftus fue que existía la posibilidad de que los participantes se hubiesen perdido de verdad en un centro comercial de pequeños: no es algo tan extraño. ¿Y si hubiesen estado recordando, en parte, un suceso real? Loftus rebatió ese argumento con un estudio posterior en el que les preguntó a los sujetos si le habían dado la mano a Bugs Bunny en Disneylandia de pequeños (algo imposible porque el personaje es una creación de Warner Bros y, por lo tanto, no podía estar en un parque de la competencia). Aun así, el 16 % de los participantes aseguró recordar haberle dado la mano a Bugs Bunny en Disneylandia.

HAZ ESTE EXPERIMENTO:
COMPRUEBA SI ERES PROCLIVE A CREAR RECUERDOS FALSOS

Para averiguar lo proclive que eres a aceptar como reales recuerdos falsos, memoriza tantas palabras como puedas de esta lista (date 15 segundos). Después cúbrela y responde a las preguntas que verás a continuación.

DESCANSAR   CAMA   SIESTA

PAZ   SOMNOLIENTO   MANTA

DORMITAR   CANSADO   DESPIERTO

CABEZADA   BOSTEZAR   SOPOR

RONCAR   DESPERTAR   SUEÑO

¡Tapa la lista!

Observa esta otra lista de palabras y marca las que, según tú, coincidan con la lista anterior.

DESCANSAR   **CASA**   **SILLA**

CAMA   **DORMIR**   **CORTINAS**

LECHE   **ALFOMBRA**   **BOSTEZAR**

Ahora lee esto:

¿Marcaste «dormir»? ¿Y «cortinas»? Si lo hiciste, has cometido un error: no estaban. Tu mente habrá asociado todas las palabras anteriores con el hecho de dormir y por eso has «recordado» ver alguna que, en realidad, no aparecía («dormir» es la palabra que más gente suele «recordar» de la lista). Este test es parte de lo que se conoce como el paradigma Deese-Roediger-McDermott (DMR), que sirve para evaluar los recuerdos falsos.

EL EFECTO HALO

Se trata de un fenómeno psicológico mediante el cual nuestras opiniones sobre una marca, producto o individuo se ven afectadas por la impresión general que tengamos sobre él o ella, como si hubiese un halo que las rodease. Esa impresión general invalida la valoración de sus características específicas. El efecto halo puede servir para explicar por qué un amigo íntimo puede hacer algo que consideramos divertido, mientras que si alguien que no conocemos hiciese lo mismo, quizás lo interpretaríamos como algo grosero u ofensivo.

La expresión «efecto halo» fue acuñada por el psicólogo Edward Thorndike (véase página 35) en su artículo de 1920 titulado «El error constante en la valoración psicológica». El efecto se demostró empíricamente en un experimento clásico realizado por los psicólogos Richard Nisbett y Timothy Wilson en 1977.

Nisbett y Wilson les pidieron a estudiantes universitarios que calificasen a un profesor grabado en vídeo dando una clase. Se crearon dos situaciones manipuladas en las que variaba la cordialidad y accesibilidad del docente. En el primer caso, el profesor era simpático, abierto y respondía a las preguntas del público eficaz y alegremente. En el segundo, era frío, distante, parecía estar poco interesado en responder a las dudas de los alumnos y lo hacía de forma seca. A los participantes se les pidió que puntuaran una serie de cualidades del profesor (por ejemplo, sus gestos) y después se les preguntó si les había caído bien. La respuesta a esa última pregunta afectó sobremanera a la calificación de las características individuales (si les había gustado, pensaban que eran mejores que en caso contrario, aunque solo se juzgaban cualidades permanentes).

La descripción del efecto halo ha tenido enormes repercusiones en *marketing* y publicidad. Por ejemplo, basta con asociar a un famoso muy popular con una marca de vaqueros para crear un efecto halo mediante el cual percibimos que los vaqueros comparten las cualidades del famoso. El efecto halo también podría explicar por qué es menos probable que los miembros de un jurado condenen a un acusado atractivo, por qué los profesores suelen pensar que los alumnos que se comportan mejor son más inteligentes y por qué creemos que los colegas de trabajo apasionados y sociables producen un trabajo de mejor calidad que los menos amistosos (pero más efectivos).

CUIDADO CON LOS CUERNOS

El efecto halo también puede producir el efecto contrario. Después de conseguir que un personaje famoso anuncie un producto y del consiguiente aumento de ventas de la compañía, todo puede venirse abajo si el famoso en cuestión recibe mala prensa por consumo de drogas, violencia u otro comportamiento antisocial. De repente, gracias al «efecto cuernos», todo lo que relacionamos con esa celebridad se considera negativo: justo lo opuesto al efecto halo. Por ejemplo, la supermodelo Kate Moss, que fue la «cara» de varias marcas famosas, sufrió la cancelación de contratos como modelo en 2005 cuando se publicó una foto de ella, supuestamente, consumiendo cocaína: este es el efecto cuernos en acción. (Moss se recuperó de este incidente en su carrera y, al parecer, tiene ahora más éxito que nunca).

BURBERRY
9 EAST 57TH STREET NEW YORK

HAZ ESTE EXPERIMENTO:
EL EXPERIMENTO DEL ASCENSOR

Ahora te toca a ti poner en práctica este experimento clásico. Busca un ascensor con mucha gente que tenga una única puerta (no uno en el que se entra por una puerta y se sale por otra). Súbete cuando solo haya un ocupante y posiciónate mirando hacia la pared de atrás. Observa lo que pasa: ¿se gira también el otro pasajero?

A continuación, pídele a un amigo que te ayude. Esta vez, giraos los dos de espaldas a la puerta: casi con total seguridad, el desconocido también lo hará. Vete añadiendo a más amigos al experimento: cuantos más seáis, más probabilidades habrá de que el ocupante se gire y mire hacia la pared del fondo, aunque en su fuero interno considere que es una conducta extraña. Ese es el poder de la conformidad.

El famoso experimento del ascensor fue realizado por el psicólogo social Solomon Asch (famoso por su trabajo sobre la conformidad, como se describió en la página 145). Formaba parte de un capítulo del programa de televisión de 1962 *Candid Camera* («Cámara oculta») titulado «Face the Rear» («De cara a la pared»).

PROBLEMAS ÉTICOS EN LA INVESTIGACIÓN PSICOLÓGICA

En cualquier investigación psicológica, existe el deber moral de garantizar que los participantes no sufran daños ni molestias. Con ese objetivo, los psicólogos hoy en día están obligados a atenerse a unas rigurosas directrices éticas establecidas por su cuerpo profesional (como la Sociedad de Psicología Británica o la Asociación Estadounidense de Psicología), su propia universidad o, casi siempre, por ambas. La mayoría de los estudios deben conseguir la autorización ética antes de comenzar. Probablemente, muchos de los citados en esta sección, que se llevaron a cabo antes de que las consideraciones éticas se volviesen tan estrictas, nunca habrían conseguido ese permiso en la actualidad.

Los criterios éticos, en general, abarcan las siguientes áreas:

CONSENTIMIENTO

Los participantes en investigaciones psicológicas deben dar su consentimiento informado antes de empezar. Eso significa que, a ser posible, necesitan conocer exactamente a qué están consintiendo, algo difícil si el investigador tiene buenos motivos para no querer que los sujetos conozcan los objetivos del estudio (véase página 40). Aun así, debería decírseles cuál va a ser su papel. Los menores precisan el consentimiento paterno para participar.

Firmar el consentimiento indica que el sujeto participa de forma voluntaria en el estudio y que no debería sufrir ninguna repercusión si prefiere no hacerlo o renuncia. Así se evitan problemas cuando se utilizan estudiantes

CONFIDENCIAL

(típicos sujetos de muchos estudios psicológicos porque son público cautivo), que pueden verse obligados a tomar parte para acumular créditos o evitar trabajos adicionales.

En general, si te ofrecen participar en un estudio psicológico, deberían proporcionarte la siguiente información para que puedas decidir si quieres hacerlo o no:

- Una declaración de que tu participación es voluntaria y de que, si rechazas hacerlo, no sufrirás ninguna consecuencia o pérdida de beneficios a los que puedas tener derecho.

- El propósito de la investigación (que a veces puede no ser el propósito real; véase a la derecha).
- Lo que se espera de ti y la duración aproximada.
- Cualquier riesgo o molestia previsibles (por ejemplo, hay que avisar de antemano de cosas como si en el estudio hay que visionar videojuegos violentos o material con contenido sexual).
- Los beneficios potenciales de la investigación.
- Con quién contactar para cualquier consulta.
- Información sobre tu derecho a la confidencialidad y sobre el derecho a retirarte del estudio en cualquier momento sin sufrir ninguna consecuencia.

Como se mencionó en la página 183, muchos de los estudios incluidos en esta sección no cumplirían con los estándares éticos modernos en cuanto al consentimiento. Por ejemplo, existen bastantes dudas sobre si la madre del pequeño Albert (véase página 148) consintió en que su hijo participara en el experimento sobre fobias… Y esa no es la única razón por la que ese experimento fue poco ético, como discutiremos en la página 186. Por otro lado, los niños del estudio de Robbers Cave (véase página 167) no tenían ni idea de que estaban participando en un experimento.

ENGAÑO

Una vez los participantes firman el consentimiento informado, hay que proporcionarles todos los datos. A veces, sin embargo, es necesario engañarlos un poco para realizar el estudio porque, si conociesen su verdadero objetivo, ya no sería viable. Por ejemplo, en el experimento de Asch (véase página 145), si los participantes hubiesen sabido que trataba sobre la conformidad y que los otros sujetos eran, en realidad, cómplices, el estudio no habría valido para nada. Del mismo modo, Milgram (véase página 143) no podría haberles dicho a los participantes que las descargas no eran reales porque eso habría invalidado la investigación.

Sin embargo, aun cuando se considere que es necesario, el engaño no debería provocarles a los participantes sufrimiento o daño psicológico alguno al descubrir la verdad. ¿Se sintieron aliviados los participantes del experimento de Milgram, muchos de los cuales mostraron abiertamente su angustia al administrar las «descargas», cuando supieron que estas eran falsas… o se enfadaron al ver que habían sufrido tanta congoja para nada?

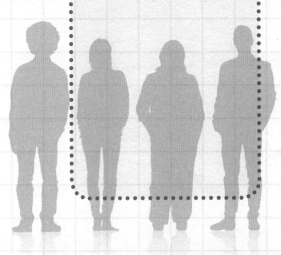

¿TE INTERESA PARTICIPAR EN ESTUDIOS PSICOLÓGICOS?

Muchos estudios pueden ser divertidos e informativos. Si quieres participar en alguno, ponte en contacto con el departamento de psicología de la universidad de tu ciudad y preséntate voluntario: muchas universidades tienen un lugar donde la gente puede inscribirse. Te tomarán los datos y cuando necesiten participantes con tus características demográficas (como género y edad) contactarán contigo.

¿Les molestó a los sujetos del experimento de la adrenalina de Schachter y Singer (véase página 170) descubrir que sus emociones habían sido manipuladas con tanta facilidad? ¿Y los participantes del estudio de Asch se sintieron ridículos al comprobar que se les había persuadido para dar respuestas que, obviamente, eran incorrectas?

MINIMIZACIÓN DEL DAÑO

Ningún participante debería sentirse peor al final de un experimento que antes de empezarlo. Este es otro punto en el que fallarían la mayoría de los estudios citados en esta sección para conseguir la autorización ética hoy en día. Por ejemplo, los sujetos del estudio de Milgram se vieron expuestos a situaciones extremadamente estresantes. Su angustia era evidente porque tenían temblores, sudaban, tartamudeaban, se reían nerviosamente, se mordían los labios y se clavaban las uñas en las palmas de las manos. Tres participantes sufrieron convulsiones incontrolables y muchos rogaron que se les permitiese marchar. Milgram llegó a afirmar que esos eran efectos a corto plazo y que a los sujetos se les había informado de todo a posteriori (asegurándoles que el «alumno» no había sufrido ningún daño). También se les realizó un seguimiento un año después para comprobar si sufrían efectos secundarios.

El experimento de la cárcel de Stanford (véase página 140) es otro ejemplo que no cumpliría con los requisitos éticos en la actualidad (las reproducciones modernas se han ceñido a estándares éticos más estrictos). Varios participantes quedaron traumatizados tras el estudio original porque sufrieron abusos tanto físicos como psicológicos. No pareció existir una adecuada reunión informativa posterior.

Está claro que el pequeño Albert (véase página 148) también sufrió en el interés de los avances de la investigación psicológica. Era un niño perfectamente sano antes de que se

le «indujera» una fobia severa… y nunca se le sometió a ninguna terapia para devolverlo a su estado original. También se podría argumentar que los niños del experimento de Robbers Cave (véase página 167) resultaron dañados, ya que se les instigó a que se comportaran agresivamente. Lo mismo sucedió con los menores que participaron en el estudio con el muñeco Bobo (véase página 158): se manipuló a los participantes para que actuaran de un modo violento.

ESTUDIOS CON ANIMALES

No solo debemos proteger el bienestar de los seres humanos en las investigaciones psicológicas: Harlow (véase página 154) fue criticado por la forma poco ética en que trató a los bebés mono en su estudio. Resultaba evidente que los animales sufrían daños emocionales por haber sido criados en aislamiento y sin una madre. Eso se reflejaba en su forma de sentarse, acurrucados en una esquina, en estado de pavor y depresión continuos. Las monas criadas así y que después fueron madres, eran unos animales tan nerviosos que a menudo dañaban a sus propios bebés. Aunque se podría alegar que los beneficios de esa investigación para los seres humanos compensaron sus costes, sigue siendo poco probable que tales estudios hubiesen conseguido hoy en día la aprobación ética.

PARTE 4

ENFERMEDADES Y TERAPIAS PSICOLÓGICAS

POCA GENTE SE LIBRA DE SUFRIR ALGÚN PROBLEMA PSICOLÓGICO A LO LARGO DE SU VIDA. UNA ENFERMEDAD PSICOLÓGICA PUEDE SER UNA DEPRESIÓN, LA ANSIEDAD Y TAMBIÉN TRASTORNOS DE PERSONALIDAD Y DEL DESARROLLO, QUE AFECTAN A LOS NIÑOS. ES IMPOSIBLE HABLAR DE TODAS ELLAS AQUÍ, PERO NOS DISPONEMOS A ANALIZAR LAS MÁS COMUNES.

ENFERMEDADES PSICOLÓGICAS

Las enfermedades psicológicas son esos problemas o trastornos de salud mental o del desarrollo que afectan al funcionamiento de una persona o que pueden causarle sufrimiento, daño o discapacidad a uno mismo (o a los demás). Los psicólogos suelen diagnosticarlas utilizando el *Manual diagnóstico y estadístico de los trastornos mentales*, publicado por la Asociación Estadounidense de Psiquiatría, que ayuda a determinar si una serie de síntomas o conductas se corresponden con las características de una enfermedad o trastorno. El DSM (por sus siglas en inglés) describe unos 150 trastornos psicológicos diferentes, entre los que se incluyen los trastornos alimentarios, los emocionales, los de ansiedad, los del sueño y los de la personalidad, así como enfermedades psicóticas y trastornos del desarrollo.

ENFERMEDADES PSICOLÓGICAS

ESTRÉS

A poca gente le es desconocido el concepto de estrés. Aunque muchos trastornos de salud mental son difíciles de entender para aquellos que no los han experimentado, el estrés es una condición que la mayoría conoce demasiado bien. El término deriva de la palabra latina *strictus,* que significa «muy tenso». Antes de principios del siglo xx, se utilizaba para referirse al esfuerzo físico que resulta al aplicar una fuerza sobre un objeto. No fue hasta los años veinte y treinta que se empezó a asociar con la tensión mental.

Hoy en día, el estrés se percibe como una condición negativa, como algo que debemos evitar a toda costa y que va asociado a todo un abanico de síntomas negativos (que veremos más adelante, en la página 194). En realidad, el estrés es una respuesta originalmente diseñada para protegernos, no para dañarnos. En la antigüedad, nuestros antepasados tenían que enfrentarse a muchas amenazas (por ejemplo, a los depredadores) y la reacción de estrés era esencial para su supervivencia: les proporcionaba reservas extra de fuerza y energía con las que luchar contra esos y otros enemigos... o con las que huir del lugar rápidamente. Por eso a esa reacción se la llamó respuesta de lucha o huida, un término acuñado por el fisiólogo Walter Cannon en 1915 (véase página 136). Cannon observó que cuando detectamos una amenaza para nuestro bienestar y supervivencia, nuestros cuerpos reaccionan liberando un torrente de hormonas que nos preparan para luchar o para huir: cualquiera que sea la opción elegida, nos exige un aumento de fuerza en brazos y piernas y más energía muscular. El propósito de la respuesta de lucha o huida es, por

lo tanto, desviar tanta sangre rica en oxígeno como sea posible desde el estómago, la piel y los órganos internos hacia los músculos de brazos y piernas. Para facilitar ese proceso, el cuerpo deja de concentrarse en funciones no esenciales (como la digestión y el mantenimiento de la piel), que pueden retrasarse hasta que la amenaza haya desaparecido.

Las principales hormonas que consiguen esta notable hazaña son la adrenalina y el cortisol, ambas segregadas por las glándulas suprarrenales. La adrenalina actúa elevando el ritmo cardíaco y la presión sanguínea para que la sangre recorra el cuerpo y llegue a los músculos más rápidamente. El cortisol interviene sobre el hígado, convir-

EL ESTRÉS *causa un aluvión de hormonas en nuestro cuerpo, lo que conlleva una serie de efectos a largo y corto plazo.*

tiendo proteínas (glucógeno) en glucosa (azúcar), una de nuestras fuentes principales de energía. Esa glucosa proporciona la energía necesaria para bombear sangre a mayor ritmo y que podamos escapar o luchar con un extra de fuerza.

El hipotálamo, situado en el cerebro (véase página 54), segrega otras sustancias químicas vitales. Son las endorfinas, que actúan como analgésicos naturales y disminuyen la sensación de dolor para que nos podamos concentrar en luchar o huir. Por eso tal vez hayas oído hablar de gente que, aun estando gravemente herida, fue capaz de seguir corriendo hasta que el peligro inmediato hubo desaparecido.

LA REACCIÓN DE ESTRÉS *quizás fuese de ayuda para la supervivencia de nuestros ancestros, pero no nos es tan útil hoy en día porque la mayoría de los factores que la causan no pueden superarse ni luchando ni huyendo.*

Aunque esa respuesta de lucha o huida, en el pasado, fuese ideal ante un ataque potencial de un animal salvaje, hoy en día nos es menos útil porque el tipo de amenazas a las que nos enfrentamos son muy diferentes. Por una parte, nuestras causas de estrés son más crónicas de lo que lo eran para nuestros ancestros (que probablemente no se topaban con letales leones varias veces al día; si hubiese sido así, se habrían mudado a tierras más seguras). Por otra parte, la respuesta de lucha o huida pocas veces nos vale de algo si a lo que nos enfrentamos es a plazos de entrega urgentes, jefes enfadados, niños gritando, largas esperas en el supermercado o a cualquier otro tipo de factor estresante de los muchos que nos aquejan en la sociedad actual.

El resultado es que tenemos un sistema diseñado para ser invocado esporádicamente, pero que usamos casi constantemente, y que provoca una respuesta que, sencillamente, no es la adecuada. Como consecuencia, experimentamos una y otra vez aumentos de energía en los que un extra de glucosa recorre nuestros músculos (aunque no tiene adónde ir porque no se consume ni luchando ni huyendo). Además, para generarlos, la sangre se desvía de otras funciones y eso provoca toda una variedad de secuelas con las que muchos de nosotros estamos muy familiarizados (véase página 194).

CÓMO TRATAR EL ESTRÉS

Si crees que sufres estrés, lo primero que tienes que hacer es acudir a tu médico. El tratamiento puede consistir en utilizar varias técnicas de control de estrés (como realizar ejercicio, que consumirá parte de la energía liberada en el torrente sanguíneo) y técnicas cognitivo-conductuales (véase página 238). Una forma efectiva de controlar los síntomas de estrés es usar una técnica llamada terapia de relajación muscular progresiva, que se explica en la página 308.

SÍNTOMAS DE ESTRÉS

SÍNTOMA	POR QUÉ APARECE EL SÍNTOMA
DOLOR DE CUELLO	Tendemos a tensar los músculos del cuello cuando estamos estresados, lo que causa el dolor.
MIEMBROS CANSADOS	La acumulación de glucosa en los miembros puede hacer que sintamos brazos y piernas pesados y cansados. Además, solemos tensar los músculos para prepararnos para luchar o huir y eso nos causa dolor.
FATIGA	Nos sentimos cansados porque hemos estado quemando muchísima energía extra. La rápida movilización de esa energía produce beneficios a corto plazo, pero agotamiento a largo plazo.
DOLOR DE ESTÓMAGO	La sangre se desvía de esta zona y se reducen los mecanismos digestivos: eso puede generar problemas y malestar. Una mala digestión continuada puede ocasionar problemas estomacales más graves como úlceras.
BOCA SECA	El flujo de saliva se reduce en la boca porque es parte de un proceso no esencial como la digestión.
MAREOS	Aunque respiramos más rápido cuando estamos estresados, tendemos a que esa respiración sea más superficial. Por eso no introducimos tanto oxígeno como cuando no estamos estresados. Eso puede llevar a que el suministro que le llega al cerebro sea ligeramente reducido, lo que causa mareos.
CATARRO Y GRIPE	El estrés también puede entrañar el debilitamiento del sistema inmune, por eso una persona estresada es más vulnerable a enfermedades como catarros y gripes.

SÍNTOMA	POR QUÉ APARECE EL SÍNTOMA
CARDIOPATÍAS	La glucosa, que está en la sangre por la respuesta de lucha o huida, y los ácidos grasos libres, que se desprenden de la grasa acumulada, contribuyen a la formación de placas, que pueden ocasionar una cardiopatía. Si vivimos estresados largos períodos de tiempo o nuestros niveles de estrés se elevan a menudo, la hipertensión (presión arterial elevada, resultado de un corazón que continuamente se esfuerza por bombear sangre con rapidez) puede desembocar en una enfermedad cardiovascular, provocando ataques cardíacos o accidentes cerebrovasculares.

TEST:
¿ESTÁS MUY ESTRESADO?

Si tienes problemas para distanciarte lo suficiente como para analizar tus propios niveles de estrés, quizás te ayude responder a estas 20 preguntas. Piensa en los últimos tres meses y decide en qué grado se te pueden aplicar las siguientes afirmaciones durante ese período. A continuación, califícalas en una escala del 1 al 5.

① Con muy poca frecuencia   ② Con poca frecuencia   ③ A veces   ④ Con frecuencia   ⑤ Con mucha frecuencia

① ② ③ ④ ⑤   **1.** Como más o menos de lo habitual.

① ② ③ ④ ⑤   **2.** Sufro de indigestión o acidez.

① ② ③ ④ ⑤   **3.** Sufro de estreñimiento, dolores de estómago, diarrea u otros problemas estomacales.

① ② ③ ④ ⑤   **4.** Sufro problemas para dormir (para conciliar el sueño o me despierto demasiado pronto).

① ② ③ ④ ⑤   **5.** Me siento cansado o agotado.

① ② ③ ④ ⑤   **6.** Tengo dolores de cabeza.

① ② ③ ④ ⑤   **7.** Me siento con ganas de llorar o como si fuese a «explotar».

① ② ③ ④ ⑤   **8.** No puedo quedarme sentado sin moverme o levantarme para pasear.

① ② ③ ④ ⑤   **9.** Siento que aumenta mi presión arterial.

① ② ③ ④ ⑤   **10.** Me impaciento o irrito con facilidad.

① ② ③ ④ ⑤   **11.** Me siento incapaz de soportarlo.

① ② ③ ④ ⑤   **12.** Me resulta difícil tomar decisiones.

① ② ③ ④ ⑤   **13.** Me cuesta concentrarme.

① ② ③ ④ ⑤   **14.** Paso a la siguiente tarea antes de completar la actual.

① ② ③ ④ ⑤   **15.** Fumo o bebo más alcohol de lo que solía hacer.

① ② ③ ④ ⑤   **16.** Me preocupo por demasiadas cosas.

① ② ③ ④ ⑤   **17.** Me siento más tenso que relajado.

① ② ③ ④ ⑤   **18.** Siento que no tengo tiempo para nada.

① ② ③ ④ ⑤   **19.** Me siento muy nervioso o con miedo.

① ② ③ ④ ⑤   **20.** Me irrito más de lo que debería por interrupciones o distracciones menores.

RESULTADO:

20	**40**	**60**	**80**	**100**
Muy poco estrés	Estrés bajo	Estrés leve	Estrés elevado	Estrés muy elevado

ANSIEDAD

La ansiedad está relacionada con el estrés. Popularmente, se dice que la gente que sufre de ansiedad severa tiene un trastorno de ansiedad generalizada (TAG). Cierto grado de ansiedad es normal y hasta deseable: si no nos sintiésemos inquietos ante, por ejemplo, los exámenes, volver a casa andando a oscuras o lo que comen nuestros hijos, quizás no haríamos nada para protegernos a nosotros mismos y a nuestros seres queridos. Algo de ansiedad, por tanto, es señal de que todo va bien y nos permite prepararnos y tomar las precauciones adecuadas para enfrentarnos a una vida impredecible, con sus peligros y sus riesgos.

En términos evolutivos, la ansiedad es una emoción especialmente importante. Hizo que nuestros antepasados previesen dificultades (como depredadores o la escasez de alimentos) y se prepararan con antelación para afrontarlas. La ansiedad fue la causante de que construyeran refugios o almacenaran comida. Por lo tanto, a ella debemos agradecerle nuestra supervivencia como especie.

La respuesta que nuestros cuerpos producen en estado de ansiedad es simi-

LA ANSIEDAD *produce una respuesta similar a la del estrés y, al igual que este, puede afectar a todas las funciones corporales.*

lar a la producida por estrés. Cuando nuestra ansiedad aumenta, el hipotálamo (situado en el cerebro; véase página 54) estimula la glándula pituitaria, en la base del cráneo, para que segregue varias hormonas que afectan a todas y cada una de las partes del cuerpo, de una u otra manera (igual que el estrés).

La diferencia entre una ansiedad saludable y el TAG es que las personas con TAG tienden a sentirse ansiosas en general, aunque no parezca existir un suceso o situación específicos que cause su ansiedad. Se sienten así la mayor parte del tiempo y les cuesta relajarse. Siempre hay algo que les preocupa en exceso... Y, si no lo hay, pueden hasta sentirse peor.

Se calcula que el TAG afecta a cerca del 5 % de los adultos británicos y al 3 % de los adultos estadounidenses; las mujeres presentan un mayor riesgo de sufrirlo. Este trastorno es más común entre veinteañeros, aunque puede afectarles a personas de todas las edades. Los síntomas psicológicos del TAG incluyen:

- Sentirse inquieto y con el alma «en vilo».
- Tener una sensación constante de temor o de fatalidad inminente.
- Sentir preocupación continuamente.
- Distraerse con facilidad por preocupaciones o inquietudes.
- Incapacidad para trabajar eficazmente por la interferencia de las inquietudes.
- Sentirse deprimido o inútil.

Los síntomas físicos del TAG incluyen mareos, fatiga, ritmo cardíaco irregular (palpitaciones), dolores musculares, sequedad en la boca, sudoración excesiva, dificultades para respirar, dolores estomacales, náuseas, diarrea, dolores de cabeza, menstruaciones irregulares y dificultades para conciliar el sueño o permanecer dormido (insomnio).

¿POR QUÉ SE DESARROLLA UN TRASTORNO DE ANSIEDAD GENERALIZADA?

A veces una persona desarrolla TAG tras una serie de acontecimientos en su vida (como mudarse de casa, divorciarse, un duelo o un despido laboral). Si varias de esas experiencias se suceden en poco tiempo, quizás su capacidad para adaptarse a los cambios se vea superada. También el pasado puede dejar un rastro de ansiedad en una persona: si alguien (o un amigo cercano) ha tenido un problema médico, es probable que sienta inquietud al leer sobre temas de salud.

La forma de pensar de algunas personas se puede prestar a experimentar una mayor ansiedad. Por ejemplo, las personas ansiosas tienden a esperar siempre lo peor y sienten que deben estar siempre en guardia por si es así. A menudo creen que, al hacerlo, están evitando de alguna manera que suceda (bien porque estarán mejor preparados o por superstición). Pero piensan que, si bajan la guardia, quizás «permitan» que esa terrible posibilidad tenga lugar. Por eso el tratamiento a menudo consiste en cambiar la manera de pensar del paciente (véase página 244).

¿CUÁNTA ANSIEDAD ES EXCESIVA?

Se considera que la ansiedad es excesiva, o que indica un TAG, si se dan cualquiera de los siguientes supuestos:

- Está desproporcionada en relación con la fuente de la ansiedad (por ejemplo, los que la sufren podrían preocuparse por las mismas cosas que el resto de la gente, como el dinero, pero llevarlo a un extremo mucho mayor que la mayoría).

- Continúa incluso después de que lo que sea que ha causado la respuesta de ansiedad haya desaparecido.

- Se manifiesta sin razón aparente, cuando no hay una situación específica que la cause (por ejemplo, como reacción exagerada a un suceso simple como que alguien no responda a un mensaje, lo que le lleva a imaginar al que sufre la ansiedad que algo terrible le ha sucedido a la persona que no ha respondido).

- Es casi constante.

- Es debilitante y afecta a la vida diaria normal.

ATAQUES DE PÁNICO

La ansiedad puede ser tan severa que llegue a producir ataques de pánico. Los síntomas principales incluyen una repentina «oleada de miedo» que alcanza su clímax rápidamente y que va acompañada de una serie de síntomas físicos y emocionales debilitantes. El ataque a menudo es tan terrorífico para quien lo sufre, que la víctima se esfuerza mucho para evitar sufrir otro. Se calcula que entre el 1 % y el 3,5 % de la población mundial sufre de trastornos de pánico (ataques de pánico recurrentes), que parecen ser más comunes entre los adolescentes y los adultos jóvenes.

TRATAMIENTO DE LA ANSIEDAD Y LOS ATAQUES DE PÁNICO

En general, los ataques de pánico se tratan con psicoeducación (por ejemplo, ayudando al paciente a entender por qué tiene esos síntomas, que el miedo o el pánico lo que hacen es alimentar el ciclo del pánico y que lo que están sintiendo, en realidad, no es peligroso) y técnicas de relajación.

La ansiedad responde bien a las terapias conductistas cognitivas (véase página 239), que podrían enseñar al paciente a cuestionar estilos de pensamiento poco útiles. Se le puede pedir que escriba un diario analizando su ansiedad y los pensamientos que la provocan; a continuación, se le enseña a identificar y a cuestionar los que no le ayudan o son negativos. Entre los ejemplos de pensamientos negativos que aquellos que sufren TAG suelen tener se incluyen los siguientes:

PREDICCIONES SOBRE EL FUTURO: Invertimos gran cantidad de esfuerzo en predecir lo que va a suceder... y normalmente esas predicciones traen consigo funestas consecuencias. A menudo las cosas nunca salen tan mal como nos tememos, pero perdemos mucha energía preocupándonos por cosas que puede que nunca sucedan.

CATASTROFISMO: Exageramos las cosas desproporcionadamente y acaban pareciendo peores de lo que son.

CENTRARSE EN LO NEGATIVO: Fijarse y darle vueltas a lo que ha ido mal e ignorar lo que ha ido bien.

LOS «DEBERÍA»: Nos preocupamos por cómo deberían haber sido las cosas, en lugar de aceptar cómo son.

GENERALIZAR EN EXCESO: Asumir que un incidente aislado es representativo de todo lo que pueda pasar en un futuro.

Y SI: Preocuparse por los hipotéticos «y si» nos puede impedir hacer algunas cosas o ir a ciertos lugares.

COLGARNOS ETIQUETAS: Cuando nos aplicamos una etiqueta condenatoria como «soy tonto».

ENFERMEDADES PSICOLÓGICAS
TRASTORNOS DEL SUEÑO

Las dificultades para dormir a menudo están relacionadas con la ansiedad. De hecho, puede existir una relación bidireccional entre ellas: el estrés y la ansiedad alteran a veces nuestro sueño, y no dormir bien puede causar estrés y ansiedad. En ocasiones, el origen de los problemas para dormir no es psicológico (patrones de sueño incorrectos, desfases horarios o ruido), pero la ansiedad que se crea por esa falta de sueño sí que puede generar estrés... y este puede hacer que el sueño sea todavía más esquivo, atrapando así a la víctima en un círculo vicioso de falta de descanso y estrés.

Según el Servicio Nacional de Salud británico, un tercio de la población experimenta problemas para conciliar el sueño o permanecer dormido en algún momento de su vida. El insomnio, que puede ser a corto plazo (de hasta tres semanas) o a largo plazo (más de tres semanas), no solo provoca ansiedad, sino que puede originar problemas de memoria, depresión, irritabilidad y un aumento del riesgo de sufrir cardiopatías y accidentes relacionados con la conducción (no es de extrañar que nos preocupemos tanto por la falta de sueño).

Las causas del insomnio varían, pero las razones más comunes por las que la gente busca ayuda psicológica giran alrededor de la ansiedad. El sueño es un estado de relajación profunda, por lo que es complicado dormirse si no se está tranquilo. Los acontecimientos de la vida que provocan ansiedad pueden impedir que una persona se relaje... y, a su vez, preocuparse por no ser capaz de dormir tampoco suele ayudar. ¡La otra condición importante para dormir es que la persona debe estar cansada! Puede parecer chocante, pero la gente con problemas para dormir a menudo dormita durante el día y por eso no se siente cansada de noche. Echar siestecillas diurnas puede afectar a los ritmos circadianos y dificultar el descanso nocturno.

TRATAMIENTO DE LOS PROBLEMAS PARA DORMIR

El insomnio se puede tratar farmacológicamente, con benzodiacepinas como el temazepam y el diazepam (que es mejor utilizar durante poco tiempo porque los beneficios disminuyen a medida que la tolerancia aumenta), o utilizando técnicas psicológicas como la terapia de relajación o la higiene del sueño (cerciorándose, por ejemplo, de que la habitación está en silencio y a oscuras, de no consumir cafeína durante la tarde-noche y de no dormitar durante el día). El tratamiento también puede incluir la «intención paradójica», una técnica de reestructuración cognitiva en la que el insomne, en lugar de tratar de dormir por la noche, se esfuerza para mantenerse despierto (en esencia, cesa de intentar dormirse). Este método puede resultar efectivo porque alivia la «ansiedad de rendimiento» que se crea por lo que sentimos como la obligación de dormir.

ENFERMEDADES PSICOLÓGICAS
FOBIAS

Una fobia es una forma extrema de ansiedad dirigida hacia un objeto particular. Normalmente está marcada por un miedo o un ataque de pánico tan fuerte que el que lo sufre tenderá a evitar el objeto de su fobia con todas sus fuerzas. Ese miedo es habitualmente irracional porque es raro que el objeto temido pueda ocasionar un daño grave: por ejemplo, es poco probable que la gente que teme a los ascensores, a las escaleras mecánicas, a las arañas o a las alturas vaya a llegar a sufrir un daño físico real por su cul-

UNA FOBIA se diferencia de un miedo en que limita drásticamente el funcionamiento normal de una persona.

pa. Cuando esos miedos están basados en algo racional (temer a los perros agresivos puede ser bastante sensato), no se clasifican como fobia. Sin embargo, si ese miedo se generalizase a todos los perros, hasta a los perrillos falderos, y el que lo sufriese se negase a abandonar la casa por su culpa, se habría convertido en fobia.

En realidad, para que un miedo se clasifique de fobia tiene que afectar gravemente a la vida de quien lo sufre. Una persona que detesta a las ara-

¿POR QUÉ SE DESARROLLAN LAS FOBIAS?

Existen muchas razones por las que las personas desarrollan fobias. Una posibilidad es que hayan sido condicionadas para temerle a algo concreto, como pasó con el pequeño Albert (véase página 148). Una mala experiencia con un perro o un vuelo en avión muy turbulento son el tipo de incidentes que pueden provocar una fobia a los perros o a volar. También podemos adquirir fobias de otra gente y, de hecho, es bastante común que las fobias se pasen de padres a hijos.

La «teoría de la preparación» nos ofrece una explicación diferente. Plantea que algunos objetos, o estímulos, están «evolutivamente predispuestos» para evocar una respuesta de miedo. La idea parece lógica si tenemos en cuenta que algunas fobias, como la aracnofobia (uno de los miedos más comunes), están más extendidas que otras. Sería razonable asumir que, en nuestro pasado evolutivo, nuestros ancestros se topaban con muchas arañas mortales y que un miedo sano a ellas pudo haberles salvado la vida.

La teoría de la preparación, sin embargo, no aclara por qué tanta gente no siente temor alguno por las arañas. Para explicar este aparente defecto, sus defensores argumentan que alguna gente está más «preparada» biológicamente para tener fobias que otras. Incluso es posible que ese rasgo «preparativo» constituyese una ventaja evolutiva y que la gente temerosa hubiese tenido una tasa de supervivencia mayor por estar mejor preparada para evitar los estímulos peligrosos (huir de las arañas habría sido un mecanismo de supervivencia positivo). De hecho, muchas fobias específicas se relacionan con situaciones que podrían haber supuesto algún tipo de amenaza en algún momento de nuestro pasado evolutivo (por ejemplo, las agujas o las alturas).

ñas, pero es capaz de llevar una vida bastante normal, probablemente no tenga una fobia. Sin embargo, si su repulsa es tal que se niega a entrar en algunas habitaciones de su casa o no puede llevar a los niños al parque, lo clasificaríamos de fobia.

Algunas personas consiguen convivir perfectamente con una fobia sin que les cause ningún problema. Por ejemplo, alguien con fobia a los ascensores o a las escaleras mecánicas (ambas muy comunes) podría simplemente adaptar su vida para no tener que vérselas con el objeto de su miedo (aunque seguirían siendo fobias porque le obligan a cambiar su modo de vida). La fobia solo se convertiría en un problema si se viese forzado a enfrentarse a sus miedos: por ejemplo, si consiguiese un trabajo nuevo en la planta 20 de un edificio de oficinas.

Las fobias pueden clasificarse en dos amplios grupos:

- **FOBIAS ESPECÍFICAS O SIMPLES**
- **FOBIAS COMPLEJAS** (como la fobia social o la agorafobia)

Las fobias específicas pueden, a su vez, agruparse en cuatro categorías principales:

- Fobias animales (miedo a los animales o a criaturas vivas).
- Fobias ambientales (miedo de fenómenos naturales como el trueno, el rayo, las alturas o la oscuridad).
- Fobias médicas (miedo a la sangre, a las inyecciones, al vómito o a las lesiones).
- Fobias situacionales (miedo a ciertas situaciones como lugares concurridos, transporte público, volar o conducir).

TRATAMIENTO DE LAS FOBIAS

La terapia cognitivo-conductual (véase página 241) es una de las formas más efectivas de tratar las fobias. Normalmente se aplica la técnica de desensibilización gradual. En ella se expone al sujeto, gradualmente, a una serie de situaciones que van aumentando de intensidad mientras se utilizan la relajación y otras terapias de control. Por ejemplo, una persona con fobia a los ascensores podría sentirse mejor en uno de cristal en el que hubiese más gente que en uno cerrado, a solas, subiendo veinte pisos. El tratamiento, por lo tanto, empezaría usando un ascensor de cristal en un centro comercial concurrido. Incluso podría empezar de forma más suave, haciendo que el paciente se situase cerca del aparato, sin entrar en él. Cuando se vea capaz de soportar estar allí sin miedo (utilizando técnicas de control como la relajación), puede entonces pasar al siguiente nivel de la jerarquía, que podría ser entrar en el ascensor, pero dejando las puertas abiertas y sin subir o bajar (obviamente, para realizar este ejercicio se precisa encontrar un momento tranquilo). A continuación, seguiría progresando por esa jerarquía (de exposición). Solo accedería a cada uno de los siguientes niveles cuando la fase anterior hubiese dejado de producirle miedo.

TRASTORNO OBSESIVO-COMPULSIVO (TOC)

Según la ONG británica OCD, el trastorno obsesivo-compulsivo afecta a un 1,2 % de la población británica; la cifra en los Estados Unidos es ligeramente superior, de aproximadamente el 2 %. El TOC puede llegar a ser un trastorno tan debilitante que la Organización Mundial de la Salud (OMS) lo calificó entre las diez enfermedades más incapacitantes en términos de ingresos perdidos y de disminución de la calidad de vida. El TOC es otro trastorno de ansiedad, esta vez caracterizado por pensamientos intrusivos que producen malestar, aprensión, miedo o preocupación. El que lo sufre a menudo realiza conductas repetitivas destinadas a reducir la ansiedad asociada con él. Existen dos elementos en el TOC: las obsesiones y las compulsiones:

OBSESIONES: Son pensamientos, imágenes o impulsos involuntarios, aparentemente incontrolables, que aparecen repetitivamente en la mente del paciente. Esos pensamientos obsesivos son a menudo muy inquietantes y molestos.

COMPULSIONES: Son los comportamientos o rituales que el paciente se ve obligado a repetir una y otra vez, normalmente para intentar que las obsesiones desaparezcan o se vuelvan más manejables.

Por ejemplo, una persona con miedo a las infecciones, que teme contagiarse de cualquier cosa, puede desa-

EL LAVADO DE MANOS REPETITIVO Y CONSTANTE *puede ser un tipo de TOC asociado con el miedo a las infecciones.*

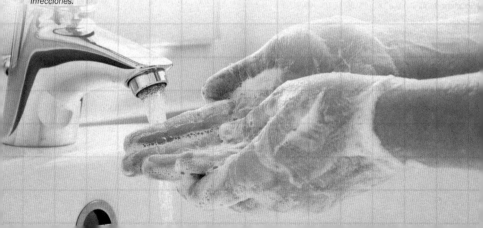

rrollar rituales de lavado de manos compulsivos que le obligan a querer lavárselas una y otra vez para reducir su continua preocupación por coger algún germen. Sin embargo, el alivio tras cada lavado nunca dura demasiado y los pensamientos obsesivos sobre una posible infección pueden volver enseguida, más fuertes que nunca. Para reducir esos pensamientos obsesivos y la ansiedad asociada a ellos, debe repetir el ritual de lavado de manos... en un ciclo sin fin.

Las interminables conductas compulsivas a menudo acaban por crear por sí mismas una gran ansiedad por-que se van volviendo más exigentes y prolongadas. Si se le dice al paciente, simplemente, que no «obedezca» a sus impulsos (que deje de cumplir con sus compulsiones) solo se conseguirá volverlo más ansioso, lo que lo dejará en un callejón sin salida, atrapado en un círculo de obsesiones y compulsiones.

La mayoría de la gente con trastorno obsesivo-compulsivo encaja en alguna de las siguientes categorías:

ALGUNAS VÍCTIMAS DE TOC *son obsesivamente ordenadas y se desesperan de una manera desproporcionada si algo no está en el sitio que le corresponde.*

CATEGORÍAS TOC	
CATEGORÍA	**SÍNTOMAS**
LAVADORES	Temerosos de la contaminación, a menudo presentan compulsiones de limpieza o lavado de manos. Suelen tener que repetir sus rituales una y otra vez porque nunca están satisfechos de haberlos hecho «correctamente». También suelen tomar «precauciones» extremas para evitar infecciones, como usar guantes quirúrgicos o sus codos, en lugar de las manos, para abrir las puertas.
VERIFICADORES	Los verificadores comprueban repetidamente que han apagado el horno, las luces y que han cerrado con llave las puertas. Deben cerciorarse una y otra vez de que lo han hecho o se obsesionarán con el posible daño que ello conllevaría. Quizás también necesiten tocar cosas de una cierta manera o cierto número de veces.
REPETIDORES Y ORDENADORES	Aquí entran en juego las supersticiones sobre ciertos números, colores o disposiciones. Las víctimas pueden tener que hacer cosas un número específico de veces (por ejemplo, siete) y si no lo hacen o no están seguros de haberlo hecho, tendrán que comenzar de nuevo hasta que estén satisfechos (lo que puede llevarles varias horas). Las latas en las alacenas pueden tener que estar ordenadas de cierta manera (por ejemplo, con las etiquetas mirando hacia el mismo sitio) o la ropa colgada en su armario organizada según unos patrones ritualistas.
ACUMULADORES	Los acumuladores temen que les vaya a pasar alguna desgracia si se desprenden de algo. Acumulan cosas que no necesitan o que no usan de forma compulsiva, o coleccionan cosas raras que otra gente tiraría.

TRATAMIENTO DEL TOC

Al igual que otros trastornos de ansiedad, el TOC responde mejor a la terapia cognitivo-conductual (véase página 241). Eso conlleva la repetida exposición a la fuente de la obsesión. En este caso, se le pide al paciente que se abstenga de realizar su conducta compulsiva habitual para reducir la ansiedad. Por ejemplo, a una persona que se lava las manos compulsivamente, se le podría pedir que tocase el pomo de una puerta de un aseo público y después evitase lavarse.

La ansiedad resultante de no lavarse aumentará del mismo modo en que cualquier ansiedad lo hace en personas fóbicas cuando afrontan sus miedos... pero disminuirá por sí misma y espontáneamente con el tiempo. Ese es el punto esencial de la terapia: el paciente debe aprender, mediante la experimentación, que la ansiedad extrema se va reduciendo gradualmente por sí misma. Eso sucede porque el cerebro humano no es capaz de mantener el nivel de ansiedad durante mucho tiempo y acaba «habituándose» o acostumbrándose a eso que le está haciendo sentir ansioso.

Si el paciente «se rinde» y se lava las manos antes de que la ansiedad desaparezca, no habrá conseguido romper el ciclo. Solo teniendo la fuerza de voluntad necesaria para resistirse al lavado, logrará que se vaya debilitando. El truco es desarrollar una jerarquía de exposición y empezar con algo relativamente sencillo, antes de abordar situaciones realmente desafiantes.

TRASTORNO DE ESTRÉS POSTRAUMÁTICO (TEPT)

El trastorno de estrés postraumático (TEPT) es un trastorno de ansiedad severo que puede aparecer después de cualquier suceso que cause un trauma psicológico, como haber estado cerca de la muerte o de sufrir lesiones graves (uno mismo u otra persona). Se estima que alrededor de un tercio de las personas que viven alguna experiencia traumática acaban por sufrir este trastorno. Puede suceder a cualquier edad, hasta en la infancia, y aparecer inmediatamente tras esa situación o semanas, meses e incluso años después. El TEPT puede surgir ante cualquier circunstancia en la que una persona sienta un miedo, horror o impotencia extremos. Cuanto más traumática sea la experiencia, más probable será que se desarrolle. No suele aparece en situaciones simplemente angustiosas como un divorcio, la pérdida de empleo o suspender un examen.

Los síntomas del TEPT incluyen *flashbacks*, pesadillas, problemas para dormir, ataques de pánico, ira, depresión, sentirse constantemente en peligro y estar «de los nervios» (por ejemplo, asustándose al escuchar el portazo de un coche).

TRATAMIENTO DEL TEPT

Aunque el TEPT responde a la terapia cognitivo-conductual (véase página 241), al igual que otros trastornos de ansiedad, hay una técnica llamada desensibilización y reprocesamiento por movimientos oculares (EMDR, por sus siglas en inglés) que con el paso del tiempo está demostrando ser un tratamiento eficaz. La EMDR utiliza como base una función natural del cuerpo: el movimiento ocular rápido (MOR). La mente humana utiliza ese movimiento ocular rápido durante el sueño MOR para procesar las experiencias emocionales diarias. Existen algunas pruebas de que los movimientos de los ojos durante la EMDR realizan una función similar a la que tienen durante el sueño MOR (cuando soñamos), que sabemos que es vital para el procesamiento de la información. Cuando el trauma es extremo, ese procesamiento se viene abajo y el sueño MOR no trae consigo el habitual alivio de la angustia. Se considera que la EMDR es como una fase avanzada del procesamiento MOR en la que, utilizando el movimiento ocular, el cerebro procesa las imágenes y sentimientos que nos preocupan para resolver los problemas.

La EMDR necesita que los pacientes se concentren en tres aspectos principales del trauma:

- Una imagen visual, que normalmente es la del momento más perturbador del trauma.

- El pensamiento negativo que tienen sobre sí mismos en relación con el trauma.

- La localización del trastorno en su cuerpo.

Sin dejar de concentrarse en estos aspectos, el paciente sigue con la mirada el dedo del terapeuta, que se desplaza en su campo visual, mediante movimientos oculares rápidos y abruptos (en lugar del dedo, el terapeuta puede utilizar una «barra de luz»; en este caso, el paciente seguiría con la mirada una luz que se mueve a lo largo de una barra metálica). Tras cierto número de movimientos oculares, se le pide al paciente que describa lo que está experimentando. La estimulación alterna de los lados derecho e izquierdo del cerebro con estos movimientos oculares durante la EMDR parece estimular el sistema de procesamiento de información bloqueado.

A lo largo del procedimiento, el impacto emocional del recuerdo traumático suele ir disminuyendo. Esa reducción puede ser gradual, pero a veces es repentina. Los recuerdos angustiosos van perdiendo intensidad hasta parecerse más a recuerdos «ordinarios».

DEPRESIÓN

Todo el mundo se siente desanimado algunas veces, pero la depresión clínica se produce cuando ese sentimiento dura mucho tiempo, se repite muy a menudo o hace que el que lo experimenta se sienta extremadamente abatido. Según el Real Colegio de Psiquiatras británico, una de cada cinco personas experimenta una depresión en algún momento de su vida. Se estima que es el primer trastorno psicológico del mundo occidental. El 80 % de los suicidas del mundo sufren de depresión severa.

Se pueden establecer cuatro grupos principales de síntomas depresivos:

- Aquellos que tienen que ver con las emociones, como sentirse triste y desgraciado.
- Síntomas físicos, como falta de apetito o dificultad para dormir.
- Pensamientos/cogniciones del tipo «no valgo para nada» o «nadie me quiere».
- Los relacionados con la conducta, como no salir de la cama.

LA DEPRESIÓN *puede llegar a ser extremadamente debilitante e interferir en el día a día de una persona.*

La mayoría de las depresiones están causadas por estilos de pensamiento negativos y malsanos o por distorsiones cognitivas (que nos pueden pegar otros miembros de la familia), más que por factores como la genética o los desequilibrios hormonales (aunque alguna gente puede presentar una predisposición genética a la depresión).

Muchos de esos patrones de pensamiento erróneos se parecen a los que siente la gente excesivamente ansiosa (véase página 198), excepto en que, en este caso, generan sentimientos negativos sobre uno mismo y sobre el futuro, en lugar de producir ansiedad. Los patrones de pensamiento inducen un sentimiento de impotencia pasiva, en contraste con los ciclos de preocupación, más activos, que provocan en personas ansiosas. Entre los ejemplos

de esos patrones de pensamiento podemos destacar los siguientes:

PREDECIR EL FUTURO: Una persona deprimida tiende a asumir siempre que va a pasar algo malo.

LEER LA MENTE: Una persona deprimida está segura de saber lo que los demás piensan sobre ella (y de que siempre es juzgada desfavorablemente).

CATASTROFISMO: Una persona deprimida suele hacer una montaña de un grano de arena. Las cosas son siempre «terribles», en lugar de simplemente «no muy buenas».

«DEBERÍA»: Afirmaciones con «debería» («debería haber hecho esto o lo otro») son utilizadas frecuentemente por personas deprimidas para culpabilizarse de lo que sea que haya ocurrido. Eso le hace sentirse todavía peor y aumenta su estado depresivo.

GENERALIZAR EXCESIVAMENTE: Consiste en asumir que un incidente aislado es representativo de todos los sucesos futuros.

IGNORAR LO POSITIVO: Una persona deprimida suele ignorar o desechar las cosas positivas y se centra solo en las negativas.

COLGARSE ETIQUETAS: Una persona deprimida tiende a colgarse etiquetas negativas del tipo «soy un fracaso» o «soy aburrido». Eso puede aumentar su baja autoestima.

TRATAMIENTO DE LA DEPRESIÓN

La depresión puede ser difícil de tratar porque uno de sus síntomas es la falta de motivación para buscar ayuda. Mucha gente con depresión grave puede no encontrarle sentido a iniciar una terapia porque no creerá que vaya a funcionar. En esos casos, la medicación puede ser el tratamiento más efectivo. Para una depresión moderada, sin embargo, la terapia cognitivo-conductual (véase página 241) puede resultar efectiva. Con ella se puede tratar de identificar y confrontar los pensamientos malsanos y buscarles explicaciones alternativas. Un terapeuta cualificado le enseñará al paciente a dominar esas habilidades y también a buscar el placer en las pequeñas cosas, a aumentar su autoestima, a reconocer sus puntos fuertes y a disfrutar de las cosas positivas de su vida.

TRASTORNOS ALIMENTARIOS

Los trastornos alimentarios son condiciones psicológicas caracterizadas por hábitos de comida alterados como comer demasiado o comer demasiado poco. Un informe de 2015, encargado por la ONG Beat, estima que más de 725.000 personas en Gran Bretaña sufren algún trastorno alimentario, mientras que según las cifras estadounidenses, existen once millones de víctimas en EE.UU. Las dos formas específicas más comunes de trastornos alimentarios son las siguientes:

LOS TRASTORNOS ALIMENTARIOS *se atribuyen comúnmente a un deseo de perder peso, aunque esa es una interpretación muy simplista, ya que pueden estar producidos por muchas causas.*

ANOREXIA NERVIOSA: La restricción extrema de comida hasta el punto de la autoinanición y la excesiva pérdida de peso caracterizan este trastorno alimentario. Alrededor de una de cada 250 mujeres y uno de cada 2.000 hombres en el mundo sufrirán anorexia nerviosa en algún momento de sus vidas. La enfermedad normalmente se presenta alrededor de los 16 o 17 años.

BULIMIA NERVIOSA: Se caracteriza por someterse a atracones y purgas (como provocarse el vómito, el ejercicio excesivo y el uso de laxantes). La bulimia es alrededor de dos o tres veces más común que la anorexia nerviosa, y el 90 % de las personas que la sufren

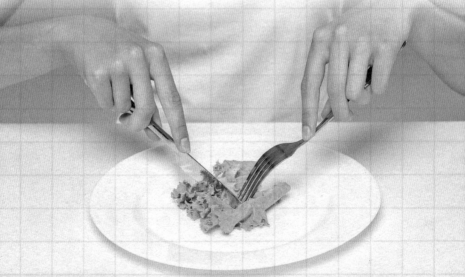

son mujeres. Normalmente surge a la edad de 18 o 19 años.

Existen muchas causas posibles de los trastornos alimentarios: factores biológicos, psicológicos y ambientales. Por ejemplo, alguien con un progenitor o un hermano con antecedentes de trastornos alimentarios tiene más probabilidades de desarrollar uno, lo que indica que pueda existir un vínculo genético (aunque también se podría tratar de una conducta aprendida). Según las investigaciones, una madre (u otro pariente) que hace dieta o se preocupa en exceso de su peso puede hacer que su hijo desarrolle una actitud malsana hacia la comida. Lo mismo ocurre si un compañero de clase se burla del peso o del cuerpo de alguien.

También puede ser una cuestión de personalidad. Por ejemplo, alguna gente con trastornos alimentarios tiene baja autoestima, es muy perfeccionista o necesita obtener siempre la aprobación de las demás. El trastorno dismórfico corporal, que consiste en tergiversar la imagen real de uno mismo, también está asociado con los trastornos alimentarios. Está demostrado que el 15 % de las personas diagnosticadas con este trastorno sufren también anorexia nerviosa o bulimia nerviosa.

TRATAMIENTO DE TRASTORNOS ALIMENTARIOS

El tratamiento puede ser muy complejo. A veces se necesitan utilizar varios métodos como la autoayuda, la medicación, los grupos de apoyo, la psicoterapia y la terapia cognitivo-conductual (véase página 241). Estas terapias permiten ponerle coto a los pensamientos irreales y negativos que originan las conductas alimentarias malsanas de la anorexia nerviosa y la bulimia nerviosa. En ellas se exploran las razones emocionales que causan esos patrones de alimentación y se ayuda al paciente a reconocer los desencadenantes emocionales y a aprender cómo evitarlos o combatirlos. Las terapias pueden asimismo incluir formación nutricional, control saludable del peso y técnicas de relajación.

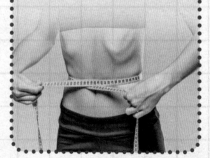

TRASTORNO BIPOLAR

El trastorno bipolar, que a veces se conoce como depresión maníaca, no es lo mismo que la depresión de la que hablamos en la página 215. Lo que lo hace diferente es que incluye no solo períodos de depresión, sino también períodos de euforia: el trastorno bipolar es una combinación de manía y depresión, que se van alternando en ciclos.

Alrededor del 3 % de la población mundial sufre un trastorno bipolar en algún momento de su vida. Normalmente empieza entre los 15 y los 19 años y tanto hombres como mujeres son susceptibles de padecerlo.

El mecanismo subyacente exacto del trastorno bipolar todavía no está claro. Se piensa que los factores genéticos ex-

SÍNTOMAS DEPRESIVOS

- Estado anímico depresivo.

- No se siente ningún interés o placer por ninguna, o casi ninguna, de las actividades que antes se disfrutaban.

- Insomnio (incapacidad para dormir) o hipersomnia (dormir demasiado).

- Fatiga o falta de energía.

- Sentimientos de inutilidad o culpa excesiva o inapropiada.

- Ideación suicida (pensamientos y obsesión sobre el suicidio).

SÍNTOMAS MANÍACOS

- Felicidad o energía excesivas.

- Autoestima o grandiosidad exageradas (en el peor de los casos, las víctimas pueden incluso perder el contacto con la realidad; es decir, pueden volverse psicóticos e imaginarse, por ejemplo, que han sido elegidos para una misión especial).

- Disminución de la necesidad de dormir (por ejemplo, sintiéndose descansado tras solo tres horas de sueño).

- Gran locuacidad, a menudo hablando demasiado deprisa.

- Facilidad de distracción.

- Impulsividad que puede conducir a realizar acciones sin pensar en las consecuencias (como hacer compras compulsivas o malas inversiones empresariales).

- Alucinaciones o delirios (en el 50 % de los que sufren este trastorno).

Este trastorno se suele tratar con medicación prescrita por psiquiatras. Sin embargo, el apoyo psicológico suele ser crucial para evitar recaídas y favorecer la inserción social. Las terapias psicológicas también ayudan a reducir los síntomas y las fluctuaciones del estado de ánimo, fomentando la capacidad de adaptación y mejorando la observancia de la medicación (a muchas personas con este trastorno les desagrada tomar la medicación porque puede hacerles sentir desanimadas y evitar que experimenten los subidones, que muchas disfrutan). La terapia cognitivo-conductual también puede ser de utilidad (por ejemplo, el paciente puede aprender a prestar atención a aquellos pensamientos automáticos que son los potenciales desencadenantes de episodios depresivos o maníacos).

plican el 60-80 % del riesgo de desarrollarlo y que ese riesgo es cerca de diez veces mayor en niños o hermanos de aquellos que lo sufren, en comparación con la población general.

Las alteraciones en la estructura o en la función de ciertos circuitos cerebrales pueden ser parte de la causa del trastorno bipolar. Además, existen factores ambientales que pueden afectar también a aquella gente propensa a desarrollarlo. Eso quiere decir que ciertos sucesos traumáticos o experiencias estresantes pueden hacer que algunas personas, proclives a desarrollar el trastorno, sufran algún episodio bipolar. También pueden existir factores neuroendocrinológicos: está demostrado que la dopamina, un conocido neurotransmisor responsable del humor (véase página 61), aumenta durante la fase maníaca.

MUCHAS ENFERMEDADES PSICOLÓGICAS son *hereditarias, pero la genética es solo un factor más: que tengas un pariente cercano con una enfermedad mental no significa que tú vayas a sufrirla también.*

ESQUIZOFRENIA

Este es, probablemente, el trastorno más conocido de los catalogados como psicosis. Las psicosis son enfermedades mentales en las que el paciente, a veces, es incapaz de distinguir entre lo que es real y lo que no. Alrededor del 1 % de la población mundial sufre esquizofrenia. En la mayoría de los casos, aparece al final de la adolescencia o al inicio de la edad adulta. Puntualmente, la esquizofrenia puede presentarse por primera vez en la mediana edad o incluso más adelante. Una persona con esquizofrenia puede ver o escuchar cosas que no existen, creer que otros están tratando de hacerle daño, hablar de forma extraña o confusa y sentir como si estuviese siendo constantemente observada. En general, parecerá desconectada del mundo que la rodea. Entre los principales síntomas de la esquizofrenia, se incluyen los siguientes:

ALUCINACIONES: Son sonidos o visiones que pueden parecerle muy reales a quien las sufre, pero que, en realidad, no existen fuera de su propia mente.

La alucinación más común es la de oír voces. Esas voces pueden comentar cosas sobre la vida diaria, mantener una conversación (en la que la víctima responde bien en voz alta o mentalmente), lanzar advertencias sobre gente o sucesos sospechosos o incluso dar órdenes. Aunque las voces son reales para el paciente, a veces es capaz de entender que solo existen en su cabeza y consigue controlarlas... o, simplemente, aprende a ignorarlas. Pero durante fases severas o «agudas», esas voces pueden tomar el control y ser muy dominantes y, en ocasiones, bastante amenazantes.

so una figura religiosa como Jesucristo. En este delirio también puede llegar a creer que tiene poderes inusuales que nadie más posee, como la habilidad de hacerse invisible).

CONDUCTA ERRÁTICA: La gente con esquizofrenia puede dejar de comportarse rápidamente de forma socialmente aceptable. Su conducta puede volverse errática o peculiar y quizás reaccione de forma inapropiada en su vida cotidiana. Puede desinhibirse y ser incapaz de controlar sus impulsos. Son típicos los cambios repentinos o extremos de humor.

FALTA DE INTERÉS O ENTUSIASMO: Los pacientes pueden perder el interés en lo que les rodea, en sus aficiones o incluso en actividades diarias como comer o la higiene personal.

FALTA DE EXPRESIÓN EMOCIONAL: Un esquizofrénico puede reducir su despliegue de emociones normal, ya sea facial o vocalmente. Por ejemplo, puede no sonreír, o incluso no mantener contacto visual, y hablar en un tono de voz monótono, sin modulación o vivacidad.

AISLAMIENTO SOCIAL: Quizás a causa de los demás síntomas, los pacientes empiezan a interactuar cada vez menos con el mundo que los rodea hasta que acaban por recluirse en sí mismos.

DELIRIOS: El paciente está convencido de algo, aunque existan pruebas evidentes de que se equivoca. Los delirios están presentes en más del 90 % de las personas que sufren el trastorno. Pueden ser ideas, pensamientos o fantasías con poca base real. Entre los delirios esquizofrénicos más comunes se incluyen el delirio de persecución (en el que la víctima cree firmemente que una o varias personas, así como el estado o hasta un famoso, se la tienen jurada); delirios de control (en los que está convencida de que sus pensamientos o acciones están siendo controlados por otras personas, como la policía) y delirios de grandeza (en los que está segura de que es alguien muy importante, como un príncipe secreto, una persona famosa como Elvis Presley o inclu-

Se piensa que la esquizofrenia es el resultado de una interacción entre factores genéticos, fisiológicos y ambientales de la que poco se sabe. Está claro que existe un importante componente hereditario: las personas con un familiar de primer grado (padres o hermanos) con esquizofrenia tienen un 10% de posibilidades de desarrollar el trastorno, comparado con el 1% que existe en la población general. Pero cerca del 60% de los esquizofrénicos no tienen parientes con el trastorno, así que los factores genéticos no son la única causa de la enfermedad.

Algunos investigadores creen que la genética aumenta la propensión a la enfermedad, pero que son los fenómenos ambientales los que hacen que se desarrolle en algunas personas. El estrés, con sus altos niveles de cortisol, podría ser uno de esos factores. Algunos ejemplos de acontecimientos estresantes serían la exposición en el vientre materno a una infección, un bajo nivel de oxígeno en el parto, la exposición a un virus durante la infancia, la pérdida o separación de los padres o cuidadores, la muerte de un ser querido u otros traumas.

TRATAMIENTO DE LA ESQUIZOFRENIA

El tratamiento más común para la esquizofrenia es la medicación prescrita por un psiquiatra, que es importante combinar simultáneamente con terapias psicológicas como la psicoeducación, la terapia familiar, la formación de habilidades sociales, los grupos de autoayuda y las psicoterapias individuales.

Las anomalías cerebrales quizás tengan un papel en el desarrollo de la enfermedad. Los estudios también sugieren que la esquizofrenia puede estar causada por un cambio en los niveles de dos neurotransmisores: la dopamina y la serotonina (véase página 61). De hecho, los medicamentos que alteran el nivel de neurotransmisores en el cerebro pueden aliviar algunos de los síntomas de la esquizofrenia.

TRASTORNOS DE PERSONALIDAD

Este es el nombre colectivo de un grupo de problemas mentales presentes en la vida de una persona que afectan tanto a su forma de relacionarse con otra gente, como a lo que piensan de sí mismos (y que incluye las acciones que se deriven de ello). Son trastornos en el sentido de que causan sufrimiento, ya sea a la propia persona u, ocasionalmente, a los que la rodean. Cerca del 9 % de la población mundial sería diagnosticada con un trastorno de personalidad (TP) de algún tipo si buscasen ayuda, pero, en realidad, mucha gente no se da cuenta de que sufre un trastorno (a veces porque es leve) y, por ello, no acuden nunca a un profesional.

Se cree que existen diez tipos principales de trastornos de personalidad, que se pueden agrupar en tres categorías o grupos. Los más comunes son los siguientes:

TRASTORNOS DE PERSONALIDAD EXCÉNTRICOS: En esta categoría se incluyen las personalidades paranoides, esquizoides o antisociales. Las personalidades *paranoides* se caracterizan por ser desconfiadas (les cuesta confiar en los demás, siempre están buscando señales de traición y se sienten fácilmente rechazadas). Las personalidades *esquizoides* son «más frías» emocionalmente, prefieren no mantener relaciones cercanas con los demás y muestran poco interés en las relaciones íntimas. Las personalidades *antisociales* se caracterizan por no mostrar interés en cómo se sienten los demás; es la personalidad antisocial que tiene mayor probabilidad de cometer delitos, de actuar impulsivamente, de no sentir culpa y, en general, de hacerle daño a otra gente.

TRASTORNOS DE PERSONALIDAD EMOCIONAL/IMPULSIVA: Dos de los tipos más comunes en esta categoría son el trastorno límite de la personalidad y el narcisista. Las personalidades *límite* son muy impulsivas, tienen dificultades para controlar sus emociones, les cuesta mantener amistades y se angustian desmesuradamente, sintiéndose abandonadas, cuando esas relaciones se acaban. Las personalidades *narcisistas* se consideran a sí mismas extraordinariamente importantes, creen que van a conseguir grandes cosas, anhelan la admiración de los demás y utilizan al resto de la gente para sus propios fines.

TRASTORNOS DE PERSONALIDAD ANSIOSA: Existen

EL TÉRMINO «NARCISISMO» proviene del personaje de la mitología griega Narciso, que estaba enamorado de su propio reflejo.

dos tipos principales dentro de esta categoría: por evitación y por dependencia. Las personas con trastorno de personalidad *por evitación* se preocupan mucho, están siempre muy ansiosas e inquietas, tienden a evitar las relaciones cercanas por el miedo al rechazo y pueden ser rea-

cias a probar nuevas actividades. Aquellas con trastorno de personalidad *por dependencia* son bastante más pasivas, confían en que los demás tomen las decisiones por ellas, son bastante dependientes emocionalmente y confían poco en sí mismas.

TRATAMIENTO DE LOS TRASTORNOS DE PERSONALIDAD

El tratamiento normalmente consiste en terapias psicológicas, aunque a veces se utilizan medicamentos para tratar enfermedades afines al trastorno como la depresión. Las posibles terapias incluyen la psicoterapia (que puede centrarse en analizar los pensamientos disfuncionales), la autorreflexión y ser consciente de cómo funciona nuestra mente, la psicoterapia psicodinámica (basada en la idea de que muchos patrones de conducta adulta están relacionados con experiencias negativas en la infancia temprana) para entender cómo los patrones de pensamiento distorsionados se pueden haber desarrollado, y la terapia cognitivo-conductual (véase página 241), que puede ayudar a los pacientes a gestionar mejor sus pensamientos y sentimientos.

Al igual que sucede con muchas enfermedades mentales, las causas de los trastornos de personalidad no están claras y probablemente exista una variedad de factores que contribuyan a su aparición (influencias ambientales, genética…). El papel de la familia y la crianza pueden influir en el desarrollo de algunos rasgos asociados con el trastorno de personalidad. Por ejemplo, en un estudio en el que participaron 793 madres y niños, los investigadores les preguntaron a las madres si alguna vez les habían dicho a sus hijos que no les querían o les habían amenazado con enviarlos lejos. Los niños que habían experimentado ese maltrato verbal fueron tres veces más propensos que los otros a sufrir trastornos límite de personalidad, narcisista o paranoide en la edad adulta.

Otros estudios han demostrado que existe un vínculo entre la cantidad y tipo de traumas infantiles y el desarrollo de trastornos de personalidad. Muchas personas con un trastorno límite de la personalidad (TLP), por ejemplo, habían sufrido traumas sexuales en la infancia (aunque eso no significa que todos los pacientes con un trastorno límite de la personalidad hayan experimentado abusos sexuales, o que todas las víctimas de abusos sexuales vayan a desarrollar este trastorno).

TRASTORNOS DEL DESARROLLO

Esta categoría engloba a aquellos trastornos cuyos síntomas, que son muy incapacitantes, están presentes desde una etapa del desarrollo temprana (normalmente, aparecen en los dos primeros años de vida). Los más comunes son el trastorno del espectro autista y el trastorno por déficit de atención con hiperactividad (TDAH).

TRASTORNO DEL ESPECTRO AUTISTA (TEA)

Cerca de una de cada cien personas en el mundo padece un trastorno del espectro autista, que es más común en niños que en niñas. La gente con este trastorno tiende a encajar dentro de alguna de estas dos categorías principales:

DISCAPACIDAD SOCIAL: Las personas con TEA a menudo tienen dificultades en situaciones sociales por sus déficits de comunicación, caracterizados por la falta de contacto visual, un tono de voz monótono, no entender la necesidad de hacer turnos, su incapacidad de empatizar, una variedad de intereses limitada y no comprender los usos sociales.

CONDUCTAS REPETITIVAS Y ESTEREOTIPADAS: Los niños (o adultos) pueden mostrar acciones repetitivas, a veces llamadas estereotipias, conductas estereotipadas o *stims*. Un ejemplo común es golpearse los brazos repetitivamente o agitar los dedos delante de la cara. Las personas con TEA también pueden sentir obsesión por objetos o lugares extraños como una tienda en particular, nombres de calles o hasta cierta palabra.

El trastorno es un «espectro», lo que significa que su gravedad y síntomas varían en cada niño. A veces se habla del síndrome de Asperger (que también se conoce como autismo altamente funcional) para describir a aquellos que están menos afectados. Al contrario que en el caso del «autismo» severo, la gente con un trastorno del espectro autista no sufre un retraso importante en el desarrollo del lenguaje.

No está claro lo que causa este trastorno, pero está demostrado que los genes juegan un papel importante. Por ejemplo, si un gemelo tiene autismo, su hermano tiene un 75 % de probabilidades de padecerlo también.

Aunque no se puede discutir el papel de la genética, el de otros factores sí. Una controversia en particular sobre las causas del trastorno se centra en si existe un vínculo entre este y ciertas vacunas infantiles, en particular, con la triple vírica (SPR). Es importante destacar que, a pesar de las exhaustivas investigaciones, ningún estudio fiable ha demostrado que exista ese nexo entre el trastorno del espectro autista y la SPR (véase página 232).

TRATAMIENTO DEL TRASTORNO DEL ESPECTRO AUTISTA

No existe ningún tratamiento efectivo para el autismo y, definitivamente, no existe cura. Las acciones suelen dirigirse a mejorar déficits conductuales y de aprendizaje. Pueden incluir sesiones educativas para desarrollar destrezas sociales y comunicativas (como la habilidad de iniciar una conversación), lo que se conoce como análisis aplicado de la conducta o AAC. Se pueden utilizar también terapias psicológicas para mejorar las habilidades de interacción social (por ejemplo, la habilidad para entender los sentimientos de otras personas y cómo reaccionar ante ellos) y las habilidades cognitivas (fomentando, por ejemplo, el juego imaginativo).

RAIN MAN

Existe una forma única (y relativamente inusual) de autismo llamada síndrome de savant, o del sabio, en el que una persona puede mostrar unas habilidades excepcionales para la música, el arte o los números, como bien ilustró el personaje interpretado por Dustin Hoffman en la película de 1988 *Rain Man*. Se calcula que el 10 % de la población autista tiene habilidades savant.

El savantismo fue identificado por primera vez por el médico británico del siglo XIX John Langdon Down (el primero en describir el síndrome de Down). Deriva de la palabra francesa *savant* y describe a alguien de gran saber o conocimiento. Down se refirió originalmente a sus pacientes como «idiotas savant» debido al contraste que existía entre sus impresionantes habilidades y sus graves discapacidades.

DUSTIN HOFFMAN'S *El autista encarnado por Dustin Hoffman en la película Rain Man centró la atención pública en el savantismo.*

KIM PEEK *fue la inspiración original para* Rain Man, *aunque, en realidad, él no era autista (se le diagnosticó síndrome FG en 2008).*

La inspiración original para el personaje del savant representado en *Rain Man* fue Kim Peek, que murió de un ataque al corazón a los 58 años en 2009. Se decía que Peek (que, en realidad, no tenía autismo sino que había nacido con daños en el cerebelo) había memorizado más de 12.000 libros, incluidas las obras completas de Shakespeare y la Biblia, y que tenía conocimiento enciclopédico de los códigos de área de EE.UU. y de los códigos postales y los mapas de las principales ciudades del país (era capaz de explicar paso a paso cómo llegar de una ciudad estadounidense a otra y guiarte por ella, calle a calle). También podía realizar cálculo de fechas y leía extremadamente rápido, escaneando simultáneamente una página con el ojo izquierdo y la otra con el derecho.

A Peek, al que habían calificado con «retraso mental» de niño, se le bautizó como «el Google viviente» por sus increíbles conocimientos. Sin embargo, a pesar de sus dones, era incapaz de lavarse o vestirse sin ayuda. El primer trabajo de Kim consistió en gestionar las nóminas de 160 personas, una tarea semanal que él realizaba en unas pocas horas y sin calculadora. Cuando lo despidieron, lo sustituyeron dos contables a tiempo completo y un sistema informatizado.

Kim ganó un premio de la Fundación Christopher Reeve por ayudar a otras personas con discapacidad, todo un logro si consideramos que fue expulsado de su primera escuela a los siete años, tras pasar solo siete minutos en el aula, por «incontrolable».

LA CONTROVERTIDA VACUNA DE LA SPR

La triple vírica combina tres vacunas infantiles: el sarampión, las paperas y la rubeola. Se administra por primera vez alrededor de los 12-18 meses (con un recordatorio a los 3-5 años). Desde que se introdujo en Gran Bretaña en 1988, ha conseguido erradicar prácticamente esas enfermedades, que pueden causar complicaciones graves y potencialmente letales como la meningitis, la inflamación cerebral (encefalitis) y la sordera.

A pesar de ello, el doctor Andrew Wakefield, especialista en enfermedades intestinales, y otros doce autores publicaron un estudio en 1988, en la revista médica *The Lancet*, que señalaba hacia una supuesta relación entre la SPR y el autismo. Eso provocó un pánico generalizado que afectó a las tasas de vacunación. En Gran Bretaña, los casos de sarampión aumentaron de 56 en 1998, a 1.346 en 2007. En 2006, un niño de trece años se convirtió en la primera persona en catorce años en morir de esa enfermedad en Gran Bretaña. Un periodista, Brian Deer, examinó la investigación de Wakefield y denunció que era defectuosa y que Wakefield tenía conflictos de intereses. Una audiencia posterior del Consejo Médico General concluyó, en enero de 2010, que Wakefield era culpable de una falta profesional grave y lo expulsó; *The Lancet*, finalmente, se retractó del artículo de 1998.

Desde ese famoso artículo, ninguno de los numerosos estudios sobre la triple vírica y el autismo ha podido encontrar ningún nexo entre ellos. Por citar un ejemplo, en el que se realizó en 2014 participaron más de un millón de niños de cuatro países diferentes y no encontró pruebas de ninguna relación entre la vacuna SPR y el desarrollo del autismo en menores.

TRASTORNO POR DÉFICIT DE ATENCIÓN CON HIPERACTIVIDAD (TDAH)

El también llamado trastorno de déficit de atención (TDA) es otra enfermedad del desarrollo. Presenta los siguientes síntomas:

FALTA DE ATENCIÓN: La falta de atención se nota, por ejemplo, en que una persona con TDAH se suele distraer con facilidad, pierde detalles, olvida o extravía cosas a menudo, cambia con frecuencia de una actividad a otra, es incapaz de mantener la concentración en una tarea o en aprender algo nuevo, tiene problemas para completar las actividades de la escuela, parece que no escucha cuando se le habla, sueña despierta, se confunde con facilidad y presenta dificultades para seguir instrucciones.

HIPERACTIVIDAD: Engloba el moverse y agitarse nerviosamente (en lugar de estar sentado relajadamente), ha-

blar sin parar, correr de un lado para otro, tocar o jugar con todo aquello que está a la vista y dificultades para realizar tareas o actividades tranquilas.

IMPULSIVIDAD: Ejemplos de impulsividad incluyen ser muy impaciente, soltar comentarios inapropiados, actuar sin pensar en las consecuencias, tener dificultades para esperar el turno en juegos e interrumpir a menudo las conversaciones o actividades de otras personas.

No todos los niños con un TDAH presentan estos síntomas: por ejemplo, en unos puede predominar la falta de atención y en otros, la hiperactividad (y en otros, ambas). Los

LOS NIÑOS Y ADOLESCENTES *con TDAH a menudo tienen dificultades para concentrarse y prestar atención en clase y eso les puede dificultar alcanzar los objetivos del currículo.*

TRATAMIENTO DEL TDAH

No existe cura para el TDAH, pero se suelen utilizar medicamentos para controlar los síntomas cuando son graves. Los estimulantes como el metilfenidato (marca comercial Ritalin o Concerta) y las anfetaminas (Adderall) son los más habituales. Puede parecer extraño prescribir estimulantes dado que la hiperactividad es, a menudo, uno de los síntomas principales del TDAH, pero estos fármacos actúan activando los circuitos cerebrales que ayudan a mantener la atención.

A veces también se utiliza la terapia cognitivo-conductual (véase página 241) y otras terapias psicológicas, así como la formación en destrezas sociales. Igualmente, se ha demostrado que el mindfulness (véase página 244) tiene éxito en muchos casos.

síntomas, obviamente, pueden influir en su educación formal y también crearles dificultades para hacer amigos, por lo que los niños se suelen sentir aislados, estresados y deprimidos. Aunque se trata de un trastorno de por vida, los síntomas se reducen con el tiempo, en especial en cuanto a la hiperactividad. De adulta, mucha gente con TDAH elige carreras profesionales o trabajos donde sus síntomas son menos restrictivos, como los que permiten la autonomía del trabajador o que no le obligan a pasar mucho tiempo sentado y concentrado (se suelen elegir trabajos que no sean de oficina, iniciativas empresariales y aquellos con entornos rápidamente cambiantes).

Las tasas de incidencia varían según los criterios diagnósticos utilizados, pero las estadísticas muestran un aumento enorme de personas con este trastorno. Como no existe un método definitivo para detectar el TDAH, y dado el espectacular incremento de niños al que se les cuelga esta etiqueta, algunos expertos creen que se diagnostica con demasiada facilidad. Una encuesta del Centro de Control de Enfermedades de los Estados Unidos, por ejemplo, comunicó un aumento del 830 % de niños diagnosticados con TDA/TDAH de 1985 a 2011. De hecho, el 11 % de los niños estadounidenses en edad escolar, y casi uno de cada cinco niños varones de educación secundaria de los Estados Unidos, han sido diagnosticados con TDAH: eso lo convierte en el segundo diagnóstico a largo plazo más frecuente en niños (solo le gana el asma, por poco).

Como sucede con el trastorno del espectro autista, es probable que existan varias causas del TDAH, entre las que se incluye la genética. Unos investigadores de la universidad de Cardiff, en Gales, estudiaron recientemente los genes de 366 niños con TDAH y los de 1.000 niños sin él y hallaron que era más probable encontrar duplicaciones de pequeños segmentos de ADN, o de que faltara alguna sección, en los que lo sufrían. Estudios previos habían demostrado que los hermanos de un niño con TDAH tienen entre 4 y 5 veces más posibilidades de sufrir también el trastorno… y muchos padres solo se dan cuenta de que ellos también lo sufren cuando diagnostican a sus hijos.

¿PODRÍAS TENER TDAH?

Muchos adultos no saben que podrían tener TDAH (porque la detección y el diagnóstico eran mucho más excepcionales en el pasado) y solo cuando se les diagnostica empiezan a entender las dificultades que han sufrido a lo largo de su vida. Algunos de los síntomas del TDAH en adultos incluyen:

- DIFICULTAD PARA CONCENTRARSE: Que tu mente vague en exceso durante las reuniones o que, simplemente, no aguantes sentado y quieto durante mucho tiempo son síntomas de este trastorno. Eso podría incluso provocar accidentes de conducción, por ejemplo. Por la misma razón, quizás tengas problemas para prestarles atención a los demás y tiendas a distraerte cuando te aburres, algo que puede causarte problemas en el trabajo o en las relaciones personales.

- DESASOSIEGO: Por ejemplo, no parar de moverse nerviosamente y ser incapaz de estar sentado quieto sin sentirse frustrado.

- IMPULSIVIDAD: Si tomas decisiones o actúas sin reflexionar, o sin tener en cuenta las consecuencias, puedes ser impulsivo.

- DIFICULTAD PARA COMPLETAR TAREAS: Las personas con TDAH normalmente tienen ideas muy buenas y se les da bien empezar proyectos, pero a menudo los abandonan o se aburren antes de completarlos. Parte del problema es que se distraen con facilidad de lo que están haciendo.

- DESORGANIZACIÓN: Tener una casa u oficina desordenada, llegar tarde o perder cosas sistemáticamente pueden ser síntomas de un TDAH. Esto también puede causar problemas en las relaciones personales o en el trabajo.

TERAPIAS PSICOLÓGICAS

Para modificar sentimientos o cambiar la conducta de las personas con problemas que afectan a su salud mental, los psicólogos han diseñado los procesos conocidos como terapias psicológicas. Las terapias comprenden todo un abanico de intervenciones que están basadas en la teoría psicológica y en los datos conocidos. Ayudan al paciente a modificar su forma de pensar, su conducta o sus relaciones (o todo ello) en ese momento de sus vidas y/o a procesar traumas y trastornos del pasado. El objetivo es aliviar su angustia emocional y mejorar su desempeño y bienestar. Tales terapias pueden aplicarse a adultos o a niños con problemas mentales, a personas con dificultades de aprendizaje o a personas con discapacidades físicas o neurológicas. Existe un gran número de terapias y cada psicólogo se puede especializar en una o en varias. A continuación analizaremos las terapias y enfoques más comunes, agrupados en las siguientes categorías:

«LA TERAPIA DE CONVERSACIÓN» con terapeutas profesionales es un componente habitual de muchas terapias psicológicas.

TERAPIAS PSICOLÓGICAS	
TIPO DE TERAPIA	EJEMPLOS
COGNITIVO-CONDUCTUAL	Terapia conductual, terapia cognitivo-conductual, terapia cognitivo-conductual basada en mindfulness.
PSICODINÁMICA	Terapia de asociación libre, terapia psicodinámica breve.
HUMANÍSTICA	Terapia Gestalt, terapia de las necesidades humanas, terapia centrada en la persona, terapia breve centrada en las soluciones, terapia existencial.
PSIQUIÁTRICA	Medicación, terapia electroconvulsiva.
OTRAS PSICOLOGÍAS	Terapia integradora, análisis transaccional, EMDR (véase página 214).
NO PSICOLÓGICAS	Programación neurolingüística, hipnosis, técnicas de liberación emocional.

TERAPIAS COGNITIVO-CONDUCTUALES

Estas terapias son un grupo de planteamientos que tratan de modificar la forma de pensar y/o actuar de las personas. Los pensamientos y la conducta a menudo están interconectados y, según este enfoque, si conseguimos cambiar la forma de pensar transformaremos las conductas que causan problemas.

TERAPIA CONDUCTUAL

Esta terapia, a veces llamada de modificación de conducta, intenta cambiar aquel comportamiento humano inapropiado o problemático (en el sentido de que causa molestias o dificultades al paciente). Las enfermedades que responden bien a la terapia conductual son las adicciones, la ansiedad, las fobias y el trastorno obsesivo-compulsivo (TOC).

El principio subyacente de la terapia conductual es que como los comportamientos que nos causan problemas han sido aprendidos, también se pueden desaprender. No es necesario conocer en profundidad por qué o cómo se desarrollaron esas conductas: la terapia se centra únicamente en intentar hacer las cosas de forma diferente. Por lo tanto, hace menos hincapié en el pasado o en las experiencias de la niñez y se fija solo en cómo modificar los comportamientos y pensamientos actuales.

La terapia conductual se sirve de las teorías del condicionamiento (véase página 96). Existen varios planteamientos terapéuticos basados bien en el condicionamiento clásico o en el operante (como se explicó en la página 98, el condicionamiento clásico forma una asociación entre la conducta involuntaria y automática y un estímulo, mientras que el condicionamiento operante utiliza el refuerzo).

Entre las terapias basadas en el condicionamiento clásico se incluyen las siguientes:

LA DESENSIBILIZACIÓN SISTEMÁTICA: Consiste en la exposición gradual a un estímulo temido para que el paciente pueda desaprender respuestas condicionadas a esos estímulos. Así, si un paciente le tiene miedo a las arañas, puede empezar aprendiendo a hablar de ellas o a leer sobre ellas sin miedo y después progresar hasta ser capaz de estar en el mismo cuarto con una, de acercarse a una y finalmente, quizás, hasta de sostener una. El terapeuta le enseña al paciente técnicas de relajación que puede utilizar durante la exposición al estímulo que despierta su miedo. De este modo, la respuesta condicionada al estímulo se va reduciendo. La técnica se utiliza con éxito para tratar fobias o ataques de pánico.

LA TERAPIA DE AVERSIÓN: Al contrario que la desensibilización sistemática, que trata de romper el vínculo entre un estímulo y una respuesta negativa, la terapia de aversión intenta crear un nexo conveniente. Por ejemplo, un paciente con TOC puede chasquear una goma elástica en la muñeca cuando un pensamiento no deseado entre en su mente: la idea es condicionar los pensamientos no deseados con un estímulo (levemente) doloroso. Del mismo modo, cuando a un alcohólico se le da (con su consentimiento) un medicamento que causa náuseas intensas si se combina con alcohol, aprende a asociar el alcohol con sentimientos desagradables, lo que provoca una reducción de su ingesta.

EL ALCOHOLISMO *puede a veces tratarse con éxito con la terapia de aversión, utilizando un medicamento que causa náuseas al combinarse con alcohol.*

LA TERAPIA IMPLOSIVA: Se expone al paciente a su peor miedo durante un considerable tiempo hasta que su alto nivel de ansiedad desaparece. La idea es que no somos capaces de mantener altos niveles de excitación indefinidamente: al final, como gana el agotamiento, la ansiedad y el pánico desaparecen por sí mismos. Si encerramos a un paciente con claustrofobia, por ejemplo, en un ascensor, al cabo de un tiempo dejará de sentir angustia. Sin embargo, esta terapia entraña un peligro: si la persona se niega a seguir con el tratamiento (y, por supuesto, es libre de interrumpirlo cuando desee), podría acabar con un miedo mayor que el que tenía al comenzarlo.

LA TERAPIA IMPLOSIVA debe usarse con mucha precaución porque exponer a una persona a sus peores miedos podría hacerle más mal que bien.

Entre las terapias basadas en el condicionamiento operante se incluyen las siguientes:

LA ECONOMÍA DE FICHAS: Utiliza el refuerzo positivo. Al paciente se le otorgan unas «fichas» (puntos, estrellas o pegatinas que pueden intercambiarse por privilegios, premios u otras recompensas) cuando se comporta de la forma que se quiere conseguir. Se utiliza habitualmente con personas con dificultades de aprendizaje, para «moldear» la conducta deseada modificándola poco a poco, en lugar de toda jun-

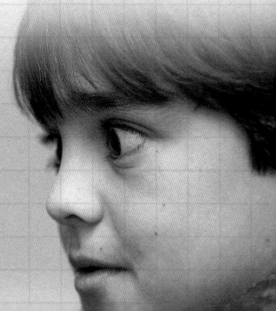

ta. Sin embargo, también se puede usar con personas cuyo comportamiento estemos tratando de cambiar (por ejemplo, si queremos mejorar la asistencia de alumnos a clase o el cumplimiento de las horas de trabajo en adultos). El objetivo es que las nuevas conductas aprendidas de este modo se mantengan incluso después de que cesen las recompensas.

LA MODELIZACIÓN: Se basa en el aprendizaje por observación e imitación. Se puede utilizar en programas de tutoría o de apoyo de compañeros, con niños o con gente con dificultades de aprendizaje. El paciente observa a otra persona realizando la conducta adecuada y le imita, aprendiendo así a realizarla por sí mismo. Por ejemplo, si un niño con miedo a los perros ve a un progenitor jugando felizmente con uno, aprenderá que no tiene nada que temor.

UNA BUENA CONDUCTA DE MODELIZACIÓN *para un niño con miedo a los perros sería ver a un progenitor interactuar felizmente con esos animales.*

TERAPIA COGNITIVO-CONDUCTUAL (TCC)

Se trata de la combinación de dos terapias: la terapia conductual (véase página 238) y la cognitiva, desarrollada por el psicoterapeuta Aaron T. Beck en los años sesenta. El objetivo de la terapia cognitiva es cambiar la forma de pensar de las personas, mientras que la terapia conductual se centra en sus acciones. Por lo tanto, la terapia cognitivo-conductual se ocupa de la relación existente entre la forma de pensar de una persona y en cómo eso afecta a sus acciones: es una terapia que aspira a modificar tanto pensamientos como conducta.

Su premisa central es que los pensamientos de un individuo influyen en cómo se siente y se comporta, y que los problemas de depresión o ansiedad son debidos a procesos de pensamiento «inadaptados» (inútiles) o negativos. El objetivo principal de la terapia cognitivo-conductual es enseñar al paciente a identificar esos pensamientos negativos o improductivos y a transformarlos en positivos o útiles. Mucha gente cae en patrones de pensamiento habitual (como tener siempre ideas pesimistas) que le hacen sentirse mal. Esta técnica terapéutica trata de que se den cuenta de lo que están haciendo y de favorecer que adopten patrones de pensamiento más optimistas en algunas situaciones.

Imagínate que ves a alguien que conoces en la calle (quizás un pariente o un viejo amigo), pero él parece ignorarte. Con patrones de pensamiento improductivos, podrías reaccionar pensando: «¡Me ha ignorado! ¡Está claro que no le caigo bien! En realidad, no tengo muchos amigos. No le caigo bien a mucha gente. Debo de ser insufrible. De hecho, creo que me voy

a ir para casa. Había quedado con unos amigos para tomar un café, pero debería hacerles un favor y alejarme de ellos. Probablemente solo me hayan invitado por pena». La terapia cognitivo-conductual te enseñaría a identificar tus «errores de pensamiento» (pensamientos con errores o sin base) en esta situación, que son los siguientes:

«¡Me ha ignorado!» (estás haciendo una suposición: quizás haya otra explicación, como que no te vio o que estaba distraído). «¡Está claro que no le caigo bien!» (esto es otra suposición, otro ejemplo de una imposible «lectura de mente»; no puedes saber que no le caes bien). «En realidad, no

tengo muchos amigos» (en este caso, estás tomando un suceso puntual y generalizando a partir de él). «No le caigo bien a mucha gente» (más suposiciones y lectura de mente: ¿cómo puedes saberlo?). «Debo de ser insufrible» (te estás colgando una etiqueta negativa y teniendo un pensamiento de «todo o nada»: asumes que o bien eres agradable, o no, en lugar de aceptar que puedes resultarle agradable a alguna gente a veces, pero no siempre y a todo el mundo). «De hecho, creo que me voy a ir para casa. Había quedado con unos amigos para tomar un café, pero debería hacerles un favor y alejarme de ellos» (los patrones de pensamiento anteriores han influido en tu conducta). «Probablemente solo me hayan invitado por pena» (de nuevo, suposiciones y lectura de mente).

La terapia cognitivo-conductual ayuda al cliente a hacer frente a esos errores de pensamiento, quizás sugiriéndole que busque pruebas de sus suposiciones o encuentre explicaciones alternativas para ellas. Por lo tanto, la terapia se centra mucho más en el aquí y ahora que en las posibles causas del problema, que quizás tengan sus raíces en el pasado. Por supuesto, muchos patrones de pensamiento negativo se desarrollan en la infancia, así que no se puede ignorar

lo sucedido anteriormente, pero esta terapia se preocupa más en resolver los problemas actuales que en ayudar a los clientes a entender por qué son como son.

Lo que es especialmente característico del pensamiento «inadaptado» es que suele ser muy negativo. Las personas acaban atrapadas en un círculo vicioso de pensamientos que suelen tener unas cualidades específicas:

- Suelen estar distorsionados, no son acordes con la realidad.
- Tienen una influencia negativa porque hacen que el paciente se sienta mal o deprimido.
- Parecen razonables y plausibles, así que al paciente no se le ocurre cuestionarlos.
- Aparecen involuntariamente, lo que significa que son muy difíciles de controlar.

Los pensamientos inadaptados a menudo reflejan baja autoestima, elevada autocrítica, facilidad para culparse a uno mismo, interpretación negativa de los acontecimientos y bajas expectativas de futuro. El papel de la terapia cognitivo-conductual es cuestionar esos pensamientos. Una forma de conseguirlo es pedirle al paciente que escriba un «diario de sus pensamientos» en el que vaya anotando aquellos que le surgen en respuesta a ciertos sucesos y que lleve ese diario a la terapia para que el terapeuta los cuestione (al final, el paciente aprende a cuestionarlos por sí mismo). En el ejemplo que acabamos de ver, quizás responderías a las preguntas de esta manera:

PREGUNTA DEL TERAPEUTA	RESPUESTA DEL PACIENTE
¿QUÉ PRUEBAS HAY PARA QUE DIGAS QUE NO LE CAES BIEN A NADIE?	Bueno, solo que esa persona me ignoró. En realidad, eso no indica que no le caiga bien a nadie. Lo podría comprobar mirando a cuánta gente le gustan mis *post* o los comenta en los medios sociales, comparado con otras personas: si recibo un número similar de «me gusta» que mis amigos, entonces quizás les caiga mejor de lo que imagino.
¿QUÉ CONSECUENCIAS TIENE QUE PIENSES ASÍ?	Me deprime y me hace caer en una espiral negativa. Como consecuencia, no tengo ganas de ir a ninguna parte y me da la impresión de que tengo al mundo en contra. Puede incluso convertirse en una profecía autocumplida: cuanto más me aíslo, menos gente quiere relacionarse conmigo y lo interpreto como que no le caigo bien a nadie.
¿QUÉ EXPLICACIONES ALTERNATIVAS PODRÍA HABER?	Quizás no me vio o estaba distraído con sus propios problemas. O quizás me estaba ignorando, pero eso no significa que no le caiga bien a nadie.
¿QUÉ ERRORES DE PENSAMIENTO ESTÁS COMETIENDO?	Asumir que sé lo que piensan otras personas, extrapolar un incidente aislado (que le caiga bien o no a una persona no significa que yo sea insufrible), colgarme etiquetas, centrarme solo en la parte negativa (ser «ignorado») y desechar la positiva (que he quedado con unos amigos para tomar un café).

Estos procesos llevan tiempo, pero un terapeuta cognitivo-conductual especializado debería ser capaz de modificar la manera en que una persona reacciona y piensa para que se sienta y se comporte de forma más positiva.

TERAPIA COGNITIVO-CONDUCTUAL BASADA EN MINDFULNESS

La terapia mindfulness es un enfoque relativamente nuevo que ayuda a que los clientes se concentren en el momento presente sin juzgarlo y que utiliza técnicas como la meditación, la respiración y el yoga. La formación en mindfulness puede conseguir que las personas sean más conscientes de sus pensamientos, sentimientos y cuerpos para que dejen de resultarles abrumadores.

La reducción del estrés basada en mindfulness (REBM) es un programa de terapia cognitivo-conductual basada en mindfulness desarrollado por Jon Kabat-Zinn en la facultad de medicina de la universidad de Massachusetts. Utiliza una combinación de meditación mindfulness, conciencia corporal y yoga. La terapia cognitivo-conductual basada en mindfulness (TCCBM), que se vale de métodos de la terapia cognitivo-conductual clásica (TCC) combinados con mindfulness y con meditación mindfulness, está diseñada para evitar las recaídas en la depresión.

Un tipo particular de mindfulness es la terapia de aceptación y compromiso (TAC), que está basada en dos ideas principales: aceptar lo que está fuera de nuestro control personal y comprometernos a realizar cambios para mejorar. El objetivo es forjar una vida rica y relevante sin tratar, en realidad, de reducir los síntomas, porque a veces es necesario aceptar esos síntomas para mejorar nuestra propia existencia.

LA TERAPIA MINDFULNESS es extremadamente popular. Puede incluir la reducción del estrés basada en mindfulness y la terapia de aceptación y compromiso.

TERAPIAS PSICODINÁMICAS

CARL JUNG *fue un psicólogo y psiquiatra suizo que tuvo una gran influencia en el desarrollo de la terapia psicodinámica.*

Al contrario que las terapias analizadas hasta ahora, las psicodinámicas se centran a menudo en el pasado. Un aspecto fundamental en ellas es el subconsciente, y por eso sus seguidores han diseñado varias técnicas que permiten sacar a relucir los procesos subconscientes de la mente. Muchos de esos procesos están afianzados desde la infancia, así que la clave para resolverlos parece ser comprender cómo y por qué aparecieron. Por consiguiente, los objetivos de esta terapia son aumentar la consciencia propia y entender cómo el pasado puede influir en el presente.

Las raíces de la terapia psicodinámica se sitúan en la perspectiva psicoanalítica de Freud (véase página 14), y eso la convierte en la terapia moderna más antigua. Sin embargo, el trabajo de otros defensores del enfoque psicoanalítico, como Carl Jung, Alfred Adler, Otto Rank y Melanie Klein, también ha tenido su influencia en esta metodología. Los terapeutas psicodinámicos creen que nuestra mente inconsciente suprime los sentimientos dolorosos, utilizando defensas como la negación y las proyecciones (véase página 250). Aunque estas defensas ofrecen protección a corto plazo, a largo plazo suelen ser dañinas y evitan que nos enfrentemos a situaciones difíciles y les pongamos solución.

ELLO, YO Y SUPERYÓ

Según Freud, la personalidad se estructura en tres partes: el ello, el yo y el superyó. Cada una se desarrolla en diferentes etapas de nuestra vida:

1. **ELLO:** Incluye todos los componentes heredados (biológicos) de la personalidad. Se considera el elemento más primitivo e instintivo de los tres. Motivado por un «principio del placer», el ello demanda la gratificación inmediata que resulta de la comida, el agua, el sexo y otras necesidades básicas.

2. **YO:** En contraste con el instintivo ello, el yo es más maduro y trata de controlar y manejar al ello. En lugar de operar mediante un principio del placer como el ello, está motivado por un «principio de realidad» y trata de elaborar formas realistas de satisfacer las necesidades del ello sin atraer consecuencias negativas; por ejemplo, intentando contener los impulsos del ello hasta que se dé un momento más socialmente aceptable (como ir posponiendo charlas con amigos hasta después del trabajo). El yo tiene en cuenta las expectativas sociales, las normas, la etiqueta y las reglas de la sociedad.

3. **SUPERYÓ:** El superyó sirve de conciencia e incorpora los valores y las costumbres morales que aprendemos de nuestros padres y otras personas. Utiliza la culpa para ejercer su efecto sobre el yo.

Freud afirmaba que los tres componentes se encuentran en conflicto constante, luchando por ejercer su influencia en acciones y conductas.

ANNA FREUD *fue la sexta hija de Sigmund Freud (juntos en la foto). Se convirtió en una importante psicoterapeuta por méritos propios, aprovechando el trabajo de su padre (por ejemplo, desarrolló sus ideas sobre el yo y las defensas).*

Los supuestos básicos que subyacen en el enfoque psicodinámico son los siguientes:

- Todo problema de salud mental, y gran parte de nuestra conducta, tiene sus raíces en el inconsciente.
- El principio del determinismo psíquico establece que toda conducta tiene una causa o razón (traumas, deseos o conflictos inconscientes...).

- Las experiencias de la infancia son las responsables de nuestra conducta y sentimientos de adultos (y de nuestros problemas psicológicos).
- Las diferentes partes de la mente inconsciente (el ello, el yo y el superyó) están en lucha constante entre sí.
- Para evitar las desagradables consecuencias del conflicto entre el ello, el yo y el superyó, desarrollamos varias defensas.

ASOCIACIÓN LIBRE

Una de las técnicas principales que se utilizan en la terapia psicoanalítica es la asociación libre, en la que se le pide al cliente que hable con libertad con el terapeuta, diciendo lo primero que se le venga a la mente y sin intentar controlar o inhibir sus ideas o pensamientos. Eso deja al descubierto sus defensas y, aparentemente, permite que emerjan sus verdaderos sentimientos. A veces el terapeuta dice palabras (como «padre» o el nombre del cónyuge del cliente) y se insta al cliente a decir lo primero que se le ocurra, sin preocuparse de lo raro o tonto que pueda sonar. Para hacer esto, es necesario que exista una relación de confianza con el terapeuta. Por ejemplo, un paciente puede afirmar mantener una relación maravillosa con sus padres, pero durante la asociación libre puede dejar escapar sentimientos ocultos sobre ciertos problemas o que se siente decepcionado por ellos. El terapeuta ayuda al cliente a identificar esos nuevos sentimientos que acaban de surgir y los utiliza para instaurar nuevas conductas o formas más sanas de pensar.

TERAPIA PSICODINÁMICA BREVE

Las terapias psicodinámicas pueden necesitar mucho tiempo... incluso años. Por eso se ha desarrollado una forma más breve que, a veces, puede ser útil (normalmente, cuando el terapeuta identifica claramente un tema con el que trabajar y cree que se puede resolver con rapidez). Aun así, sigue siendo probable que se necesiten, al menos, 25 sesiones.

MECANISMOS DE DEFENSA PSICOLÓGICOS

Para enfrentarnos a la ansiedad y reducirla, utilizamos a menudo mecanismos de defensa que suelen ser respuestas automáticas e inconscientes. En 1936, Anna Freud (hija de Sigmund Freud) identificó cierto número de mecanismos de defensa, que aparecían en los trabajos de su famoso padre, entre los que están los siguientes:

LA REPRESIÓN: Es un intento subconsciente de mantener alejados de la mente, y hasta de la memoria, los pensamientos, recuerdos y sentimientos desagradables. Podemos reprimir recuerdos de un incidente traumático hasta tal punto que parecemos «olvidar» que lo hemos vivido, sin darnos cuenta de que incluso esos recuerdos reprimidos pueden influir en cómo nos sentimos o actuamos hoy en día.

LA PROYECCIÓN: En lugar de reconocer que tenemos pensamientos o sentimientos inaceptables, se los atribuimos a otras personas o «proyectamos» esos pensamientos o sentimientos sobre ellas. Por ejemplo, podemos acusar a nuestra pareja de estar enfadada cuando somos nosotros los que lo estamos.

LA FORMACIÓN REACTIVA: En este caso, podemos tratar de distanciarnos de pensamientos o sentimientos inaceptables comportándonos de manera diametralmente opuesta a nuestras inclinaciones reales. Así, aunque odiemos a una persona en particular, nos esforzamos por ser especialmente agradables con ella.

LA RACIONALIZACIÓN: Es un intento de utilizar explicaciones incorrectas para justificar conductas, pensamientos o sentimientos inaceptables. Por ejemplo, robar bolígrafos en el trabajo y justificarlo racionalizando que todo el mundo lo hace, o que nuestro trabajo es tan duro que nos merecemos alguna recompensa.

EL DESPLAZAMIENTO: En este caso podemos transferir nuestros sentimientos sobre una persona o suceso a alguien o a algo. Por ejemplo, si hemos tenido un mal día en el trabajo y al llegar a casa discutimos con nuestra pareja, estaríamos hablando de una estrategia de desplazamiento.

LA NEGACIÓN: Cuando nos negamos a reconocer algo que resulta obvio para la mayoría de la gente, estamos en proceso de negación. Por ejemplo, podemos negar que necesitemos ayuda para tratar nuestro estrés o depresión porque eso nos obligaría a reconocer una presunta debilidad.

LA REGRESIÓN: Cuando retornamos a un estado más inmaduro de desarrollo psicológico en el que nos sentimos más seguros y que nos es menos exigente, hablamos de regresión. Por eso a veces, cuando nos sentimos deprimidos, comemos cosas que nos recuerdan a nuestra infancia.

SUBLIMACIÓN: Se trata de la canalización de pensamientos y sentimientos inaceptables hacia un comportamiento socialmente aceptable. Por ejemplo, la ira y la agresividad se pueden transformar en realizar actividades deportivas.

UN AMBIENTE DE CONFIANZA ENTRE TERAPEUTA Y CLIENTE

Es básico que el cliente confíe en que el terapeuta está adecuadamente cualificado para tratar su problema y en que actuará de forma ética en todo momento. Eso supone ceñirse a una confidencialidad estricta (que incluye no hablar del cliente con el cónyuge, pareja u otros miembros de la familia sin su permiso) y no recomendar más tratamientos o terapias que los necesarios. El cliente también necesita confiar en que el terapeuta no lo va a juzgar ni se va a mostrar despectivo. El terapeuta crea un ambiente de confianza con el cliente utilizando técnicas de escucha activa, dando su opinión y siendo respetuoso (por ejemplo, devolviendo con prontitud las llamadas, viendo a sus clientes con puntualidad, vistiéndose profesionalmente y preparando las sesiones con antelación).

TERAPIAS HUMANISTAS

Terapia humanista es el nombre que se aplica a un grupo de enfoques que se centran en el papel de la libre elección, la autosuperación y el crecimiento en el desarrollo humano. Este tipo de terapias tienden a fijarse en el presente (determinando el estado del paciente en ese momento), en lugar de reflexionar sobre cómo llegaron a ese punto o de preocuparse por lo que pueda traer el futuro consigo. Su objetivo es ayudar a las personas a descubrir sus puntos fuertes, su creatividad y sus opciones para llegar a la «realización personal» (alcanzar el máximo potencial). Entre los supuestos fundamentales en que se basa la psicología humanista, se incluyen los siguientes:

- Experimentar es clave (pensar, sentir, percibir, palpar, recordar).
- Las personas deben reconocer que tienen libre elección y responsabilizarse de su crecimiento personal.
- La realización personal (la necesidad de alcanzar nuestro máximo potencial) es algo a lo que aspiramos todos.
- Las personas son inherentemente buenas y progresarán si cuentan con las condiciones adecuadas, especialmente durante su infancia.

Existen varias escuelas de terapia humanista. Las que incluimos aquí son las más comunes.

TERAPIA GESTALT
Desarrollada por Fritz Perls, Laura Perls y Paul Goodman en los años cuarenta y cincuenta, la terapia Gestalt se centra en la experiencia de la persona en su conjunto (sus pensamientos, sentimientos y acciones) en el aquí y ahora. Eso quiere decir que, al contrario que las terapias psicodinámicas, se preocupa poco por el pasado (salvo en cómo afecta el pasado al momento presente). La terapia Gestalt gira alrededor de las habilidades y técnicas que necesitamos desarrollar para ser más conscientes de nuestros propios sentimientos, pensamientos, ideas y creencias. Eso se puede conseguir utilizando técnicas como las siguientes:

JUEGOS DE ROL: Con esta técnica, el terapeuta puede asumir el rol de la persona que es la fuente de las dificultades del paciente, como un cónyuge o un progenitor. A continuación, se le pide que interactúe con él. Otra posibilidad es que sea el paciente el que asuma el papel de la otra persona para poder experimentar diferentes sentimientos y emociones que le permitirán mejorar su autoconsciencia.

LA TÉCNICA DE LA «SILLA VACÍA»: Se coloca una silla vacía enfrente del cliente, al que se le pide que imagine que está ocupada por alguien importante (como sus padres, su cónyuge o hasta ellos mismos) y que empiece a interactuar con esa persona (hablando con ella y haciéndole preguntas). Después se intercambian las sillas y es el cliente el que se sienta en la silla vacía y se convierte en la otra persona; se invierten los papeles y la interacción continúa. El objetivo es que salgan a la luz ciertos sentimientos reprimidos que pueden estar alimentando conflictos o angustias.

EN LA TÉCNICA DE LA «SILLA VACÍA» *el cliente se imagina que en ella está sentado alguien importante para él y se le pide que «interactúe» con esa persona.*

TERAPIA DE LAS NECESIDADES HUMANAS

El enfoque de las necesidades humanas afirma que seríamos más felices si fuésemos más conscientes y más sensibles ante nuestras necesidades y recursos innatos. Todos tenemos un conjunto común de necesidades físicas y emocionales propias, que vienen acompañadas de los recursos físicos y emocionales correspondientes (véase abajo). Para responder a esas «necesidades» en nuestra vida diaria, desplegamos nuestros «recursos». Teóricamente, cuando se satisfacen esas necesidades innatas nos sentimos felices y complacidos; pero cuando esas necesidades no están cubiertas, nos estresamos o deprimimos. La terapia agrupa las necesidades y los recursos de la siguiente manera:

NECESIDADES	RECURSOS
• SEGURIDAD	• MEMORIA
• AUTONOMÍA Y CONTROL	• COMPENETRACIÓN
• POSICIÓN SOCIAL	• IMAGINACIÓN
• PRIVACIDAD	• INSTINTOS Y EMOCIONES
• ATENCIÓN	• UNA MENTE RACIONAL
• SENTIRSE PARTE DE LA COMUNIDAD	• UNA MENTE METAFÓRICA
• INTIMIDAD	• UN YO OBSERVADOR
• COMPETENCIA Y ÉXITO	• UN CEREBRO SOÑADOR
• SENTIDO Y PROPÓSITO	

Un terapeuta de las necesidades humanas utiliza técnicas como la relajación, la visualización, y el uso de metáforas para que su cliente sea capaz de descubrir sus necesidades emocionales no satisfechas y, después, de encontrar formas de satisfacerlas utilizando sus propios recursos.

TERAPIA CENTRADA EN LA PERSONA

También conocida como orientación centrada en el cliente o rogeriana, la terapia centrada en la persona es un enfoque humanista desarrollado por Carl Rogers (véase página 33) durante los años cuarenta y cincuenta. Más que considerar que la terapia consiste en un experto que trata a un paciente, entiende que es una relación entre iguales que intentan resolver un problema. Rogers creía firmemente que para mejorar la condición de un cliente, el terapeuta debía ser cordial, sincero y comprensivo. Con este enfoque, es el cliente y no el terapeuta el que asume la responsabilidad de cambiar su vida. En lugar de trabajar sobre los motivos inconscientes del problema, como hace la terapia psicodinámica, presume que el cliente sabe cómo se siente: Rogers afirmaba que el cliente era el mayor experto en sí mismo.

Existen tres «condiciones fundamentales» que forman los pilares de la terapia centrada en el cliente:

- El terapeuta es «coherente» con el cliente, lo que significa que interactúa con él de forma sincera y auténtica (y no manteniendo una fachada neutral, como hace un terapeuta psicodinámico).

AYUDAR A LOS CLIENTES A AYUDARSE A SÍ MISMOS

Carl Rogers eligió el término «cliente», en lugar del de «paciente», de forma deliberada: creía que reflejaba mejor una relación de igualdad (en oposición a la de un «enfermo» que es tratado por un doctor omnisciente). Al contrario de lo que sucede en la terapia psicodinámica, cuyo objetivo es buscar en el inconsciente el origen de los problemas del paciente, el enfoque centrado en la persona es bastante menos autoritario. El terapeuta no le dice al cliente lo que debe hacer, ni lo juzga ni le ofrece respuestas a sus problemas, sino que le ayuda a resolver esos temas por sí mismo.

- El terapeuta le ofrece al cliente una «consideración positiva incondicional» demostrándole su profunda preocupación, mostrándole aceptación y una actitud libre de prejuicios.
- El terapeuta también hace gala de una «comprensión empática» hacia el cliente.

Según Rogers, cuando esas tres condiciones estén presentes en un terapeuta, los clientes se sentirán libres para expresarse sin tener que preocuparse por lo que piense de ellos o de si les está juzgando. El terapeuta no intenta cambiar la forma de pensar del cliente de ninguna manera (al contrario que en la terapia cognitivo-conductual). Gracias a este enfoque liderado por el cliente, los clientes se sienten libres para explorar los temas que sean más importantes para ellos, y no aquellos que el terapeuta considere como tal. Eso permite que los clientes identifiquen por sí mismos formas de pensar alternativas que después impulsarán su crecimiento personal. El papel del terapeuta es facilitar ese proceso creando un ambiente adecuado, libre de juicios y no dirigido, en el que los clientes se sientan libres para lanzarse a la autoexploración.

Cabe destacar que el enfoque centrado en la persona o el cliente, aunque tiene sus raíces en las terapias humanistas, a veces también se utiliza en otras terapias como en la terapia cognitivo-conductual o hasta en la psicodinámica.

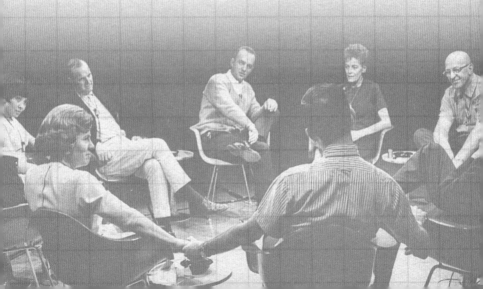

EL DR. CARL ROGERS *conduciendo una sesión de terapia de grupo en 1966 en la que ofrece su consideración positiva incondicional y su comprensión empática a todos los participantes.*

TERAPIA BREVE CENTRADA EN LAS SOLUCIONES

La también conocida como terapia centrada en las soluciones (TBCS) o terapia breve es un enfoque que se centra más en desarrollar soluciones que en analizar problemas, como hacen casi todas los demás. Normalmente, la terapia dura solo entre tres y cinco sesiones, bastante menos que la mayoría (la terapia cognitivo-conductual puede durar hasta 12 sesiones y las terapias psicodinámicas pueden durar años). Algunos terapeutas dedican mucho tiempo a pensar, hablar y analizar problemas que, sin embargo, no acaban de desaparecer. El objetivo de la terapia breve centrada en las soluciones es utilizar los puntos fuertes del cliente y sus habilidades para hallar esas soluciones, en lugar de invertir demasiado tiempo y energía en analizar los problemas. Desde sus orígenes, a mediados de los años ochenta, esta terapia ha demostrado ser efectiva en una gran variedad de casos.

Durante las sesiones, el terapeuta hace preguntas que animan al cliente a encontrar sus propias soluciones a los problemas. Algunas de las técnicas utilizadas son las siguientes:

LAS EXCEPCIONES: Muchos estaremos de acuerdo en que los problemas no siempre parecen ser igual de malos. A veces nos sentimos mejor o disfrutamos de breves momentos de tregua. A menudo esos respiros los provocamos nosotros mismos al utilizar nuestros propios recursos para afrontar aquello que nos aqueja. Hacer preguntas sobre esos instantes excepcionales del tipo «háblame de aquel momento en el que este problema no te parecía tan grave», o «cuéntame un momento en el que te sentiste feliz», permiten que la gente se dé cuenta de que existen esos períodos y reflexione sobre los recursos que usó para mejorar la situación. Mediante un análisis en el que se destacan los puntos fuertes y los recursos que se pusieron en marcha para conseguir el «período de excepción», el terapeuta puede ayudar al cliente a encontrar sus propias soluciones a los problemas.

EN LA TÉCNICA DE LA PREGUNTA MILAGRO, *se les pide a los clientes que imaginen cómo sería su vida si su problema actual se resolviera milagrosamente de la noche a la mañana.*

LA ESCALA DE AVANCE: Se utiliza una escala del 0 al 10 para que el cliente identifique dónde se encuentra en ese momento con respecto a un problema y dónde le gustaría estar. Eso le ayuda a identificar objetivos y metas y también a ser consciente de lograrlos cuando lo hace. Las escalas también se pueden utilizar para clasificar los problemas según su dificultad.

LA PREGUNTA MILAGRO: En este caso se le dice al cliente que imagine que ocurre un milagro por la noche, mientras duerme, que soluciona su problema actual. Se le pide que fantasee sobre cómo se enteraría al despertar por la mañana (¿qué sería diferente?, ¿cómo sería su vida?). Eso le ayuda a visualizar claramente cómo sería su futuro si todo se arreglase. Esa imagen es motivante para el cliente porque le permite creer que se puede alcanzar una solución dando pequeños y prácticos pasos.

TERAPIA EXISTENCIAL

La terapia existencial busca explorar las dificultades desde una perspectiva más filosófica. Estudia temas como el significado de la vida, en lugar de adoptar un enfoque basado en la técnica. No se sumerge en el pasado, sino que se centra en el aquí y ahora. Las dificultades emocionales y psicológicas se consideran conflictos internos causados por el enfrentamiento de la persona con aspectos fundamentales de la existencia: la inevitabilidad de la muerte, la libertad, la responsabilidad, el aislamiento existencial y los sinsentidos.

La terapia existencial tiene sus raíces tanto en el enfoque humanista como en el psicoanalítico, pero también está muy influenciada por filósofos de principios del siglo XIX (por ejemplo, Friedrich Nietzsche). Durante la terapia, se ayuda al cliente a enfrentarse a los cuatro reinos (o «máximas preocupaciones»): su papel en el mundo físico, en su mundo social, en su mundo interior y en su mundo ideal. El objetivo de la terapia existencial es enseñar a los clientes a lidiar con las grandes ansiedades (sobre la vida y su significado) y a reconocer que tenemos libertad de elección para elegir cómo vivir nuestra vida (y las obligaciones que esas decisiones conllevan). Los terapeutas existencialistas ayudan a sus clientes a asumir la responsabilidad de sus vidas y de sus decisiones y a admitir que sus vidas tienen sentido.

ENFOQUES PSIQUIÁTRICOS

A veces son los psiquiatras y otros facultativos médicos los que tratan las condiciones de salud mental y psicológica, en lugar de los psicólogos o conjuntamente con ellos.

MEDICACIÓN

La medicación puede ser útil para tratar una variedad de enfermedades como la esquizofrenia, el trastorno bipolar, la ansiedad y la depresión. Los médicos prescriben habitualmente antidepresivos, por ejemplo, a pacientes que presentan depresión porque suele ser más rápido, barato y fácil que intentar encontrarles un hueco en terapias psicológicas (las listas de espera suelen ser largas y esas terapias requieren mucho tiempo y, por tanto, son caras). Los fármacos también pueden darle al paciente el empujoncito que necesita para recuperarse un poco y, quizás, le ayude a acceder a otras terapias.

Se piensa que los antidepresivos actúan aumentando los niveles de neurotransmisores en el cerebro (véase página 61). Ciertos neurotransmisores, como la serotonina y la noradrenalina, pueden mejorar el humor y la emoción, pero poco se sabe sobre cómo funcionan. Entre los antidepresivos más comunes se incluyen los siguientes:

INHIBIDORES SELECTIVOS DE LA RECAPTACIÓN DE LA SEROTONINA (ISRS): Son los antidepresivos más prescritos porque causan pocos efectos secundarios y las sobredosis rara vez son graves. Fueron desarrollados por primera vez a finales de los años ochenta y funcionan inhibiendo la recaptación de serotonina en la célula nerviosa que la ha liberado, lo que prolonga su acción en el cerebro. Entre ellos se incluyen la fluoxetina (vendida bajo el nombre comercial Prozac), el citalopram (Cipramil), la paroxetina (Seroxat) y la sertralina (Lustral o Zoloft).

INHIBIDORES DE LA RECAPTACIÓN DE LA SEROTONINA-NORADRENALINA (IRSN): Son una alternativa a los ISRS y funcionan sobre los neurotransmisores noradrenalina y serotonina. Alguna gente responde mejor a esta clase de fármacos. Como ejemplos tenemos la duloxetina (Cymbalta y Yentreve) y la venlafaxina (Efexor).

ANTIDEPRESIVOS SEROTONINÉRGICOS Y NORADRENÉRGICOS ESPECÍFICOS (NASSA, POR SUS SIGLAS EN INGLÉS): Pueden resultar efectivos en personas que no pueden tomar IRSN. El principal NASSA prescrito en Gran Bretaña es la mirtazapina (Zispin).

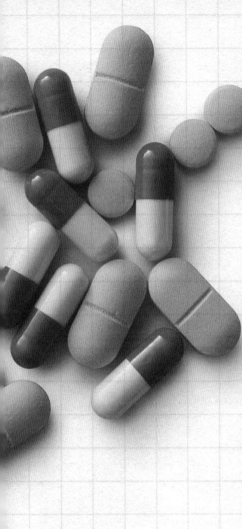

ANTIDEPRESIVOS TRICÍCLICOS (ADT): Los ADT, un tipo de antidepresivos más antiguo, ya no suele recomendarse como primer tratamiento para la depresión porque puede ser más peligroso en caso de sobredosis. Algunos ejemplos son la amitriptilina (Tryptizol), la clomipramina (Anafranil), la imipramina (Tofranil), la lofepramina (Gamanil) y la nortriptilina (Allegron).

Todos estos antidepresivos pueden tener efectos secundarios como náuseas, problemas para dormir, visión borrosa, palpitaciones y migrañas. Incluso pueden empeorar la ansiedad antes de mejorarla. Los antidepresivos también pueden causar síndrome de abstinencia, así que no se debe cesar la medicación de golpe.

También se pueden tomar antidepresivos para tratar la ansiedad, pero los medicamentos preferidos para enfermedades de ansiedad son los tranquilizantes [benzodiacepinas como el diazepam (Valium), alprazolam (Xanax), clordiazepóxido (Librium), el lorazepam (Ativan) y el oxazepam (Serax)] y beta-bloqueantes (como el Propanolol).

LA SALUD Y LAS TERAPIAS MENTALES EN LAS PELÍCULAS Y LA CULTURA

Tristemente, la manera en que se representan los problemas mentales en películas como *El silencio de los corderos, Análisis final, El resplandor* o *Psicosis* es a menudo poco realista y negativa. Los enfermos mentales son retratados, con demasiada frecuencia, como locos, malvados y peligrosos. Por citar un ejemplo, en *Batman, el caballero oscuro*, Batman describe al *Joker* como a un payaso esquizofrénico. Las personas afectadas (en especial los que sufren esquizofrenia) son siempre violentas. A menudo son sucesos inocuos como la luna llena, Halloween o viernes trece los que desencadenan su brutalidad. En otras ocasiones, las personas con enfermedades mentales se curan en un improbable lapso de tiempo o se convierten en el objeto de deseo romántico de su terapeuta.

También los terapeutas salen retratados a menudo de forma poco objetiva: los hombres son excéntricos, locos, incompetentes (*¿Qué pasa con Bob?*) o malvados (*Vestida para matar* y *Alguien voló sobre el nido del cuco*); las terapeutas femeninas, por su parte, se representan como mujeres reprimidas hasta que se enamoran de sus pacientes masculinos (lo que normalmente se simboliza con el gesto de quitarse las gafas o soltarse la ajustada coleta).

Existen algunas excepciones recientes: las interpretaciones de Daniel Craig en *Some Voices* y de Russell Crowe en *Una mente maravillosa* se considera que son representaciones más realistas de la esquizofrenia.

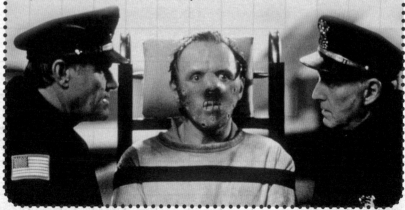

TERAPIA ELECTROCONVULSIVA (TEC)

Aunque esta terapia no se usa mucho hoy en día, merece la pena mencionarla porque solía ser prescrita de modo bastante sistemático para tratar la depresión severa y otros trastornos de salud mental.

El tratamiento se desarrolló en los años treinta después de que los doctores descubrieran que algunas personas con depresión o esquizofrenia, y que también sufrían epilepsia, parecían encontrarse mejor después de un ataque. Sobre esta base, se concibió la terapia electroconvulsiva, que consiste en aplicar una corriente eléctrica al cerebro

LA TEC *era un tratamiento popular en el pasado, pero sus efectos secundarios (en especial, la pérdida de memoria) han hecho que haya caído en desgracia hoy en día.*

para producir un ataque epiléptico. En general, solo se ofrece hoy en día si la medicación para tratar la depresión grave no ha surtido efecto o si el paciente no puede tolerar sus efectos secundarios. Sin embargo, la TEC no está exenta de sus propios efectos secundarios (migrañas, confusión, daños por la contracción muscular y problemas de memoria) y por eso, en la actualidad, solo se utiliza en casos aislados porque ya se han desarrollado tratamientos más efectivos. Entre los años 1985 y 2002, su uso en Inglaterra se redujo a menos de la mitad. Sin embargo, sigue estando autorizada en Gran Bretaña y en EE.UU. (donde se sigue administrando a cien mil personas al año), así como en otros países como Austria, Canadá, Australia, Dinamarca, Países Bajos, Alemania e India.

OTRAS TERAPIAS

Muchas de las terapias que se abarcan aquí comparten características con más de un enfoque, así que se han incluido en la categoría con la que más estrecha vinculación tienen. Sin embargo, algunas no encajan en una única categoría, como la desensibilización y reprocesamiento por movimientos oculares (EMDR), que se analiza en la página 214, la terapia integradora y el análisis transaccional.

TERAPIA INTEGRADORA

Se trata de un enfoque combinado de psicoterapia que utiliza elementos de terapias específicas para responder a las diferentes necesidades de cada cliente individual. Tiene su origen en las perspectivas humanistas, pero se basa en la creencia de que existen diversas maneras de trabajar con un cliente, dependiendo de su personalidad y de sus problemas. Considera al cliente como a una persona a la que se le debe diseñar una terapia a medida (en lugar de obligarle a ajustarse a cierto tipo de terapia ya existente). Los planteamientos integradores también se fijan en la persona en su conjunto y creen que, para curarla, hay que consi-

EL DR. ERIC BERNE *fue el fundador del análisis transaccional, una técnica útil para comprender las dificultades de comunicación de la gente.*

derarla globalmente, (teniendo en cuenta sus sistemas emocional, cognitivo, conductual y fisiológico), el mundo social en el que existen y las interacciones con su entorno.

ANÁLISIS TRANSACCIONAL (AT)

Fundado por Eric Berne en los años cincuenta y sesenta, el análisis transaccional es una técnica que aprovecha elementos de las terapias humanistas, existenciales, psicodinámicas y cognitivo-conductuales. Considera que la personalidad humana consta de

Entramos en modo padre cuando juzgamos a la gente o al mundo que nos rodea, nos volvemos un poco insolentes y les decimos a los demás lo que deberían o no deberían hacer. Por el contrario, el papel adulto nos permite ser más racionales y reflexivos en nuestra manera de ver el mundo. Por último, cuando nos comportamos como hacíamos de pequeños, volviéndonos rebeldes, tozudos, enfurruñados u obedientes, estamos accediendo a nuestro niño interior. A menudo entramos en esos modos de forma automática con gente diferente y eso puede causarnos infelicidad, conflictos o angustia. El análisis transaccional ayuda a la gente a escapar del guion y a aprender a permanecer en el modo adulto más a menudo.

EL ANÁLISIS TRANSACCIONAL *nos permite identificar cuándo entramos en modo «niño interior» o cuándo lo está la persona con la que estamos interactuando. Nos puede ayudar a permanecer en modo adulto y a conseguir que nuestro interlocutor haga lo mismo.*

tres partes: adulto, padre y niño. Nuestras interacciones con los demás se rigen por el rol que elijamos interpretar entre esos tres… y por el papel que represente nuestro interlocutor.

Por ejemplo, pueden surgir problemas si una persona, al dirigirse a una autoridad, entra en modo niño en lugar de adulto, es decir, se enfada, se enfurruña o se rebela. Eso afectará a su interacción/relación con esa figura de autoridad. El análisis transaccional ayuda al cliente a entender por qué entra en ese modo o «guion» por defecto y lo que puede hacer para cambiarlo y permanecer en el adulto.

Es decir, esta terapia nos ayuda a entender por qué pensamos, sentimos y nos comportamos como lo hacemos.

TERAPIAS NO PSICOLÓGICAS

Existe cierto número de terapias «complementarias» que quizás puedas pensar que son terapias psicológicas, pero que no están basadas ni en la teoría ni en la investigación psicológicas. Algunas carecen de pruebas científicas que las respalden (por ejemplo, no han realizado estudios doble ciego, véase página 40), mientras que otras solo tienen pruebas anecdóticas de éxito. Unas, sencillamente, no han sido sometidas a las rigurosas pruebas científicas exigidas por los psicólogos; y otras son solo útiles en algunos casos y, por lo tanto, no se puede generalizar su uso.

Esto no quiere decir que las terapias que se analizan en esta sección no funcionen. Muchos clientes y facultativos avalan su eficacia. De hecho, algunas pueden obtener grandes resultados en algunos casos.

PROGRAMACIÓN NEUROLINGÜÍSTICA (PNL)

La PNL fue desarrollada por Richard Bandler y John Grinder (ambos especializados en psicología) en California en los años setenta. Se basa en la creencia de que hay tres aspectos del funcionamiento humano que están vinculados entre sí: los procesos neurológicos, los procesos lingüísticos (del lenguaje) y los patrones de conducta aprendidos gracias a la experiencia. Supuestamente, la programación neurolingüística influye en el comportamiento del cerebro a través del lenguaje: si conseguimos cambiar la manera en que nuestro cerebro responde a los estímulos (programación), desarrollaremos conductas nuevas y más flexibles (que nos ayudarán, en lugar de entorpecernos).

Las técnicas utilizadas para ello se basan, parcialmente, en la modificación conductual. Su éxito depende de que el cliente sepa qué resultados quiere conseguir y de que tenga suficiente conciencia de sí mismo y flexibilidad de conducta para ir adaptando su comportamiento hasta conseguir el resultado deseado. Para avanzar hacia esos objetivos, se le enseña una serie de patrones lingüísticos y conductuales que han demostrado ser muy eficaces. De este modo, con la programación neurolingüística aprendemos habilidades específicas que nos permiten librarnos de viejos hábitos, patrones y conductas autodestructivos, con el fin de crear conductas más apropiadas y hacer cambios positivos, lo que se reflejará en mejores interacciones con los demás y en una mayor autoconsciencia.

Esta técnica está en pleno desarrollo, y tanto aquellos que la ponen en práctica como sus clientes afirman que tiene mucho éxito en el tratamiento de varios problemas. Sin embargo, en este momento existen muy pocos estudios fiables que la respalden como terapia. Por eso, rara vez se puede solicitar en el Servicio Nacional de Salud británico (NHS), por ejemplo, que solamente utiliza técnicas probadas. Esto no quiere decir que la PNL no sea efectiva, pero muchos la ven más como un modelo que como una terapia; de hecho, gran número de psicólogos y terapeutas aprovechan ciertos aspectos de la PNL sin denominarse practicantes de la PNL.

HIPNOSIS

La hipnosis es considerada por muchos no tanto una terapia como un estado de relajación profunda. Consiste en entrar en un estado alterado de la consciencia durante el que el cliente centra toda su atención en el terapeuta y, de ese modo, está receptivo para que lo sugestionen y para recibir instrucciones. Bajo hipnosis, la persona está tan relajada que se puede acceder a sus procesos subconscientes.

Aunque existen pruebas anecdóticas del éxito de la hipnosis para tratar cierto número de condiciones, se carece de estudios científicos fiables que confirmen que pueda considerarse algo más que una terapia complementaria. De nuevo, eso no quiere decir que no pueda resultar efectiva para algunas personas. Su éxito, en muchos casos, quizás se deba a la sugestión... o hasta al efecto placebo. No cabe duda de que existen algunas pruebas que defienden su uso para dejar de fumar, perder peso u otras problemáticas... pero no las suficientes para recomendar su uso generalizado en la práctica clínica.

TÉCNICAS DE LIBERTAD EMOCIONAL (TLE)

Esta terapia alternativa, relativamente nueva, todavía no cuenta con un conjunto de datos clínicos que le permitan adquirir relevancia. También conocida como *tapping*, es una forma de acupresión, solo que en lugar de utilizar agujas se dan golpecitos con las yemas de los dedos. El objetivo de esos golpecitos es introducir energía cinética en meridianos específicos mientras la persona piensa en su problema particular y hace afirmaciones positivas. Se dice que este procedimiento despeja el bloqueo emocional del sistema bioenergético de la persona. Se utiliza para tratar toda una variedad de enfermedades, desde fobias al trastorno de estrés postraumático. Por desgracia, apenas existen estudios científicos publicados que verifiquen su efectividad.

PARTE 5

USOS COTIDIANOS DE LA PSICOLOGÍA

LA PSICOLOGÍA NO ES SOLO UNA DISCIPLINA FASCINANTE QUE CAUTIVA A CUALQUIERA INTERESADO EN EL COMPORTAMIENTO HUMANO: TAMBIÉN TIENE APLICACIONES PRÁCTICAS DIRECTAS. SI UTILIZAMOS CIERTOS PRINCIPIOS PSICOLÓGICOS EN NUESTRO DÍA A DÍA, PODEMOS MARCAR LA DIFERENCIA Y HASTA CAMBIAR NUESTRAS VIDAS.

LAS SOLUCIONES

DEJAR DE FUMAR

Fumar no solo es una adicción a la nicotina, sino también un hábito, un condicionamiento (véase página 98) y un «sistema de recompensa de dopamina». Ser consciente de ello puede reducir nuestra ansia. La nicotina estimula la producción de una agradable sustancia química en el cerebro, la dopamina, que refuerza el acto de fumar hasta convertirlo en un hábito. Su privación se castiga con desagra-

dables síndromes de abstinencia y ansiedad.

Además, los denominados refuerzos secundarios intensifican el proceso de aprendizaje. Por ejemplo, salir fuera para fumar, tomar un café, el olor del tabaco, la sensación de sostener el cigarrillo... Asociamos estas acciones con el placer del tabaco y las convertimos en refuerzos secundarios de la recompensa de la nicotina. Por eso son el pie, o el desencadenante, que nos provoca la necesidad de fumar.

Como este proceso de condicionamiento no se realiza conscientemente, el fumador simplemente siente un profundo deseo de un cigarrillo, que varía de intensidad según la presencia de los desencadenantes. Por eso la terapia de reemplazo de nicotina no siempre funciona: trata solo la adicción a la nicotina y no el refuerzo de esos desencadenantes (sin embargo, los cigarrillos electrónicos pueden aportar tanto la dosis de nicotina necesaria como el refuerzo secundario... pero de forma más segura que la nicotina).

Hay varias maneras de usar la psicología para luchar contra esta adicción:

ENCUENTRA UN SUSTITUTO: Si rompes la asociación entre los refuerzos y el tabaco, reducirás el ansia de fumar. Por eso, si introduces otra actividad que produzca dopamina y sustituya a la nicotina, podrás dejar de lado los cigarrillos. Esa es la razón por la que algunas personas aumentan de peso cuando dejan de fumar: reemplazan el tabaco con tentempiés u otros productos que les aportan esa dosis de dopamina. Otros métodos más saludables para suplir la falta de dopamina son hacer cosas nuevas, engancharse a una nueva afición, ponerse metas o salir con

MANTENER LAS MANOS OCUPADAS *puede romper un desencadenante del acto de fumar porque reduce la ansiedad asociada con él. Si consigues evitar todos los desencadenantes, contribuirás a romper el ciclo de la adicción.*

amigos. Pasa tiempo con tu familia y pon una foto de tus hijos o de tu pareja en la cajetilla.

EVITA LOS DESENCADENANTES: No hagas pausas para el café u otras actividades que asocies con el tabaco.

INTRODUCE UN CASTIGO: Oblígate a hacer algo que no te gusta cuando fumes (por ejemplo, 30 flexiones) para que asocies los cigarrillos con consecuencias negativas inmediatas.

SENTIR MENOS DOLOR

La próxima vez que tengas que someterte a un procedimiento desagradable, como un tratamiento dental o una inyección (o algo peor), consigue reducir el dolor asociado por ti mismo siguiendo los siguientes consejos:

UTILIZA DISTRACCIONES: Si te centras en el dolor, lo empeorarás. Se piensa que los pacientes hipocondríacos sienten más dolor porque están mucho más alerta ante las sensaciones corporales. Si se les presta atención a esas sensaciones, se amplifican hasta el punto de sentir dolor. En cambio, resulta muy efectivo usar distracciones para reducirlo. Así que si las circunstancias lo permiten, coge un libro, ve una película, escucha música o habla con un amigo o un miembro de tu familia.

INTENTA NO PONERTE ANSIOSO: La ansiedad, el miedo y la sensación de pérdida de control contribuyen al dolor. Está demostrado que tratar la ansiedad y ofrecer apoyo psicológico reduce el dolor y la necesidad de analgésicos.

AUMENTA TU CONTROL SOBRE LA SITUACIÓN: Cuando nos parece que tenemos el control, nos sentimos más capacitados para soportar el dolor (que muchas veces está relacionado con el miedo a lo desconocido). Puedes pedir que te mantengan informado de lo que está pasando en todo momento y que te den la oportunidad de parar cuando quieras. Eso aliviará mucho tu percepción del dolor.

AJUSTA TUS EXPECTATIVAS: Si esperas sentir dolor, lo más probable es que lo sientas. Está demostrado que las lesiones por latigazo cervical menores afectan a las personas de diferente manera, dependiendo de sus expectativas.

SONRÍE: Cuando sonreímos, nuestros cerebros creen que somos felices. La gente que frunce el ceño durante un procedimiento desagradable dice que siente más dolor que los que no, según un estudio publicado en mayo de 2008 en el *Journal of Pain*. Los investigadores aplicaron calor en los antebrazos de 29 participantes a los que se les pidió que pusiesen caras tristes, neutrales o relajadas durante el experimento. Los que exhibieron expresiones negativas dijeron que habían sentido más dolor que los otros dos grupos. Quizás para sentir menos dolor, lo único que necesitamos hacer es dejar de mostrar ese dolor en nuestras caras.

PODEMOS REDUCIR EL DOLOR DE LOS PROCEDIMIENTOS DENTALES *intentando no ponernos nerviosos, pidiendo que nos expliquen lo que está pasando para sentir que tenemos la situación bajo control y usando distracciones.*

CONVERTIRTE EN UN GRAN LÍDER

Existen muchas teorías sobre este tema, pero hoy en día la mayoría se basan en una misma idea: para ser un gran líder, como dijo el gurú del liderazgo James MacGregor Burns en 1978, necesitas ser un «líder transformacional», es decir, alguien que consiga que sus seguidores pasen de ser gente que simplemente le obedece para conseguir recompensas (como reconocimiento o un salario), a compartir sus valores por un bien mayor.

Dicho de otra manera, las personas que tienen un líder transformacional quieren ayudarle a alcanzar sus objetivos porque creen en él, no solo porque se les diga que deben hacerlo. Creen en su misión, se sienten parte de su visión y remueven cielo y tierra para conseguir hacerla realidad. Este tipo de líder es muy diferente del antiguo «líder transaccional», cuyos seguidores simplemente hacían lo que se les pedía para no ser despedidos o porque se sentían obligados a hacerlo.

Bien, ¿y cómo se consigue ser un líder transformacional? Aquí tienes cuatro formas de lograrlo:

SÉ UN GRAN MODELO A IMITAR: Establece altos estándares de comportamiento y da ejemplo. Nunca les pidas a tus seguidores que hagan algo que tú no harías. Ponte manos a la obra. Actúa con moralidad y ética.

MOTIVA A LA GENTE: Crea una visión y haz partícipe de ella a tus seguidores. Sé optimista sobre los objetivos y sobre tu fe en un mundo mejor.

PREOCÚPATE POR TUS SEGUIDORES: Trata a cada seguidor como a una persona con necesidades y motivaciones individuales. Elógialos y reconoce sus contribuciones. Fórmalos o hazles sugerencias, según las necesidades de cada uno.

ANIMA A TUS SEGUIDORES A TENER IDEAS PROPIAS: Escúchalos y alienta sus aportaciones, aun cuando estén en desacuerdo contigo. Anímalos a proponer soluciones creativas a los problemas en lugar de buscarlas siempre tú.

AUMENTAR TU COCIENTE INTELECTUAL

Si tienes que realizar un test de CI para un trabajo, puedes practicar para mejorar tu puntuación. Los psicólogos contemporáneos han publicado investigaciones en las que se demuestra el CI se puede aumentar... y que esos aumentos son permanentes.

Como se explica en la página 67, existen dos tipos de inteligencia: la cristalizada y la fluida. La inteligencia cristalizada se refiere a lo que sabemos, se basa en el conocimiento aprendido. La fluida alude a nuestra capacidad de registrar nueva información, retenerla y después utilizar esos nuevos conocimientos para resolver un problema o aprender una nueva habilidad.

Estas son algunas de las maneras en que puedes mejorar ambos tipos de CI:

LEE MÁS: Un ambiente rico desde el punto de vista lingüístico puede aumentar la agudeza intelectual de una persona. Lee profusamente y elige material cognitivamente «exigente» en el que puedas encontrarte con palabras que no te sean familiares (asegúrate de buscarlas en el diccionario para enriquecer tu vocabulario).

TRABAJA TU MEMORIA: El CI y la memoria suelen estar unidos, así que usa las estrategias de la página 277 para mejorar tu memoria.

HAZ EJERCICIO: Está demostrado que la gente que realiza ejercicio regularmente obtiene mejor puntuación de CI y tiene mejor memoria. Por ejemplo, en 2013, investigadores de la escuela de medicina de la universidad de Boston, en los Estados Unidos, hallaron pruebas de que la actividad física es altamente beneficiosa para la salud cerebral y las habilidades cognitivas. Un estudio realizado en 2009, en el que participaron 1.200.000 hombres suecos, estableció que una buena condición física cardiovascular puede mejorar la inteligencia de forma significativa.

COME BIEN: Ingerir comida sana también es bueno para el cerebro. En 2014, los científicos demostraron que algunos alimentos son mejores que otros: las verduras como el brócoli y las espinacas, junto con los tomates, algunas bayas y los ácidos grasos omega-3 que se encuentran en los pescados grasos mejoran la memoria y el funcionamiento cerebral en general. Las proteínas contienen altos niveles de aminoácidos que, a su vez, hacen que las neuronas produzcan los neurotransmisores norepinefrina y dopamina (véase página 52), que están relacionados con la agilidad mental.

PRACTICA HACIENDO TEST DE CI: Se dice que lo que realmente miden los test de CI es la habilidad de completar test de CI… y eso puede mejorarse con la práctica.

ADQUIERE NUEVAS HABILIDADES: Las nuevas actividades obligan a tu cerebro a ejercitarse. El ajedrez, las artes marciales, los malabarismos, los bailes en línea… cualquier nuevo reto aumenta la agilidad de tu cerebro. Cada habilidad que aprendas crea conexiones sinápticas que desarrollan nueva actividad neuronal y preparan a tu cerebro para más aprendizaje.

TEN SED DE CONOCIMIENTO: Audiolibros, podcasts, ponencias en internet, documentales… todas son buenas maneras de adquirir un conocimiento más amplio del mundo, algo que te permitirá aumentar tu CI.

DESAFÍATE A TI MISMO: Haz puzles, test, exámenes de ortografía y similares. Resuelve problemas, monta cosas, construye modelos, abandona el GPS y confía en tus propias capacidades… todo eso contribuirá a reforzar tus habilidades cognitivas.

APRENDER A JUGAR AL AJEDREZ *es una gran manera de desafiarse a uno mismo y aumentar el CI.*

CÓMO USAR LA PSICOLOGÍA PARA...
MEJORAR LA MEMORIA

Puedes mejorar tu memoria de trabajo proponiéndole a tu cerebro ejercicios de memoria. Observa la siguiente lista de palabras durante 60 segundos; después cúbrela y escribe las que seas capaz de recordar.

CHAQUETA, AGUA, CARTA, LLUVIA, REGLA, CORTINA, CAJA, PAPEL, CRISTAL, JERSEY, GRAPADORA, CREMALLERA, AGENDA, PLÁTANO, ZAPATO, BOLÍGRAFO, PULSERA, FOTO, SILLA, LATA

Intenta mejorar tu memoria creando conexiones entre objetos al azar, como chaqueta-agua (imagínate poniéndote la chaqueta para protegerte de alguien que está lanzando un cubo con agua). Ahora conecta agua-carta (imagina que has escrito una carta que se está borrando con el agua) y continúa así hasta aprender una cadena de palabras u objetos.

Usa la misma técnica con esta nueva lista y utiliza los 60 segundos para crear conexiones entre las palabras.

PÁJARO, COLEGIO, OJO, CAFÉ, TIBURÓN, PAN, MAÍZ, SANGRE, DINERO, PERIÓDICO, GATO, FLOR, SOL, HERIDA, CALENDARIO, BEBÉ, AZUL, COMENTARIO, NEVERA, FACTURA

Esta vez verás que te resultará más fácil recordarlas.

ANALOGÍAS: También puedes usar estas técnicas para acordarte de nombres de personas: simplemente, asocia ese nombre con algo que te recuerde a ella (por ejemplo, Rosa: «una mujer sonrosada»; Cristian: «alto y larguirucho como otro Cristian que conozco»; Ana: «de pelo rubio como una banana»). O puedes vincular nuevos recuerdos con otros viejos vinculando la nueva información con algún suceso del pasado (por ejemplo, Clara: «tiene un elegante cuello de bailarina... que me recuerda a una antigua compañera de clase llamada Clara con la que hice un baile en una función del colegio»).

CAMBIO DE FORMATO: Otra buena técnica para mejorar la memoria es usar la «elaboración» (asignarle información significativa a algo) y la «repetición» para hacer llegar la información hasta los almacenes de memoria a largo plazo. Una forma de conseguirlo es traducir la información a diferentes formatos para que avance a través de distintas rutas. Por ejemplo, memoriza una lista larga cantándola con una melodía que te sea familiar (ruta auditiva) o dibujándola (ruta visual-espacial). También puedes utilizar distintos colores en el material escrito o pronunciar las cosas con diferentes acentos o voces para reforzar el material auditivo.

SEGMENTA LA INFORMACIÓN Y ASÓCIALA: Otras técnicas consisten en segmentar la información en grupos de siete (véase página 89), usar reglas mnemotécnicas (la más efectiva es el uso del humor o la innovación, pero véase a la derecha) y asociar el material con un olor o sonido agradable (puedes, por ejemplo, rociar un perfume mientras estás estudiando y volver a hacerlo cuando quieras recordar lo estudiado). De manera similar funcionan la música (si escuchas cierto tipo de música mientras memorizas algo, te acordarás mejor cuando vuelvas a oír esa canción o la tararees) y sostener un objeto en las manos.

REGLAS MNEMOTÉCNICAS

La mnemotecnia engloba todo mecanismo de aprendizaje que facilite el recuerdo. La regla mnemotécnica más común consiste en tomar las iniciales de cada elemento de la lista que necesitamos memorizar y convertirlas en una palabra fácil de recordar (por ejemplo, la conducta PAS, el protocolo de actuación ante un accidente: Proteger, Avisar y Socorrer).

Otra técnica mnemotécnica es utilizar las iniciales de una serie de elementos para formar una oración de la que nos podamos acordar fácilmente, como «Mi Viejo Tío Manolo Jamás le Sonríe a Un Niño» para no olvidar el orden de los planetas del sistema solar (Mercurio, Venus, Tierra, Marte, Júpiter, Saturno, Urano y Neptuno).

También hay técnicas que utilizan la rima para que nos sea más fácil recordar la información, como «Bra, bre, bri, bro, bru. ¡El burrito sabe tanto como tú!» para no olvidar que se escribe «b» antes de «r», o «Treinta días tiene noviembre, con abril, junio y septiembre; de veintinueve solo hay uno, y los demás, de treinta y uno» para saber siempre cuántos días tiene cada mes.

TOMAR MEJORES DECISIONES

Los psicólogos han identificado cierto número de técnicas heurísticas, o atajos mentales (a veces llamadas estrategias de la regla del pulgar), que parecen ayudarnos a tomar decisiones y emitir juicios de forma eficiente, pero que, en realidad, pueden interferir negativamente en nuestras tomas de decisión. Sin duda, la heurística nos permite decidir rápidamente, sin necesidad de sopesar cada pequeño detalle en todo momento (algo que nos consumiría mucho tiempo); sin embargo, no es infalible. Para no caer en sus trampas, deberías saber esto:

HEURÍSTICA DE LA DISPONIBILIDAD: Consiste en emitir un juicio basándonos en la facilidad con que un suceso nos viene a la mente. Por ejemplo, tras un accidente de avión, todos asumimos que volar es

más peligroso de lo que pensábamos antes: las estadísticas no han cambiado, pero la disponibilidad de la información sobre ellas sí. Eso puede influir en nuestra decisión sobre si comprar un vuelo o no, pero hacerlo sin basarnos en los hechos no es buena idea.

EXCESO DE CONFIANZA: Tendemos a creer que tenemos más conocimientos o habilidades de los que en realidad poseemos. Por ejemplo, si le pidiésemos a la gente que calificase lo generosa que es, la mayoría se colocaría por encima de la media (de hecho, una encuesta de 2014 demostró que más del 85 % de los encuestados se situaban por encima). Resulta obvio que la mitad tenemos que estar por debajo, así que muchos estamos, sencillamente, sobreestimán-

LA HEURÍSTICA DE LA DISPONIBILIDAD es la razón por la que tememos a los accidentes de avión más que a los de coche: los de avión son más raros y por eso, cuando suceden, suelen aparecer en las noticias y nos vienen a la mente con mayor facilidad.

donos. Esto también se aplica a otras cualidades, como a nuestro sentido del humor o lo guapos que son nuestros hijos, comparados con la media. Este exceso de confianza puede afectar a nuestra percepción del riesgo. Por eso muchos juzgamos mal un riesgo con total confianza («a mí eso nunca me va a pasar»). Tendemos a tener todavía más exceso de confianza cuando ponemos nuestra fe en los expertos: si un «experto» da una opinión, es más probable que la aceptemos como hecho. Todo eso perjudica nuestros procesos racionales de toma de decisiones.

ANCLAJE Y AJUSTE: Cuando tomamos decisiones, tendemos a «anclarnos» a un elemento de información habitual desde el que partimos y realizamos un proceso de reajuste hasta llegar a una decisión que nos parece razonable (véase a la derecha). Las compañías de tarjetas de crédito se aprovechan de nuestra debilidad por este atajo mental: ¿te has dado cuenta de que tratan una y otra vez de que gastes más aumentando el límite de crédito? Eso es porque cuando vemos esa cifra que nos proponen, la utilizamos de ancla para marcar el máximo de nuestros gastos mensuales.

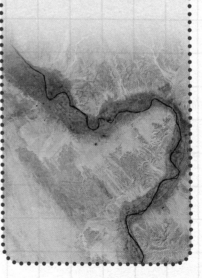

ANCLAJE Y AJUSTE

¿Cuál es la longitud del río Nilo? Escribe un número entre 1.600 y 24.000 kilómetros. Ahora vuelve a probar, pero acota la cifra entre los 800 y los 8.000 kilómetros. Probablemente tu primera conjetura fuera más elevada porque utilizaste las cifras que te dimos como «anclas» desde las que trabajar (o desde las que ajustar).

CREAR UNA BUENA PRIMERA IMPRESIÓN

Existen muchas técnicas psicológicas que nos pueden ayudar a sorprender positivamente a la gente en nuestro primer encuentro, algo especialmente útil en una entrevista de trabajo. La mayoría emitimos juicios en tan solo unos segundos (lo que se denomina *thin slicing* o «rebanado fino»), así que es vital quedar bien. Aquí tienes algunas maneras de conseguirlo:

CREA UN EFECTO HALO: Como se explicó en la página 180, el efecto halo es un sesgo cognitivo mediante el cual la imagen general de alguien se ve empañada por un atributo prominente, como si la característica positiva que destacase crease un halo a su alrededor que enturbiase el resto. Crea un efecto halo mediante tu vestimenta, tu aspecto general, un buen apretón de manos, una sonrisa amplia y un lenguaje corporal que exprese confianza. Aunque digas alguna tontería después de todo eso, ¡el efecto halo te cubrirá!

BUSCA COSAS EN COMÚN: Como se menciona en la página 300, nos gusta la gente parecida a nosotros (probablemente, porque nos sentimos cómodos con lo que nos es familiar). Esto es lo que se denomina «hipótesis de atracción por similitud». Cuanto más pronto puedas demostrarle a tu interlocutor que tenéis cosas en común, más similar le parecerás y, por tanto, más agradable. Prueba con aficiones, intereses, una película que hayas visto hace poco o hasta opiniones. Si ves que no estáis de acuerdo en algo o que no compartís un interés, dirige la conversación hacia otra cosa en la que sí coincidáis.

SÉ ABIERTO: En general, nos atrae la gente expresiva y entusiasta. Esta tendencia se denomina «halo de expresividad» porque esa actitud nos hace sentir que podemos entender y leer a esa persona mejor. También confiamos más en las personas accesibles que en aquellas que son más cerradas. Por lo tanto, si eres expresivo y franco sobre tu vida, sentimientos y puntos de vista, aumentarás tu aura de confiabilidad.

PRACTICA LA ESCUCHA ACTIVA: A todo el mundo le gusta hablar sobre sí mismo, así que no te olvides de dejar hablar a la otra persona. Y cuando lo haga, escúchala en lugar de preocuparte por la impresión que estás creando o de lo que vas a decir a continuación. La escucha activa crea la impresión de que estás interesado en lo que te están diciendo... ¡y a todos nos encanta la gente que nos encuentra fascinantes!

LA PRIMERA IMPRESIÓN *se forma con mucha rapidez. ¡Asegúrate de que sea buena porque no tendrás una segunda oportunidad!*

SER MÁS CREATIVO

¿No se te ocurre la solución a un problema? ¿O estás tratando de encontrar una idea nueva y original? Deja que la psicología haga fluir tu creatividad siguiendo estas sorprendentes sugerencias:

EL VALOR DEL ABURRIMIENTO: Hace ya tiempo que se dice que el aburrimiento puede fomentar la creatividad. Cuando una persona está aburrida, le cuesta centrar su atención en la tarea y sus pensamientos saltan a otras cosas que le resultan más estimulantes. Si no puede escapar físicamente de esa tarea aburrida, a menudo su atención pasa de estar en ella (foco externo) a un foco interno (pensamientos, sentimientos y experiencias), lo que le aporta la estimulación perdida por el aburrimiento. Cuando el foco de su atención es interno, a veces se pone a buscar nuevas maneras de realizar ese tedioso trabajo para que sea más atrayente o piensa en problemas no relacionados con él. Ese desvío de la atención, que también se conoce como soñar despierto, es una consecuencia habitual del aburrimiento. De hecho, investigaciones previas han demostrado que soñamos despiertos para controlar la tensión producida por él, lo que sugiere que se trata de una estrategia. En resumen, estar aburrido facilita el soñar despierto, que es clave para la creatividad.

MEMORIA DINÁMICA: Soñar despierto es parte de la memoria dinámica (la habilidad de reevaluar la información y las posibles soluciones reexaminando un problema o una situación no resuelta). El acto de soñar despierto a veces hace que tengamos la oportunidad de reconsiderar un tema que nos preocupa. Se puede hacer tan a menudo como deseemos, de formas diferentes, y cada vez incorporando nueva información y posibles soluciones. Soñar despierto nos permite explorar ideas y soluciones poco factibles, aparentemente ilógicas y, a través de eso, encontrar quizás una salida innovadora o más adecuada para un problema. En otras palabras, el aburrimiento y soñar despiertos ayudan a resolver los problemas de forma creativa, lo que parece indicar que existe un vínculo entre soñar despierto y la creatividad.

CÓMO USAR LA PSICOLOGÍA PARA...
SENTIRNOS MÁS FELICES

Existen varios trucos psicológicos para aumentar nuestra sensación de felicidad:

SÉ AGRADECIDO: Está demostrado que existe una fuerte relación entre la gratitud y el bienestar. Quizás porque la gente agradecida suele tener experiencias más positivas en su vida. Pero sentir gratitud supone reconocer que alguien ha hecho algo bueno por nosotros, es decir que, a cierto nivel, debemos ser conscientes de que somos merecedores de esa buena voluntad. Eso puede hacernos sentir que se nos valora y nos quiere, lo que aumenta nuestra autoestima. También se considera que la gente agradecida aprecia mejor los pequeños placeres de la vida.

DA GRACIAS POR LO QUE TIENES: Aprende a ser agradecido llevando un diario con las «bendiciones» de las que disfrutas donde anotes las cosas por las que debes dar gracias cada día.

REALIZA BUENAS ACCIONES: Un estudio japonés de 2006 demostró que la gente amable experimenta más felicidad y tiene recuerdos más dichosos que la gente que no lo es. Según esa investigación, basta con anotar y contabilizar nuestros propios actos de bondad durante una semana para que nos sintamos más felices. Quizás se deba a que así nos recordamos a nosotros mismos lo agradables que somos y aumentamos nuestra autoestima. Incluso el mero hecho de pensar en ayudar a otros nos puede hacer sentir mejor y hay pruebas fisiológicas que lo demuestran: en los escáneres cerebrales se aprecia que pensar en asistir a otros activa la vía mesolímbica, que produce la agradable sustancia química dopamina.

SÉ CLEMENTE: Juzgar a la gente negativamente y guardar rencor causa negatividad y conduce al resentimiento y a la amargura, minando nuestros sentimientos de bienestar. Trata de ver las cosas desde el punto de vista de la otra persona y concédele el beneficio de la duda; eso te hará más feliz.

BUSCA ACTIVIDADES PLACENTERAS Y SIGNIFICATIVAS: Busca cosas pequeñas y divertidas que puedas hacer cada día: disfrutar de un café, quedar con amigos, caminar bajo el sol... Toma nota y aprecia esos pequeños placeres para comprender lo agradable que es la vida. Elige actividades a las que puedas «abandonarte» (tareas significativas que te absorban y pongan a prueba tus habilidades... algo que rara vez se consigue frente a una pantalla).

CÓMO USAR LA PSICOLOGÍA PARA...
CREAR UN SITIO WEB MEJOR

Cada una de las secciones de tu sitio web tiene un impacto psicológico en tus clientes potenciales. Aquí tienes algunos consejos sobre cómo utilizar la psicología para sacarle el máximo provecho:

INDICADORES DE CONFIANZA: Es más probable que los clientes te compren si confían en ti. Unos poquitos indicadores de confianza (como afiliaciones profesionales, respaldos comerciales, opiniones de clientes, recomendaciones y garantías) en tu página web pueden mejorar tus ventas.

PRUEBAS DE QUE ERES IGUAL QUE TU CLIENTE: Muchos sitios cuentan con una página de «¿Quiénes somos?» donde explican la historia del negocio. Como nos suele gustar la gente que es como nosotros, si muestras en tu web a alguien en quien el cliente pueda verse reflejado, mejorarás tus ventas. Si tus destinatarios son las madres jóvenes, por ejemplo, sería una gran idea poner una foto de ti misma como madre joven y un texto explicando que fue eso lo que te dio la idea para el producto.

USO DEL COLOR: Se cree que ciertos colores suscitan emociones concretas. Por ejemplo, el azul se suele considerar un color de confianza (basta con observar cuántos bancos lo utilizan para sus logos e imagen), el amarillo es optimista y el rojo es ardiente y excitante. Elige colores que reflejen la imagen que quieres transmitir.

TEORÍA DE LA COMPARACIÓN SOCIAL: Cuando tomamos decisiones, a menudo nos fijamos en lo que hacen otras personas. Si los demás están comprando un producto, nosotros también lo haremos. Por eso lo de «recomienda a un amigo» funciona tan bien, al igual que animar a los clientes a informar de sus compras en las redes sociales.

LA PSICOLOGÍA afecta a más aspectos de las impresiones de los clientes sobre un sitio web de lo que podrías imaginar.

ALGO GRATIS: Ofréceles a tus clientes potenciales consejos, un test divertido o datos útiles para que el principio de reciprocidad se ponga en marcha. Según este principio, querrán devolverte el favor y hacer algo por ti (comprar tu producto).

USA LA FUENTE TIPOGRÁFICA CORRECTA: La mejor fuente que puedes utilizar es una que sea legible. Está demostrado que el mismo listado de instrucciones nos parece más largo de leer si está escrito con una tipografía con adornos que con una normal. Del mismo modo, se percibe que la comida de los menús de los restaurantes que usan tipografías adornadas necesita más elaboración (lo que puede ser bueno en un restaurante lujoso, pero no en uno de comida rápida).

CÓMO USAR LA PSICOLOGÍA PARA...
PERDER PESO

Podemos utilizar el modelo de creencias de salud para ser capaces de seguir una dieta. Este modelo establece que tendemos a sopesar lo que opinamos sobre los beneficios para la salud del cambio que planeamos hacer (dieta, ejercicio…) con su costo percibido (tiempo, dinero, calidad de vida…). Según el modelo de creencias de salud, las posibilidades de que cumplas tu nueva dieta dependen de los siguientes factores:

LA SUSCEPTIBILIDAD PERCIBIDA: Se refiere a si crees que, si no sigues la dieta, vas a sufrir consecuencias negativas (por ejemplo, si empeorará tu salud o se reducirá tu autoestima).

LA GRAVEDAD PERCIBIDA DE ESE RESULTADO: Se refiere a lo grave que crees que esas consecuencias negativas pueden llegar a ser (por ejemplo, creer que vayas a tener colesterol alto es menos grave que creer que puedas desarrollar una enfermedad cardíaca).

EL MODELO DE CREENCIAS DE SALUD *asegura que tendremos éxito en nuestra nueva dieta si creemos que las consecuencias negativas de no seguirla compensan sus costes, y si confiamos en nuestra habilidad para cumplirla.*

BARRERAS/COSTES PERCIBIDOS DE LA NUEVA DIETA: Aquí se incluyen tanto los costes financieros como las barreras psicológicas (por ejemplo, la reducción de la calidad de vida que se podría asociar con la nueva dieta).

BENEFICIOS PERCIBIDOS: Los beneficios de tener mejor aspecto o estar más sano tienen que compensar los costes percibidos.

ESTÍMULOS PARA LA ACCIÓN: Se refiere a las cosas que pueden estimular el cambio, como una bochornosa y horrorosa foto en la fiesta de navidad de la oficina en la que parezcas una ballena varada borracha.

AUTOEFICACIA: Alude a si confías realmente en tu capacidad de cumplir la dieta. Si abandonaste las diez anteriores y no estás muy seguro de que lo vayas a conseguir esta vez, estarás condenado al fracaso.

Por lo tanto, es más probable que lo consigas si se te pueden aplicar las siguientes afirmaciones:

- Estás convencido de que te van a ocurrir cosas horribles y graves si no lo haces.
- Has pensado en cómo gestionar los costes psicológicos de la nueva dieta (por ejemplo, incluyendo caprichos y comidas placenteras).

- Crees que existen beneficios inmensos y tangibles en el hecho de perder peso (como mejorar tu aspecto y sentirte mejor) que compensan los costes.
- Has tenido un «estímulo para la acción» (como un problema de salud o quedarte atascado en el asiento del avión al volver de las vacaciones de navidad).
- Confías en tu habilidad para seguir una dieta (quizás porque estás probando algo nuevo o tienes un fuerte apoyo social).

Sabiendo esto, mejorarás tus probabilidades de cumplir la dieta si juegas con las variables del modelo. Haz una revisión médica para tener una valoración real de las graves consecuencias que tiene ingerir continuamente grasas y azúcares. Haz una lista de todos los beneficios de perder peso. Minimiza los costes psicológicos del nuevo plan. Coge una foto tuya extraordinariamente poco favorecedora y pégala en la nevera (sí, funciona, de verdad). Finalmente, convéncete de tu capacidad para seguir la dieta durante un cierto período de tiempo, ateniéndote a un plan alimentario realista (que incorpore alimentos de verdad, mejor que comidas líquidas, y pequeños caprichos, además de apoyo social).

ENSEÑAR A TU HIJO A USAR EL ORINAL

Para esta tarea hay que usar el condicionamiento simple y la modificación de la conducta (véase página 98). El programa de condicionamiento que deberías utilizar sería el de refuerzo continuo; en otras palabras, deberías recompensar a tu hijo cada vez que «utilice» el orinal. Las siguientes técnicas suelen ser de ayuda:

MODIFICA SU CONDUCTA: Sin embargo, antes de llegar a ese punto, necesitarás modificar su conducta recompensándolo por los pequeños pasitos que vaya dando hacia el objetivo final. Para algunos niños, eso significa recibir una recompensa cada vez que se sienten en el orinal, mientras que en el caso de otros, especialmente recelosos, será recibirla cuando se acerquen, lo toquen o se sienten en él completamente vestidos.

DE ACCIDENTAL A DELIBERADO: Una vez modificada su conducta para que les guste sentarse en el orinal sin pañal, quizás haya que recompensarlos por quedarse allí algún tiempo. El objetivo es conseguir, casualmente, que mientras estén así lo «utilicen». En ese momento, la recompensa debería ser inmediata y gratificante para que tu hijo quiera repetir la experiencia y ganarse otra respuesta tan placentera. El proceso debería repetirse hasta que tu hijo vaya utilizándolo a petición propia.

CONDUCTA NEGATIVA: Si, a pesar de todo esto, tu hijo sigue mojando y ensuciando su ropa interior, el condicionamiento también te puede ofrecer unos consejos. Algunos padres favorecen la vía del castigo, pero eso es menos efectivo que utilizar un programa de recompensas. El refuerzo negativo podría funcionar: el niño que se moja se siente incómodo y quiere eliminar ese malestar físico utilizando el orinal. Si no es así, simplemente ignora la conducta negativa y sigue recompensando la positiva.

RECOMPENSAS: Respecto a qué recompensas utilizar, el chocolate y los caramelos funcionan bien, pero no son demasiado buenos para los dientes o el organismo. Los carteles de pegatinas que utilizan el concepto de la economía de fichas (véase página 240) seguramente tengan mucho éxito. Por supuesto, los elogios pueden ser una poderosa recompensa en sí mismos, al

USAR EL ORINAL es un rito de iniciación para todos los niños (y sus padres), y la aplicación de principios psicológicos puede facilitar el proceso.

igual que la atención por parte de los padres o que se les lea un cuento mientras están allí sentados. Al final, las recompensas se internalizarán y no se necesitarán más: los niños que saben usar el orinal, cuando se orinan, reciben suficiente castigo por el malestar y la humillación que sienten y no necesitan recompensas externas.

LIDIAR CON LOS ADOLESCENTES

Todo padre conoce el trauma que suponen los berrinches adolescentes, pero aplicando algunos de los siguientes consejos psicológicos podrás surcar las turbulentas aguas de la adolescencia con cierta facilidad y un poco menos de angustia:

EVITA LA «RECIPROCIDAD NEGATIVA»: Este término tan grandilocuente simplemente significa que cuando tu adolescente empiece a lanzarte insultos y acusaciones, debes resistir la humana necesidad de responderle con la misma moneda. El instinto humano nos incita a defendernos atacando, pero eso es contraproducente con cualquiera y, especialmente, con un adolescente. Recuerda que tu hijo puede estar poniéndote a prueba, así que no alimentes sus inseguridades dándole una razón para dudar de tu amor.

PERMANECE EN MODO ADULTO: El análisis transaccional, como se expone en la página 264, es un enfoque que explica que podemos asumir tres roles (adulto, padre o niño) en cada una de nuestras transacciones o interacciones. Si estás en modo niño, actuarás como tal (por ejemplo, siendo caprichoso, ilógico o emocional y mostrando el comportamiento que se puede esperar de un niño de cinco años). Los adultos pueden caer con facilidad en ese rol. Tu adolescente probablemente esté exhibiendo esa conducta «infantil» mientras trata, desesperadamente, de ser «adulto». Si tú asumes el papel adulto, estarás intentando mantener una relación equilibrada con tu adversario, mientras que si asumes el papel de padre, demostrarás tu superioridad en términos de poder y sabiduría. La mayoría de los conflictos adolescentes giran alrededor de un padre que está en modo padre y de un adolescente que está en modo niño. Es más probable que el desenlace sea exitoso si tanto tú como tu adolescente podéis manteneros en modo adulto. ¿Pero cómo conviertes a tu insolente adolescente en un «adulto»? La mejor manera es que tú permanezcas en ese modo; si entras en el modo padre, será muy difícil que tu hijo se salga del modo niño respondón. Eso se consigue permaneciendo tranquilo, sorteando el efecto negativo de la reciprocidad (véase el consejo anterior), no tratándolo como a un crío, evitando ser condescendiente y buscando soluciones racionales, más que ganar puntos emocionales.

HAZ ALGO EXTRAÑO: Otra técnica para reducir la escalada en que se puede ver atrapado un adolescente insolente es hacer algo raro o fuera de lo normal. Por ejemplo, coge de repente un plátano del frutero, úsalo de micrófono y canta a la tirolesa tu canción de *Sonrisas y lágrimas* favorita. O ponte a dar saltos de puntillas, haciendo tu mejor imitación de Fred Astair/Ginger Rogers. Cualquier cosa que pueda detener en ɒooo a tu adolescente (sin que decidan internarte en un asilo) debería interrumpir el ciclo de ira el tiempo suficiente como para distender la situación.

LOS BERRINCHES ADOLESCENTES *son algo bastante típico del desarrollo de un niño que se va convirtiendo, poco a poco, en una persona independiente, aunque a la que le suele faltar la madurez necesaria para controlar sus emociones.*

SABER SI ALGUIEN ESTÁ MINTIENDO

Mucha gente cree que sabe en qué debe fijarse para descubrir a un mentiroso, como en su velocidad de parpadeo o en si rehúye la mirada (es incapaz de mirarte a los ojos); sin embargo, en la mayoría de los casos se equivoca. Por ejemplo, muchos mentirosos saben que apartar la mirada se interpreta como una buena señal de embuste, así que se esfuerzan por mantener el contacto visual mientras tratan de engañarte.

Aquí tienes cinco formas más fiables de pillar a un mentiroso. Estas son las señales más difíciles de fingir:

CONSTANTE REPETICIÓN DE PALABRAS Y FRASES: A los mentirosos les basta con concentrarse en recordar sus mentiras, así que tienden a repetir frases archiprobadas para reducir su «carga cognitiva». Notarás que cuantas más preguntas les hagas, más repetirán sus historias exactamente igual; los que dicen la verdad normalmente son capaces de usar una variedad de expresiones verbales mayor.

DISCORDANCIA ENTRE LAS PALABRAS Y EL LENGUAJE CORPORAL: Los mentirosos pueden decir una cosa y su lenguaje corporal o expresión facial, otra. Por ejemplo, pueden decir «sí, me gusta tu nuevo peinado», pero si tienen los brazos cruzados, hacen una ligera sacudida de cabeza y utilizan un tono monótono, estaríamos ante señales reveladoras de una mentira.

INCAPACIDAD DE CONTAR UNA HISTORIA DE FORMA NO LINEAL: Esto quiere decir que aunque puedan contar su fábula de principio a fin, les cuesta más hacerlo si se les pide que lo hagan de otra manera (descolocada). Ponlos al descubierto pidiéndoles que te cuenten partes de la historia en un orden diferente y observa si tienen dificultades para responderte.

USO DE LA VOZ PASIVA EN LUGAR DE LA ACTIVA: La frase «Allí se juega al tenis cada día» está en voz pasiva, mientras que «Jugamos al tenis cada día» está en voz activa. El uso de la voz pasiva puede indicar que el mentiroso está tratando de distanciarse de su historia falsa.

EVITAR USAR LA PALABRA «YO»: En relatos ficticios, la gente tiende a evitar utilizar los pronombres «yo», «mi» y «mío» para distanciarse de su historia. El «yo» se convierte en «nosotros». Por ejemplo, «Salí a tomar algo con unos colegas… ¡Ni siquiera hablé con una tía!» podría esconder más verdad que «Salimos a tomar algo… fue solo una noche de tíos».

LOS DETECTORES DE MENTIRAS *no son tan fiables como se suele pensar; solo miden la «excitación», y la gente puede aprender a controlar esa respuesta fisiológica cuando miente. Por otro lado, muchas personas se ponen nerviosas aunque no estén mintiendo y el detector podría interpretar eso como excitación.*

REGATEAR

Las personas que regatean se pueden llegar a ahorrar un montón de dinero. Así es como puedes convertirte en una de ellas:

CUIDA TU LENGUAJE: Utiliza un lenguaje que exprese confianza, que no deje lugar a la duda ni sea negativo. Frases dubitativas como «quiero decir», «ya sabes» y «¿no?» reducen tu credibilidad como negociador y debilitan tus argumentos. Coletillas como «¿no crees?» y «¿sabes?» tampoco son recomendables.

EVITA LAS FILTRACIONES EMOCIONALES: Se nos da bastante bien controlar nuestras expresiones faciales, pero no tanto las partes del cuerpo que se alejan del cerebro: nuestras manos y pies suelen traicionarnos. No des golpecitos con los dedos o muevas los pies cuando veas un producto que te encanta.

CUIDADO CON LOS TRUCOS DE VENTA: Artimañas como el «pie en la puerta» (en la que el vendedor consigue que admitas que te gusta algún aspecto del producto), el «cierre de la alternativa» (preguntarte, por ejemplo, qué color prefieres), las «ofertas de disponibilidad limitada» (¡último día!) o la «escasez percibida» (¡solo quedan dos!) utilizan ingeniosos trucos psicológicos para jugar con nuestro miedo a desaprovechar la ocasión, nuestra necesidad de ser consecuente o el no querer ofender.

VE CON ALGUIEN: Mientras tratas de cerrar el trato, la otra persona puede observar al vendedor y buscar señales de que pueda estar engañándote (por ejemplo, si hay discrepancia entre sus palabras y su lenguaje corporal o si, de repente, empieza a evitar el contacto visual).

JUEGA AL POLI BUENO/POLI MALO: Si vas con alguien, también puedes poner en marcha el truco más antiguo del mundo: poli bueno/poli malo. Hay varias maneras de hacerlo, pero en general uno debe señalar los defectos del producto mientras que el entusiasmo del otro le asegura al vendedor que seguís interesados. Las investigaciones sugieren que debería llamarse, en realidad, poli malo/poli bueno, porque es más efectivo si empieza el «poli malo».

LA PRINCIPAL HABILIDAD *para aprender a regatear es no tener miedo de un «no». Cuando te atrevas a intentarlo, ¡aprenderás a ser un gran regateador!*

CONSEGUIR QUE LA GENTE SEA MÁS AMABLE

¿No sería genial que pudiésemos utilizar la psicología para conseguir que la gente fuese más amable? Pues, en realidad, hay varias maneras de aplicar un poquito de piscología para lograrlo:

MODELADO O DEMOSTRACIÓN SOCIAL: Una forma es utilizar el modelado: aumentarás las posibilidades de que otras personas se comporten con amabilidad si te conviertes en un modelo a imitar. Por eso, si le dejas espacio a otro coche para que pueda aparcar delante de ti, los demás conductores lo harán también. Nos gusta observar a los demás para decidir cómo debemos comportarnos: es lo que se conoce como demostración social o influencia social informativa. Los vendedores utilizan esta técnica cuando dejan caer que otra gente ya ha comprado su producto para aumentar así la probabilidad de que tú los imites (por eso los vendedores nos instan a anunciar en las redes sociales que hemos adquirido sus artículos).

APRENDIZAJE INDIRECTO: Podemos utilizar los mismos principios para enseñarles a nuestros hijos a ser más amables. Está demostrado que es más probable que las personas realicen un acto de bondad (como hacerle un favor a un desconocido) si, de pequeños, han visto a sus progenitores haciendo cosas por el estilo. Este es un claro ejemplo de aprendizaje indirecto, mediante el que aprendemos cómo comportarnos a partir del ejemplo de los que nos rodean.

ACTUAR CON PÚBLICO: Tener público también aumenta los actos de bondad. Que otros nos consideren personas amables suele reforzar nuestra imagen personal y nos hace sentirnos mejor con nosotros mismos. Por lo tanto, si queremos fomentar que los demás realicen actos de bondad, debemos intentar que tengan oportunidades públicas de hacerlos. Resulta interesante que baste con que la gente crea que está siendo observada (colgando pósteres de caras, por ejemplo) para que aumenten de forma exponencial los actos a favor de la sociedad como las donaciones caritativas.

PROFECÍAS INTERESADAS: Decirles a las personas lo amables que son suele aumentar también su amabilidad. La gente parece reaccionar al poder de las profecías interesadas: si se le dice a alguien (incluso al azar) que es más amable que otra persona, participará más en actos inesperados de bondad. Así que si deseas que tus hijos sean amables, diles que lo son y aumentarás las posibilidades de que, efectivamente, lo sean.

SE PUEDE UTILIZAR LA PSICOLOGÍA *para conseguir que las personas sean más amables en sus ocupadas vidas diarias.*

CONSEGUIR GUSTARLE A ALGUIEN

Se pueden utilizar montones de trucos psicológicos para conseguir gustarle a una persona:

IMÍTALA SUTILMENTE: La psicología básica nos dice que nos atrae la gente que se parece a nosotros. La razón es que nos gustamos a nosotros mismos, así que si alguien nos parece similar, ¡es lógico que también nos guste! Por lo tanto, para interesarle a alguien, intenta parecerte más a esa persona copiando sus gestos, imitando su lenguaje corporal y expresando opiniones semejantes.

ENCUENTRA RAZONES PARA ELOGIARLA: También nos sentimos atraídos por gente que nos hace sentir bien. Por eso, los elogios con sentido ayudan (pero cuidado con los que no vienen a cuento).

DIVIÉRTELA: A todos nos gusta estar rodeados de gente divertida y estimulante, por lo que es útil saber contar experiencias e historias entretenidas. A los seres humanos nos encantan las novedades, así que ten a mano cosas nuevas y originales sobre las que hablar.

PÍDELE UN FAVORCILLO: Eso le hará sentirse bien y aumentará su autoestima de forma sutil por haber podido ayudarte. También pensará que te ha hecho ese favor porque seguramente le gustas.

MUESTRA INTERÉS POR ELLA: A todos nos gusta hablar sobre nosotros mismos: si dejas que lo haga y vas emitiendo ruiditos que demuestren tu interés, te harás querer (también si le preguntas cosas sobre su vida e intereses).

SÉ POSITIVO: A nadie le gusta estar rodeado de negatividad, así que resiste la tentación de lamentarte y quejarte demasiado de la vida.

IMITAR el lenguaje corporal de una persona de modo sutil puede influirle inconscientemente para que le gustes.

CONSEGUIR QUE ALGUIEN SE ENAMORE DE TI

¿Recuerdas la teoría de la emoción de los dos factores de Schachter y Singer de la página 102? Establece que cuando notamos una excitación fisiológica, buscamos a nuestro alrededor su causa. Podemos usar eso para conseguir que una persona se interese románticamente por nosotros. Lo único que necesitamos hacer es inducir esa excitación de las siguientes maneras:

ASÚSTALA: Una manera de hacerlo es darle un susto de muerte. Las películas de terror, el *puenting* o las aterradoras montañas rusas son perfectas para darles un empujoncito a los sentimientos de la persona en la dirección correcta. Cuando se excite fisiológicamente a causa del miedo, se volverá hacia ti, se acurrucará en tus brazos buscando protección o agarrará tu mano y, con suerte, atribuirá esa excitación erróneamente en tu beneficio. En lugar de darse cuenta de que está excitada por el miedo, asumirá que lo está porque te quiere mucho. Esto funciona, sobre todo, si son el tipo de persona que se niega a asumir que tiene miedo: eso jugará a tu favor.

EMOCIÓNALA: Si el miedo no da resultado, habrá que probar con la emoción: escala una montaña, haz piragüismo o practica cualquier otra actividad emocionante en tu cita. Si el objeto de tu deseo es un compañero de oficina, a veces funciona que trabajéis juntos en un proyecto bajo una gran presión y con fechas de entrega estresantes, al igual que conseguir un contrato sensacional u otro logro laboral (lo que explica por qué son tan comunes los romances de oficina).

CONDICIÓNALA: Otro truco psicológico a tu disposición es usar el condicionamiento: consigue que su mente te asocie con todas las cosas buenas y positivas. Si además puedes hacer que se sienta bien, el condicionamiento será más fuerte.

ESTATE MENOS DISPONIBLE: También podrías probar el «principio de la escasez». Las personas ansían lo que no tienen, así que no estés demasiado disponible y deja claro lo mucho que otra gente reclama tu presencia.

CÓMO USAR LA PSICOLOGÍA PARA...
DEJAR DE ENFADARTE TANTO

Si eres el tipo de persona que se enfada mucho y demasiado a menudo, existen cierto número de técnicas que puedes emplear para reducir tu ira:

EVITA LOS DESENCADENANTES DE LA IRA: Suele existir un patrón en las cosas que nos hacen enfadar. Identifica cuáles son esos desencadenantes (probablemente, por hábito o condicionamiento) y averigua cuáles se pueden evitar y cuáles no. Si evitas algunos, al menos reducirás la frecuencia de su aparición en tu vida.

DISTÁNCIATE DE LA PROVOCACIÓN: No siempre se pueden evitar los desencadenantes de la ira, pero sí distanciarse de ellos, ya sea física o temporalmente. Las técnicas de distanciamiento físicas pueden ser alejarse (por ejemplo, de alguien que está siendo maleducado o que te está faltando al respeto) o ir a dar un paseo para tranquilizarse. Distanciarse temporalmente consiste en utilizar el tiempo, en lugar del espacio, como barrera entre tú y el acontecimiento que provoca tu ira. Por ejemplo, podrías pedir tiempo para pensar sobre un tema para evitar decir algo en caliente que podrías lamentar más tarde.

INTERRUMPE TU REACCIÓN DE ENFADO: Si no puedes evitar el desencadenante ni moderarlo, lo único que te queda por hacer es buscar en tu interior y utilizar estrategias cognitivas (mentales). No puedes cambiar lo que está pasando, pero sí la forma en que reaccionas ante ello. Una manera es modificando la interpretación de los acontecimientos que nos provocan ira. Otra opción es reducir la importancia de esos acontecimientos interrumpiendo la reacción de enfado (iniciando, por ejemplo, una conducta incompatible). La ira es un estado de excitación que es imposible experimentar si se está relajado; por lo tanto, busca una actividad que te haga sentir tranquilo: no te será tan fácil sentir la ira con tanta intensidad.

PONTE EN LA PIEL DEL OTRO: Aumenta tu compasión imaginándote que la persona con la que estás enfadado está pasando por un momento muy duro. Asimismo, mejora tu empatía buscando algo que tengas en común con esa persona.

UTILIZA LA TÉCNICA DE DETENCIÓN DEL PENSAMIEN-TO: Se trata de otra técnica cognitiva que consiste en «detectar» que se va a producir un estallido de ira e interrumpirlo. Cuando nos enfadamos, solemos darle vueltas a lo que ha pasado, lo que refuerza continuamente los desencadenantes de la ira. Por eso, cuando sientas que aumenta tu enojo, interrumpe la reacción que se está gestando ordenándole a tu cerebro que «detenga» la espiral de pensamientos que gira en tu cabeza.

RÍETE: El humor es otra técnica cognitiva que se basa en la introducción de algo incompatible con la ira. La premisa fundamental de usar el humor es que somos incapaces de sentirnos enfadados y divertidos al mismo tiempo; de este modo, la risa reemplaza a la rabia. El humor también se puede utilizar para poner lo que ha pasado en perspectiva, interrumpiendo la parte evaluativa de la reacción do ira: si podemos reírnos de algo, interpretaremos lo sucedido de forma diferente. Como se suele decir, «algún día te reirás de esto». Y es más, reírse puede frenar la reacción de ira al proporcionar una liberación emocional de la tensión. Y puede usarse como distractor: si algo te hace reír, puedes llegar a olvidar por qué te habías enfadado en primer lugar.

LA VIDA ESTÁ LLENA DE FRUSTRACIONES *que pueden impedir que logremos nuestras metas. Aprender a gestionarlas nos hará sentirnos más felices y menos estresados.*

APLACAR LA IRA DE OTRA PERSONA

A menudo el problema es la ira de los demás, en lugar de la nuestra, pero la psicología también tiene múltiples consejos para tratar con ella:

RECONOCER LA EMOCIÓN: Este es el primer paso para lidiar con la ira de otra persona. Demuéstrale que entiendes que está enfadada y por qué. Muchas veces la gente se va enfadando más y más porque siente la necesidad de demostrar lo enojada que está. Si una persona entiende que te has dado cuenta de cómo se siente, quizás se relaje y ya no necesite seguir mostrándote la intensidad de sus sentimientos.

MANTÉN LA VOZ BAJA Y TRANQUILA: Si te concentras en el tono y timbre de tu voz, contribuirás a reducir la intensidad de la ira de la otra persona. Si le respondieses gritándole e igualando su ardor, solo conseguirías aumentar su rabia: cuanto más alto hables, más alto hablará ella para ajustarse a tu nivel.

SENTAOS JUNTOS: Intenta conseguir que la persona enfadada se siente en algún lugar contigo: es más difícil enojarse en exceso si se está sentado. La gente tiende a levantarse cuando está muy enfadada, así que tratar de mantenerla sentada puede contrarrestar esa respuesta automática.

SÉ CONCILIADOR: La gente, cuando siente mucha ira, tiene problemas para razonar, así que cuidado con preguntar demasiado en esta fase. Haz solo comentarios conciliadores como «lo entiendo», «debe haber sido angustiante», «vaya problema» o «parece que te han mandado buscar una aguja en un pajar».

DISCÚLPATE: Si corresponde, dile que estás de acuerdo con ella y discúlpate. Es increíble lo que le cuesta a la gente pedir perdón.

LEVANTARSE *cuando uno está enfadado suele intensificar la ira porque es más sencillo utilizar lenguaje corporal agresivo de pie... ¡Consigue que se siente y se tranquilice!*

CONCLUSIÓN

AHORA QUE NOS ACERCAMOS AL FINAL DE ESTE VIAJE ÉPICO A TRAVÉS DE LA MENTE HUMANA, ESPERO QUE HAYAS DESCUBIERTO LO INFINITAMENTE FASCINANTE QUE ES EL ESTUDIO DE LA PSICOLOGÍA. MI OBJETIVO ERA MOSTRARTE LO MÁS IMPORTANTE DE LA CIENCIA DE LA MENTE Y DE LA CONDUCTA: SUS PRINCIPALES TEORÍAS, EXPERIMENTOS, MÉTODOS Y PERSONAS. COMO PSICÓLOGA APASIONADA DE SU PROFESIÓN, HE INTENTADO OFRECERTE UNA OBSEQUIOSA MUESTRA DE LA MAGIA QUE SE ESCONDE TRAS EL FUNCIONAMIENTO DE LA MENTE HUMANA.

DE TI DEPENDE EL USO QUE LES DES A ESTOS CONOCIMIENTOS. QUIZÁS TE INTERESE APRENDER ALGO DE PSICOLOGÍA, LEER MÁS O INCLUSO DEDICARTE A ELLA. OTRA POSIBILIDAD ES QUE, SIMPLEMENTE, QUIERAS ENTENDERTE A TI MISMO Y A LOS DEMÁS ALGO MEJOR. O PUEDE QUE BUSQUES AYUDA PARA ASUNTOS ESPECÍFICOS RELACIONADOS CONTIGO O CON TUS SERES QUERIDOS (PARA MÁS INFORMACIÓN, VÉASE LA SECCIÓN DE RECURSOS). SEAN CUALES FUERAN TUS MOTIVACIONES PARA ELEGIR ESTE LIBRO, OJALÁ HAYAS DISFRUTADO DEL VIAJE Y HAYAS LLEGADO A COMPRENDER UN POQUITO MEJOR LOS ENTRESIJOS DE LA PSICOLOGÍA.

RECURSOS Y REFERENCIAS

TERAPIA DE RELAJACIÓN MUSCULAR PROGRESIVA

(PARA RELAJARSE Y REDUCIR EL ESTRÉS)

Esta técnica ayuda al usuario a entender la diferencia entre tensión corporal y relajación. Muchas técnicas de relajación simplemente le ordenan al paciente que se «relaje», algo difícil si no se sabe cómo hacerlo. La terapia de relajación muscular progresiva consiste en aprender a tensar un músculo cada vez y después relajarlo, para que verdaderamente puedas sentir la diferencia entre tensión y relajación. Inténtalo:

1. Siéntate cómodamente en un sillón (o túmbate en la cama). Cierra los ojos para lograr un mejor resultado (solo si no te sientes incómodo).

ESTÁ DEMOSTRADO QUE LA TERAPIA DE RELAJACIÓN MUSCULAR PROGRESIVA *disminuye la presión sanguínea, pero es una habilidad que necesita aprenderse y practicarse para que resulte efectiva.*

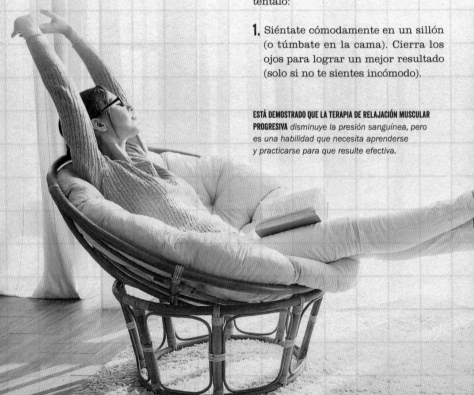

2. Concéntrate en tu respiración: inspira y espira muy lentamente. Cada vez que espires, piensa en la palabra «relax». Hazlo varias veces.

3. Cierra los dedos de los pies con fuerza hasta que te resulte muy incómodo. Nota cómo tensar los dedos te causa molestias también en las pantorrillas y hasta en las caderas. Nota que al tensar los dedos de los pies esa tensión se extiende a través del cuerpo. Ahora relájalos y disfruta de la sensación de relajación que se produce. Siente la diferencia entre la tensión en los dedos de los pies y la relajación. Y cada vez que espires, piensa en la palabra «relax». Repite este paso.

4. Pasa a los muslos. Ténsalos con fuerza hasta que te resulte muy incómodo. Nota que al hacerlo la tensión se extiende a través de tu cuerpo; la barriga y hasta los brazos están tensos. Ahora relaja los muslos y disfruta de la sensación de relajación y calidez que se produce. Siente la diferencia entre la tensión de los muslos y la relajación. Y cada vez que espires, piensa en la palabra «relax». Repite este paso.

5. Ahora la barriga. Ténsala con fuerza hasta que te resulte muy incómodo. Nota que al tensar los músculos de la barriga la tensión se extiende a través de tu cuerpo. Ahora relájala y disfruta de la sensación de relajación y calidez que se produce. Siente la diferencia entre la tensión de la barriga y la relajación. Y cada vez que espires, piensa en la palabra «relax». Repite este paso.

6. Tensa y relaja un grupo muscular cada vez: los dedos (aprieta los puños), los hombros (encógelos hacia el cuello), los ojos (ciérralos con fuerza) y la cara (arruga la boca). Finalmente, tensa el cuerpo al completo y relájalo.

PARTE 1

Orientación profesional de la Sociedad de Psicología Británica: www.bps.org.uk/careers-education-training/careers-education-and-training

Orientación profesional de la Asociación Estadounidense de Psicología: www.apa.org/careers/index.aspx

Orientación profesional de la Asociación Canadiense de Psicología: www.cpa.ca/students/career/

Orientación profesional de la Asociación Australiana de Psicología: www.psychology.org.au/studentHQ/careers-inpsychology/

«The 100 Most Eminent Psychologists of the 20th Century», *Review of General Psychology*, 2002 (vol. 6, n.º 2), www.creativity.ipras.ru/texts/top100.pdf

Designing and Reporting Experiments in Psychology, de Peter Harris, Open University Press, 3.ª edición, 2008

As Nature Made Him: The Boy Who Was Raised as a Girl, de John Colapinto, HarperCollins, edición de bolsillo, 2001

Reportaje original en prensa sobre el asesinato de Kitty Genovese: www.nytimes.com/1964/03/27/37-whosaw-murder-didnt-call-the-police.html?_r=0

Minnesota Center for Twin & Family Research: ww.mctfr.psych.umn.edu/research/UM%20research.html

Epilepsy Action (RU): www.epilepsy.org.uk

Fundación Estadounidense para la Epilepsia: www.epilepsy.com

Epilepsia en Canadá: www.epilepsy.ca

Epilepsia en Sudáfrica: www.epilepsy.org.za

Epilepsia en Australia: www.epilepsyaustralia.net

An Introduction to Psychological Assessment and Psychometrics, de Keith Coaley, Sage Publications, 2.ª edición, 2014

You're Hired! Psychometric Tests: Proven Tactics to Help You Pass, de Ceri Roderick y James Meachin, Trotman, 2010

PARTE 2

Opening Skinner's Box: Great Psychological Experiments of the Twentieth Century, de Lauren Slater, Bloomsbury Publishing, edición de bolsillo, 2005

«Pareidolia: Why We See Faces in Hills, the Moon and Toasties», *BBC News Magazine*, 31 de mayo de 2013, www.bbc.co.uk/news/magazine-22686500

Basic Vision: An Introduction To Visual Perception, de Robert Snowden, Peter Thompson y Tom Troscianko, Oxford University Press, 2.ª edición, 2012

How to Develop a Brilliant Memory Week by Week: 50 Proven Ways to Enhance Your Memory, de Dominic O'Brien, Watkins Publishing, 2014

«Why Does the Human Brain Create False Memories?», de Melissa Hogenboom, BBC News, 29 de septiembre de 2013, www.bbc.co.uk/news/scienceenvironment-24286258

Vídeo de la caja de Skinner: www.youtube.com/watch?v=D-RS80DVvrg

Vídeo del estudio sobre «amor o miedo»: www.youtube.com/watch?v=P0aMEkGlcQE

Intelligence: All That Matters, de Stuart Ritchie, Hodder & Stoughton, 2015

How Intelligent Are You? The Universal IQ Tests, de Victor Serebriakoff (Honorary President of World MENSA), Robinson, reedición 2014

Vídeo del experimento de Konrad Lorenz, National Geographic Society: www.youtube.com/watch?v=CayHUn6z_Is

Vídeo del experimento de la «situación extraña» de Mary Ainsworth: www.youtube.com/watch?v=QTsewNrHUHU

Vídeo de las tareas de conservación de Piaget: www.youtube.com/watch?v=gnArvcWaH6I

Dual Language Development and Disorders: A handbook on bilingualism & second language learning, de J. Paradis, F. Genesee y M. Crago, Paul H. Brookes Publishing, 2011.

Groupthink: Psychological Studies of Policy Decisions and Fiascoes, de Irving L. Janis, Houghton Mifflin, 2.ª edición en rústica, 1983

A Theory of Cognitive Dissonance, de Leon Festinger, Stanford University Press, 1957

PARTE 3

Vídeo del documental de la BBC «Los experimentos de la cárcel de Stanford»: www.youtube.com/watch?v=gb4Q20z0T1Q

Vídeo de los experimentos de Milgram (grabación original): www.youtube.com/watch?v=xOYLCy5PVgM

Vídeo de los estudios del efecto autocinético (grabación original de los estudios de Sherif en los que se basaron los de Asch): www.youtube.com/watch?v=0DoIxN6B4PQ

Vídeo del estudio sobre la conformidad de Asch (grabación original): www.youtube.com/watch?v=NyDDyT1lDhA

Vídeo de los monos de Harlow (grabación original): www.youtube.com/watch?v=_O60TYAIgC4

Vídeo de «The Brain: A Secret History – Emotions; Bandura Bobo Doll Experiment», DebateFilms: www.youtube.com/watch?v=zerCK0lRjp8

Vídeo del experimento ojos azules-ojos marrones de Jane Elliott (grabación original): www.youtube.com/watch?v=gRnRIC9JQTQ

The Marshmallow Test: Understanding Self-control and How To Master It, de Walter Mischel, Corgi, edición de bolsillo, 2015

The Robbers Cave Experiment: Intergroup Conflict and Cooperation (orig. pub. como *Intergroup Conflict and Group Relations*), de Muzafer Sherif, O. J. Harvey, B. Jack White, William R. Hood y Carolyn W. Sherif, Wesleyan University Press, Wesleyan Edition, 1988

«Cognitive, Social, and Physiological Determinants of Emotional State», *Psychological Review*, de S. Schachter y J. Singer, 1962

«Disputed Results a Fresh Blow for Social Psychology», de Alison Abbott (artículo sobre el *priming* social), *Nature*, 30 de abril de 2013, www.nature.com/news/disputed-results-a-fresh-blow-for-socialpsychology-1.12902

Vídeo de «Los recuerdos falsos: perdido en el centro comercial», ShortCutsTv: www.youtube.com/watch?v=VTF7FUAoGWw

PARTE 4

Vídeo de «Managing Stress: Brainsmart», BBC: www.youtube.com/watch?v=hnpQrMqDoqE

Overcome Phobias and Panic Attacks: Teach Yourself, de Sandi Mann, Hodder & Stoughton, 2013

Educación del sueño: www.sleepeducation.org/sleep-disorders-by-category

Beat (trastornos alimentarios en Reino Unido): www.b-eat.co.uk

Centro de Información Nacional sobre Trastornos Alimentarios (Canadá): www.nedic.ca

Trastornos alimentarios en Sudáfrica: www.edsa.co.za

Fundación Butterfly para Trastornos Alimentarios (Australia): www.thebutterflyfoundation.org.au

Mind (organización benéfica de salud mental británica): www.mind.org.uk

Instituto Nacional de Salud Mental (EE.UU.): www.nimh.nih.gov/index.shtml

Asociación de Salud Mental Canadiense: www.cmha.ca

Living with Schizophrenia: www.livingwithschizophreniauk.org/what-isschizophrenia

Sociedad Nacional para el Autismo (Reino Unido): www.autism.org.uk/about.aspx

Sociedad para el Autismo (EE.UU.): www.autism-society.org

Autismo en Canadá: www.autismcanada.org

Concienciación sobre el Autismo (Australia): www.autismawareness.com.au

Autismo en Sudáfrica: www.aut2know.co.za

Red del Autismo en el Asia Meridional: www.autismspeaks.org/wordpress-tags/south-asia-autism-network

«No Link Between MMR and Autism, Major Study Concludes», de Sarah Boseley, *The Guardian*, 21 de abril de 2015, www.theguardian.com/society/2015/apr/21/no-link-between-mmr-and-autism-majorstudy-concludes

Fundación TDAH (Reino Unido): www.adhdfoundation.org.uk/main-v1.php

CHADD, apoyo al TDAH (EE.UU.): www.chadd.org/About-CHADD.aspx

Canadian ADHD Resource Alliance: www.caddra.ca

TDAH en Sudáfrica: www.adhasa.co.za

An Introduction to Cognitive Behaviour Therapy: Skills and Applications, de David Westbrook, Sage Publications, 2.ª edición, 2011

Mindfulness: A Practical Guide to Finding Peace in a Frantic

World, de Mark Williams y Danny Penman, Piatkus, 2011

Consejo Psicoanalítico Británico: www.bpc.org.uk

Asociación Psicoanalítica Americana: www.apsa.org

Sociedad Psicoanalítica Canadiense: www.en.psychoanalysis.ca/

Gestalt Therapy: 100 Key Points and Techniques, de Dave Mann, Routledge, 2010

Person-Centred Therapy: 100 Key Points, de Paul Wilkins, Routledge, 2.ª edición, 2015

Existential Therapy: 100 Key Points and Techniques, de Susan Iacovou y Karen Weixel-Dixon, Routledge, 2015

Games People Play: The Psychology of Human Relationships, de Eric Berne, Penguin, reedición de 2010

PARTE 5

Stop Smoking with CBT: The Most Powerful Way to Beat your Addiction, de Max Pemberton, Vermilion, 2015

Paying it Forward: How One Cup of Coffee Could Change the World, de Sandi Mann, HarperCollins, 2014, edición para Kindle, 2015

«A Normal Psychology of Chronic Pain», de Christopher Eccleston, The Psychologist, junio de 2011, vol. 24, www.thepsychologist.bps.org.uk/volume-24/edition-6/normal-psychology-chronicpain

Lead from the Heart: Transformational Leadership for the 21st Century, de Mark C Crowley, Balboa Press, 2011

Manage Your Anger: Teach Yourself, de Sandi Mann, Hodder & Stoughton, 2012

How to Develop a Brilliant Memory Week by Week: 50 Proven Ways to Enhance Your Memory, de Dominic O'Brien, Watkins Publishing, 2014

«Seven Ways to Improve Your IQ», Men's Health, 12 de noviembre de 2015, www.menshealth.co.uk/healthy/brain-training/seven-ways-to-improve-your-iq

«5 Cognitive Behavioral Strategies for Losing Weight that Work», de Christy Matta, www.psychcentral.com/blog/archives/2013/09/18/5-cognitive-behavioral-strategies-for-losing-weightthat-work/

Would I Lie to You?, de Paul Seager y Sandi Mann, Albert Bridge Books, 2013

Video sobre cómo regatear: www.youtube.com/watch?v=sgZ0kUtUqgg

Surviving the Terrible Teens: How to Have a Teenager and Stay Sane, de Sandi Mann, Paul Seager y Jonny Wineberg, Crimson Publishing, 2008

Action for Happiness: www.actionforhapiness.org

CÓMO ENCONTRAR AYUDA PROFESIONAL

Si tienes algún problema de salud mental y vives en Gran Bretaña, puedes obtener ayuda a través de tu médico generalista o médico de familia. Te pueden derivar a los servicios psicológicos del sistema sanitario nacional, aunque existe mucha demanda y largas listas de espera. A veces la gente prefiere buscar ayuda privada para evitar esas listas y así poder elegir las horas que más les convienen (por ejemplo, las tardes). Estas son algunas de las mejores maneras de encontrar a un terapeuta local:

ENCUENTRA A UN PSICÓLOGO (REINO UNIDO): El directorio de la Sociedad de Psicología Británica de psicólogos colegiados: http://www.bps.org.uk/bpslegacy/dcp. Los psicólogos colegiados han superado los estudios y la formación reconocidos por la Sociedad y han demostrado que sus conocimientos, sus habilidades y su praxis autónoma cumplen con los estándares profesionales.

ENCUENTRA A UN ASESOR (REINO UNIDO): Directorio de asesores: http://www.counselling directory.org.uk.

ENCUENTRA A UN PSICOTERAPEUTA (REINO UNIDO): Consejo Británico para la Psicoterapia: http://members.psychotherapy.org.uk/findATherapist.

ESTADOS UNIDOS: El mejor lugar para buscar a un psicólogo con licencia en EE.UU. es en la Asociación Estadounidense de Psicología (APA, por sus siglas en inglés): http://locator.apa.org/, o en directorios como GoodTherapy: http://www.goodtherapy.org/findpsychologists.html, o *Psychology Today*: https://therapists.psychologytoday.com/rms/ (este sitio incluye también a Canadá).

CANADÁ: El mejor punto de partida en Canadá es utilizar las listas de la Asociación Canadiense de Psicología: http://www.cpa.ca/public/whatisapsychologist/PTassociations/.

EUROPA: Cada país europeo tiene sus propias organizaciones y sociedades que se ocupan de otorgarles las licencias a los psicólogos, pero un buen punto de referencia es la Federación Europea de Asociaciones de Psicólogos (EFPA, por sus siglas en inglés): http://www.efpa.be/findpsychologist.htm.

AUSTRALIA: Encuentra a un psicólogo en Australia a través de la Asociación Australiana de Psicología: https://www.psychology.org.au/FindaPsychologist/.

ASIA: Psychology Matters Asia tiene listados de psicólogos en países asiáticos como Hong Kong, Singapur, Malasia, India, Japón y Australia: http://www.psychologymatters.asia/find_therapist.php.

Una forma incluso mejor para encontrar a un psicólogo es el boca a boca. Desafortunadamente, a mucha gente no le gusta hablar de temas de salud mental, pero la que lo hace a menudo se encuentra a personas en situaciones similares… y podría dar con un amigo que le pueda recomendar personalmente a un terapeuta que le haya ayudado a él, que le guste y en el que confíe.

ÍNDICE TEMÁTICO

CRÉDITOS DE LAS IMÁGENES